دار الأنوار
ENVAR
Neşriyat

Das Risale-i Nur Gesamtwerk veranlasst Aufstiege und Entfaltungen auf den endlosen Stufen des Glaubens. Es ist eine weltbewegende Koran-Exegese der Moderne, die viele Millionen treue und begeisterte Leser auf der ganzen Welt hat und bisher in etwa dreißig Sprachen übersetzt wurde. Unsere fertigen Übersetzungen daraus ins Deutsche können Sie auch online lesen unter der Adresse:

www.gottesbeweise.org

Gottes Existenz, Einheit und Allgegenwart

Titel des Originals: Cenâb-ı Hakkın delâil-i Vücub, Vahdâniyyet ve Ehadiyyeti hakkında (Külliyattan derleme; Almanca tercüme)

Übersetzer: Metin Yeşilyurt

Umschlagentwurf: Memet Ali Taşkoparan
tma-graphpics.de

Herausgeber: ENVÂR NEŞRİYAT
Piyer Loti Cad. Hacıbey Apt. 10/3
Çemberlitaş/İstanbul
Tel: +90 212 516 20 42

Druck: Enes Basım Yayın ve Mat.
Ltd. Şti.
Tel: +90 212 501 47 63
2006 - İSTANBUL

Aus dem Risale-i Nur Gesamtwerk

Gottes Existenz, Einheit und Allgegenwart

(Eine hochinteressante Zusammenstellung aus dem Gesamtwerk)

von

Bediüzzaman Said Nursî

Bediüzzaman Said Nursî

„Bediüzzaman" bedeutet etwa „der Einzigartige der Zeit" und ist ein Beiname, den große islamische Persönlichkeiten dem erhabenen Meister bereits im Alter von etwa 16 Jahren schon aufgrund seines in der Geschichte höchst beispiellosen Wissens und seiner Fähigkeiten –zu Recht erstaunt– gegeben haben. Mit außergewöhnlicher Gottesgabe hat er bereits ab seinem 14. Lebensjahr die Würde eines erhabenen Meisters getragen und hat –ausgestattet mit allen Vorzügen– ständig um sich Wissens-Segen und Weisheits-Licht verbreitet. Er hat trotz außergewöhnlicher Schwierigkeiten, Hindernisse und Unmenschlichkeiten, welche ihm imperialistische, sowie religionsfeindliche geheime Komitees bereitet haben, ihre ideellen wie tätlichen und systematischen Angriffe auf die Religion –um die neuen Generationen der Religion zu entfremden– durch seine Gesamtwerke zurückgewiesen und vereitelt, die nämlich entsprechend dem Verständnis und Erfordernis dieser Zeit alle Glaubenswahrheiten des Islam vollständig und ausführlich, mit außergewöhnlichen und noch nie gesehenen Beweisen und Methoden bestätigen und den Glauben der Menschen erretten und vielfach stärken. Somit erwies er dem Islam, dem ganzen Land und der Menschheit bis zum Weltuntergang äußerst erhabene Dienste. (Sein Risale-i Nur Gesamtwerk umfasst 130 kleine wie große Abhandlungen.)

Zweiundzwanzigstes Wort

Es besteht aus zwei Abschnitten

Erster Abschnitt

بِسْمِ اللّٰهِ الرَّحْمٰنِ الرَّحِيمِ

[1] وَيَضْرِبُ اللّٰهُ الْاَمْثَالَ لِلنَّاسِ لَعَلَّهُمْ يَتَذَكَّرُونَ ۞ وَتِلْكَ الْاَمْثَالُ نَضْرِبُهَا لِلنَّاسِ لَعَلَّهُمْ يَتَفَكَّرُونَ ۞

Einst wuschen sich zwei Leute in einem Becken. Unter einer außergewöhnlichen Wirkung verloren sie das Bewusstsein. Als sie die Augen aufschlugen sahen sie, dass sie in eine erstaunliche Welt hingebracht wurden – eine solche Welt, dass diese wegen ihrer vollkommenen Ordnung wie ein Land, oder wie eine Stadt, oder wie ein Schloss war. Aus höchstem Erstaunen schauten sie um sich. Sie sahen: Von einem Blickpunkt aus betrachtet zeigte sich eine gewaltige Welt, von einem anderen Blickpunkt aus betrachtet ein

---

[1] Im Namen Allahs, des Allbarmherzigen, des Erbarmers.

* Und Allah prägt Gleichnisse für die Menschen, auf dass sie sich besinnen mögen. * Und solche Gleichnisse prägen Wir für die Menschen, auf dass sie nachdenken mögen.

wohlgeordnetes Land, von einer anderen Hinsicht aus gesehen eine perfekte Stadt, wiederum von einer anderen Perspektive aus gesehen war es ein Schloss, das eine prachtvolle Welt in sich fasste.

Sie bereisten und betrachteten diese erstaunliche Welt. Sie sahen: Es gab manche Geschöpfe, die auf eine Art und Weise sprachen; doch sie verstanden ihre Sprache nicht. Aber aus ihren Zeichen war ersichtlich, dass sie wichtige Aufgaben versahen und bedeutende Dienste erfüllten.

Einer dieser zwei Leute sagte zu seinem Freund: „Diese erstaunliche Welt hat gewiss einen Allbetreuer, dieses wohlgeordnete Land einen Herrn, diese perfekte Stadt einen Besitzer, dieses kunstreiche Schloss einen Baumeister. Wir sollten uns damit befassen, ihn kennen zu lernen. Denn es ist ersichtlich, dass er es ist, der uns hierher gebracht hat. Wer kann uns helfen, wenn wir ihn nicht kennen lernen? Was können wir von diesen unfähigen Geschöpfen erwarten, deren Sprache wir nicht verstehen, und die uns nicht zuhören? Und ein Herr, der eine riesige Welt in der Gestalt eines Landes, in der Art einer Stadt und in Form eines Schlosses erbaut, durch und durch mit erstaunlichen Dingen füllt, mit allen Arten von Zierden schmückt und mit lehrreichen Wundern ausstattet, will gewiss etwas von uns und von denen, die hierher kommen. Wir sollten ihn kennen lernen; und wir müssen wissen, was er verlangt."

Der andere Mann sagte: „Ich glaube nicht, dass es solch einen Herrn gibt, wie du erzählst, und dass er diese ganze Welt ganz alleine lenkt."

Sein Freund antwortete darauf: „Wenn wir ihn nicht kennen lernen und gleichgültig bleiben: einen Nutzen hätte es gar nicht; wenn das aber einen Schaden hat, wäre dieser ein sehr gewaltiger. Wenn wir uns aber bemühen, ihn kennen zu lernen, wäre die Anstrengung eine sehr kleine; wenn dies einen Nutzen hat, wäre dieser ein sehr großer. Deshalb ist es überhaupt nicht vernünftig, ihm gegenüber gleichgültig zu bleiben.“

Jener Herumtreiber sagte: „Ich sehe meine ganze Ruhe und Behaglichkeit darin, mir keine Gedanken über ihn zu machen. Und ich werde mich mit solchen Dingen, die mir nicht verständlich sind, nicht beschäftigen. All diese Dinge sind zufällige und verwickelte Dinge, gehen selber vonstatten; was gehen sie mich an?“

Sein vernünftiger Freund sagte ihm: „Dieser dein Eigensinn wird mich, vielleicht sogar viele andere ins Unglück stürzen. Wegen eines Störrischen geschieht es manchmal, dass ein Land zerstört wird.“

Wiederum wandte sich jener Herumtreiber und sagte: „Entweder beweis es mir absolut, dass dieses riesige Land einen einzigen Besitzer, einen einzigen Künstler hat, oder lass mich in Ruhe.“

Sein Freund antwortete: „Da nun dein Starrsinn wohl zur Torheit gelangt ist –mit diesem Starrsinn wirst du uns, sogar dem Lande eine Erniedrigung widerfahren lassen–, **so werde ich wiederum dir mit zwölf Beweisen aufzeigen, dass diese Welt, die einem Schloss gleicht, und dieses Land, das wie eine Stadt ist, einen einzigen Baumeister hat, und es alleine dieser Baumeister ist, der alles lenkt. Er ist in keiner Hinsicht unvollkommen. Dieser für uns nicht zu sehende Baumeister sieht uns und alle Dinge, hört ihre Worte. Alle seine Taten sind Wunder und erstaunlich. Alle diese Geschöpfe, die wir sehen, und deren Sprache wir nicht verstehen, sind seine Bediensteten.“**

ERSTER BEWEIS

Komm, schau überall hin, gib auf alles Acht! In all diesen Dingen wirkt eine verborgene Hand. Denn siehe: Ein kernkleines Ding, das keine so große Kraft hat wie ein Dirhem (Anm. 1), trägt eine Last von tausenden Batman. Etwas, was kein Fünkchen Bewusstsein hat (Anm. 2), vollzieht höchst weisheitsvolle Handlungen. Das bedeutet: sie sind nicht von selber tätig; es gibt einen verborgenen Machtbesitzer, der sie in Betrieb setzt. Wenn es von selber geschähe, müsste alles in diesem ganzen Land, das wir sehen, von einem Ende zum andern ein Wunder sein, und alle Dinge eine wunderwirkende Außergewöhnlichkeit. Das aber ist ein Gefasel.

ZWEITER BEWEIS

Komm, betrachte genau die Dinge, die all diese Ebenen, Plätze und Räumlichkeiten schmücken. In ihnen allen gibt es Dinge, die von jenem verborgenen Herrn Kunde geben. Geradezu ein jedes wie jeweils ein Namenszug, jeweils eine Prägung, tun sie jenen verborgenen Herrn kund. Hier liegt es vor deinen Augen: Schau, was er aus einem Dirhem Baumwolle (Anm. 3) hervorbringt. Siehe, wie viele Ballen Woll-

---

(Anm. 1): Es ist ein Hinweis auf die Kerne, die die Bäume tragen.

(Anm. 2): Es ist ein Hinweis darauf, dass zarte Pflanzen wie z. B. die Traubenreben –welche sich von selber nicht erheben und der Last der Früchte nicht standhalten– nach anderen Bäumen feine Hände ausstrecken, sich um sie herumwinden und auf ihnen aufstützen.

(Anm. 3): Es ist ein Hinweis auf das Samenkorn; z. B. ein winziger Mohnsamen, ein dirhem-kleiner Aprikosenkern, ein Zuckermelonenkern: wie sie Blätter, schöner gewebt als Wollstoff, Blüten, weißer und gelblicher als der Batist, und Früchte, wohlschmecken-

⟶

stoff, Batist und mit Blumen gemustertes Gewebe herausgekommen ist; und siehe, wie viele Süßigkeiten und runde wohlschmeckende Köfte's aus ihnen hergestellt werden, sodass wenn sie tausende Menschen anziehen und essen würden wie wir, dies für sie ausreichte. Und siehe außerdem: Er hat das Eisen hier, die Erde, das Wasser, die Kohle, das Kupfer, das Silber, das Gold in seine verborgene Hand genommen und zu einem Fleischstückchen (Anm. 4) gemacht – schau und siehe!... Nun, o unvernünftiger Mensch! Diese Handlungen sind einem solchen Herrn eigen, bei dem dieses ganze Land mit all seinen Bestandteilen unter dem Wunder seiner Kraft steht und sich all seinem Willen unterwirft.

DRITTER BEWEIS

Komm, schau auf diese seine sich bewegenden vortrefflichen (Anm. 5) Künste! Eine jede ist solcherweise gefertigt, dass sie geradezu ein kleines Exemplar dieses riesigen Schlosses ist. Alles, was es in diesem Schloss gibt, findet sich (auch) in diesen ganz kleinen, sich bewegenden Maschinen. Wäre es überhaupt möglich, dass jemand anders als der Baumeister dieses Schlosses herkäme und dieses erstaunliche Schloss in eine kleine Maschine einfügte? Wäre es auch

---

der als Süßigkeit und feiner, köstlicher und süßer als Köfte's und Delikatessen, aus dem Schatz der Allbarmherzigkeit herbringen und uns überreichen!

(Anm. 4): Es ist ein Hinweis darauf, aus den Elementen den tierischen Körper und aus der Spermie die Lebewesen hervorzubringen.

(Anm. 5): Es ist ein Hinweis auf die Tiere und Menschen. Denn weil das Tier ein kleines Verzeichnis dieser Schöpfung und das Wesen des Menschen ein verkleinertes Abbild von ihr ist, hat geradezu alles, was es in der Schöpfung gibt, ein Muster (auch) beim Menschen.

überhaupt möglich, dass in einer Maschine so klein wie ein Kasten sich eine zufällige oder sinnlose Sache befände, obwohl sie eine ganze Welt in sich fasst?

Also sind all die ganzen vortrefflichen Maschinen, die du siehst, wie jeweils eine Prägung jenes verborgenen Herrn, sogar wie jeweils ein Ausrufer und jeweils ein Verkündungsschreiben. In der Sprache ihres Zustands sagen sie: „Wir sind die Kunst eines solchen Herrn, der diese unsere ganze Welt so leicht zu schaffen vermag, wie er auch uns schafft und mit Leichtigkeit hervorbringt."

VIERTER BEWEIS

O mein eigensinniger Freund! Komm, ich werde dir etwas noch erstaunlicheres zeigen. Schau, all diese Handlungen und Dinge in diesem Land haben sich verändert und verändern sich, bleiben nicht im gleichen Zustand. Sieh genau hin: diese leblosen Körper und gefühllosen Kästen, die wir sehen, haben die Form jeweils eines absoluten Herrschers angenommen; geradezu bestimmt ein jedes Ding über alle Dinge. Schau also auf diese Maschine neben uns (Anm. 6): sie befiehlt geradezu; so kommen denn die Materialien und Substanzen, die für ihre Ausschmückung und Arbeit notwendig sind, von weiten Orten angelaufen. Nun schau dorthin: Je-

---

(Anm. 6): Die Maschine ist ein Hinweis auf fruchttragende Bäume. Denn, so als ob sie hunderte Werkbänke und Fabriken in ihren ganz dünnen Ästen besitzen würden, weben, schmücken und backen sie erstaunende Blätter, Blüten und Früchte und reichen sie uns – wo doch prachtvolle Bäume wie z. B. die Tanne und Zeder auf trockenem Stein ihre Werkstatt aufgeschlagen haben und pausenlos tätig sind.

ner bewusstlose Körper (Anm. 7) gibt geradezu ein Zeichen und macht einen ganz großen Körper für sich zum Diener, stellt ihn in seinen Arbeiten in Dienst. Noch andere Dinge kannst du dir daraus denken. Geradezu macht ein jedes Ding die gesamten Geschöpfe in dieser Welt gefügig.

Wenn du jenen verborgenen Herrn nicht eingestehst, müsstest du die ganzen Fähigkeiten, Künste und Vollkommenheiten dieses Herrn jeweils einzeln all den Steinen in diesem Land, all seinem Erdreich, seinen Tieren und seinen menschenähnlichen Geschöpfen zuschreiben. Also müsstest du anstelle eines einzigen wunderzeigenden Herrn, den du für unwahrscheinlich hältst, Milliarden Wunderzeigende wie ihn annehmen, die sowohl einander widerstrebend, als auch einander entsprechend, als auch ineinander wären, wobei diese Ordnung nicht zerstört würde und sie nicht alles drunter und drüber machten. Wenn sich jedoch in diesem riesigen Land zwei Finger einmischten, würden sie es durcheinander bringen. Denn, wenn sich in einer Gemeinde zwei Vorsteher, in einer Stadt zwei Gouverneure, in einem Land zwei Padişah's befänden, würden sie sie durcheinander bringen: wie sollte es denn unzählige absolute Herrscher gemeinsam geben?

(Anm. 7): Es ist ein Hinweis auf die Korne, die Samenkörner und die Eierchen der Fliegen. Zum Beispiel: Eine Fliege(-nart) legt ihre Eier auf das Blatt der Ulme. Mit einem Mal macht die riesige Ulme ihre Blätter für jene Eier zu einem Mutterleib, zu einer Wiege, zu einem Vorrat, gefüllt mit honigsüßer Nahrung. Geradezu bringt jener Baum, der keine Früchte trägt, auf diese Weise beseelte Früchte.

FÜNFTER BEWEIS

O mein einbeflüsterter Freund! Komm, achte auf die Ornamente dieses gewaltigen Schlosses, schau auf die ganzen Schmucke dieser Stadt, siehe die ganzen Regelungen dieses Landes und denke über die ganzen Künste dieser Welt nach! Also schau: Wenn nicht die Feder eines verborgenen Herrn wirken würde, der endlose Wunder und Fertigkeiten besitzt, und wenn diese Ornamente den übrigen bewusstlosen Ursachen, dem blinden Zufall und der tauben Natur zugeschrieben würden, müsste dann entweder ein jeder Stein dieses Landes und eine jede ihre Pflanze ein solch wunderzeigender Gestalter, ein solch außergewöhnlicher Schreiber sein, welcher in einem Buchstaben tausend Bücher zu schreiben und in einem Ornament Millionen Künste einzufügen vermag... Denn, schau auf das Ornament an diesen Steinen (Anm. 8): bei jedem gibt es die Ornamente des ganzen Schlosses, die Gesetze der Regelungen der ganzen Stadt und die Programme der Gestaltungen des ganzen Landes. Also ist die Schaffung dieser Ornamente so erstaunlich wie die Schaffung des ganzen Landes. Folglich ist ein jedes Ornament und eine jede Kunst ein Verkündungsschreiben und Siegel jenes verborgenen Herrn.

Da es nun nicht möglich ist, dass ein Buchstabe seinen Schreiber nicht zeigt und ein kunstvolles Ornament seinen Gestalter nicht zu verstehen gibt: Wie sollte es dann möglich

---

(Anm. 8): Es ist ein Hinweis auf den Menschen, der die Frucht des Erschaffungs-Baums ist, und auf die Frucht, die das Programm und Verzeichnis ihres eigenen Baums trägt. Denn das Resümee dessen, was der Stift der Allmacht in dem großen Buch der Welt geschrieben hat, hat Er (auch) in dem Wesen des Menschen geschrieben. Das, was der Stift der Vorbestimmung an einem riesengroßen Baum geschrieben hat, hat er auch in seine nagelkleine Frucht eingefügt...

sein, dass ein Gestalter, der in einem Buchstaben ein großes Buch schreibt und in einem Ornament tausend Ornamente fertigt, durch sein Buch und Ornament nicht erkannt werden sollte?

SECHSTER BEWEIS

Komm, wir gehen hinaus in diese weite Ebene (Anm. 9). Nun gibt es in dieser Ebene einen hohen Berg; wir werden darauf steigen, damit wir den ganzen Umkreis sehen können. Und wir werden auch gute Ferngläser mitnehmen, welche alles näher bringen. Denn, in diesem erstaunlichen Land gehen erstaunliche Dinge vonstatten. Jede Stunde laufen Dinge ab, an die wir gar nicht gedacht hätten.

So schau! Diese Berge, Ebenen und Städte verändern sich auf einmal – und wie sie sich verändern! Solcherweise, dass Millionen ineinander liegende Dinge sich höchst wohlgeordnet verändern. So als ob Millionen verschiedenartige Stoffe ineinander und gemeinsam gewebt werden, erfolgen sehr erstaunliche Wandlungen. Schau, all die so vielen Dinge mit Blumen und Ähnlichem, an die wir uns gewöhnt, und die wir kennen gelernt haben, sind verschwunden. Wohlgeordnet sind an ihre Stelle –wesensmäßig ihnen ähnelnde, doch gestaltsmäßig unterschiedliche– andere gekommen. Geradezu sind diese Ebenen und Berge wie jeweils eine Seite,

---

(Anm. 9): Es ist ein Hinweis auf die Oberfläche der Erde im Frühling und Sommer. Denn, die Gruppen hunderttausender unterschiedlicher Geschöpfe werden ineinander gemeinsam geschaffen, auf der Erdoberfläche „geschrieben" und ohne Irrtum und Mangel in vollkommener Ordnung ausgetauscht; tausende Tafeln des Allbarmherzigen werden gedeckt, abgeräumt, kommen stets frisch an. Jeder Baum wird wie zu einem Tablett-Träger, jeder Garten wie zu einem großen Kessel.

und hunderttausende jeweils unterschiedliche Bücher werden auf ihnen geschrieben – und sie werden fehlerfrei und ohne Mangel geschrieben.

Nun also ist es hundertfach unmöglich, dass diese Dinge selber vonstatten gehen. Ja, es ist tausendfach unmöglich, dass diese in höchstem Grade kunstvollen und sorgfältig ausgeführten Dinge selber vonstatten gehen; mehr als sich selber zeigen sie (eher) ihren Künstler auf. Auch ist derjenige, der sie vollbringt, ein solch wunderzeigender Herr, für den überhaupt nichts schwer fällt. Tausend Bücher zu schreiben, ist für ihn so leicht wie ein Buchstabe.

Schau zudem nach überall hin: Er legt sowohl alles mit solch einer Weisheit an die rechte Stelle, als auch erweist er so freigebig jedem angemessen seine Huld und öffnet so wohltätig allgemeine Schleier und Türen, dass er die Wünsche von jedem erfüllt. Auch richtet er so freigebig Tafeln, dass den gesamten Bewohnern, Tieren und einzelnen Gruppen dieses Landes ein besonderes, angemessenes, sogar für ein jedes Individuum bestimmtes, mit seinem eigenen Namen und Zeichen versehenes Tablett von Gaben gegeben wird.

Gibt es also auf der Welt etwas unmöglicheres, als dass in diesen Sachverhalten, die wir sehen, zufällige Dinge sein sollten, oder dass sie sinnlos und unnütz sein sollten, oder dass mehrere Hände sich in sie einmischten, oder dass ihr Baumeister nicht aller Dinge mächtig wäre, oder dass alle Dinge ihm nicht gefügig wären? Nun, o mein Freund! Wenn du es dir erlauben kannst, finde eine Ausrede dagegen!

SIEBTER BEWEIS

O mein Freund, komm! Wir werden jetzt diese einzelnen Dinge beiseite lassen und die Haltung genau betrachten, welche die Bestandteile dieser schlossförmigen erstaunlichen Welt zueinander einnehmen.

So schau: In dieser Welt werden dermaßen wohlgeordnet universelle Handlungen vollzogen und erfolgen allgemeine Umwandlungen, dass geradezu alle die in diesem Schloss vorhandenen Steine, Erden, Bäume, ein jedes Ding, wie jeweils ein selbständig Handelnder die gesamten universellen Ordnungen dieser Welt in Betracht zieht und dementsprechend handelt. Dinge, die voneinander sehr entfernt sind, eilen gegenseitig zu Hilfe.

Also schau: Aus dem Verborgenen kommt eine erstaunliche Karawane gezogen (Anm. 10). Ihre Lasttiere ähneln den Bäumen, Pflanzen und Bergen. Sie tragen jeweils ein Tablett mit Nahrung. So schau: Sie bringen die Nahrungen der verschiedenen Tiere her, die auf dieser Seite warten.

Und schau: Jene gewaltige Lampe (Anm. 11) an dieser Kuppel spendet ihnen sowohl Licht, als auch bereitet sie all ihre Speisen dermaßen gut zu, dass die zuzubereitenden Speisen durch eine verborgene Hand lediglich an jeweils eine Leine angehängt (Anm. 12) und ihr entgegen gehalten werden.

Schau auch auf diese Seite: Wie vor diesen hilflosen, schwachen, zartgebauten und kraftlosen Lebewesen zwei, mit lieblicher Nahrung gefüllte Behälterchen (Anm. 13) ange-

---

(Anm. 10): Es sind die Karawanen der Pflanzen und Bäume, die die Nahrung der ganzen Tiere bringen.

(Anm. 11): Die gewaltige Lampe ist ein Hinweis auf die Sonne.

(Anm. 12): Die Leine und die an die Leine angehängte Speise aber sind die dünnen Äste und wohlschmeckenden Früchte der Bäume.

(Anm. 13): Die zwei Behälterchen aber sind ein Hinweis auf die Brüste der Mütter.

hängt sind – wie zwei Brunnen; es genügt, dass jenes kraftlose Geschöpf es lediglich an den Mund bringt.

Kurz: Die gesamten Dinge dieser ganzen Welt helfen einander, so als ob sie füreinander sorgen. Sie geben Hand in Hand, so als ob sie sich gegenseitig sehen könnten. Sie geben Schulter an Schulter, um gegenseitig ihre Dienste zu vervollständigen. Sie stehen füreinander ein und arbeiten zusammen. Alle Dinge kannst du hiernach beurteilen; sie sind unzählbar...

Nun also zeigen all diese Zustände so sicher, wie zwei mal zwei vier ist, auf, dass dem Baumeister dieses erstaunlichen Schlosses, d. h. dem Besitzer dieser verwunderlichen Welt alle Dinge gefügig sind. Alles arbeitet in seinem Auftrag. Alle Dinge sind wie seine beauftragten Soldaten. Alles geht mit seiner Kraft vonstatten. Alles handelt auf sein Befehl. Alles wird mit seiner Weisheit geordnet. Alles hilft durch seine Freigebigkeit. Alles eilt durch seine Barmherzigkeit anderen zu Hilfe, d. h. werden dazu gebracht, zu eilen. O mein Freund! Wenn du es dir erlauben kannst, sag etwas dagegen!

ACHTER BEWEIS

Komm, o mein unvernünftiger Freund, der wie mein Nefs sich für intelligent hält! Du willst den Besitzer dieses prachtvollen Schlosses nicht (an-)erkennen – während doch alle Dinge ihn zeigen, auf ihn hinweisen und für ihn Zeugnis ablegen! Wie leugnest du das Zeugnis all dieser Dinge ab? In diesem Fall leugne auch das Schloss, sage „die Welt gibt es nicht, das Land existiert nicht“ und leugne auch dich selber, tauch unter! Oder: nimm Vernunft an und höre mir zu!

Also schau: Es gibt einheitliche Elemente und Stoffe, die in diesem Schloss vorhanden sind und das Land umfassen

(Anm. 14). Geradezu alles, was im Land hergestellt wird, wird aus diesen Substanzen hervorgebracht. Wessen Besitz also diese Substanzen sind, sein sind auch all die Dinge, die aus ihnen hervorgebracht werden. Wem das Acker gehört, ihm gehören auch die Erträgnisse. Wem das Meer gehört, sein sind auch die darin Befindlichen.

Und schau: Diese Dinge, die „gewebt", und diese verzierten „Textilien", die gefertigt werden, werden aus einer einzigen (gleichen) Substanz hergestellt. Derjenige, der diese Substanz herbringt, bereitstellt und ihr die Form eines „Seils" gibt, ist gewiss offenkundig ein und derselbe. Denn, diese Handlung akzeptiert keine Mitwirkung. Folglich sind all die gefertigten kunstvollen Dinge ihm eigen.

Und schau: Eine jede Art dieser „gewebten" und hergestellten Dinge ist in allen Gegenden des Landes vorhanden; mit all ihren Gleichartigen hat sie sich solcherweise verbreitet, dass sie gemeinsam, ineinander, auf die gleiche Weise und im gleichen Moment hergestellt und gefertigt werden. Folglich ist es die Handlung ein und desselben Herrn, und sie gehen auf einen einzigen (selben) Befehl vonstatten – sonst wäre eine solche Übereinstimmung und Entsprechung im gleichen Moment, auf die gleiche Weise, in derselben Beschaffenheit und in der gleichen Form unmöglich.

Folglich zeigt ein jedes dieser kunstvollen Dinge, wie ein Verkündungsschreiben jenes verborgenen Herrn, ihn auf...

(Anm. 14): Die Elemente und Stoffe aber sind ein Hinweis auf die Elemente Luft, Wasser, Licht und Erde, welche sehr viele wohlgeregelte Dienste haben, mit Erlaubnis des Allumsorgers jedem Bedürftigen zu Hilfe eilen, auf Befehl Gottes überall Raum finden, helfen, die notwendigen Dinge fürs Leben hervorbringen, die Lebewesen „stillen" und für die Herstellung und das Ornament der Kunstwerke Gottes zum Ursprung, Hervorbringer und zur Wiege werden.

Geradezu ein jedes geblümte „Textil", eine jede kunstvolle Maschine, ein jeder süßer Happen ist wie jeweils eine Prägung jenes wunderzeigenden Herrn, jeweils sein Siegel, sein Zeichen, sein Namenszug; in der Sprache des Zustands sagt ein jedes von ihnen: „Wessen Kunst ich bin, sein sind auch die Truhen und Läden, in denen ich bin"... Und ein jedes Ornament sagt: „Wer mich 'gewebt' hat, sein Gewebe ist auch der Ballen, in dem ich bin". Ein jeder süßer Happen sagt: „Wer mich hervorbringt und zubereitet, sein ist auch der große 'Kessel', in dem ich bin"... Eine jede Maschine sagt: „Wer mich gebaut hat, er ist es auch, der alle meinesgleichen baut, welche sich im Land verbreiten, und er ist es, der uns überall im ganzen Land hervorbringt. Also ist auch der Besitzer des Landes er. Folglich kann nur derjenige unser Herr sein, der der Herr dieses ganzen Landes und Schlosses ist"... Zum Beispiel: Um der Besitzer eines einzigen staatseigenen Koppels oder Knopfes zu sein, müsste man all die Fabriken besitzen, die sie herstellen – sonst würde man zu jener geschwätzigen Zivilperson sagen „es ist Staatseigentum", sie aus seiner Hand nehmen und ihn bestrafen.

Kurz: So wie die Elemente dieses Landes jeweils Substanzen sind, die das Land umfassen, und ihr Besitzer wiederum nur ein einziger Herr sein kann, der Besitzer über das ganze Land ist, so auch zeigen die gesamten Künste und Kunstwerke, die sich im ganzen Land verbreiten –weil sie einander ähneln und eine einzige (selbe) Prägung erkennen lassen– (zeigen) auf, dass sie die Künste eines einzigen Herrn sind, der über alle Dinge herrscht.

Nun, o mein Freund! Da es nun in diesem Land, d. h. in diesem prachtvollen Schloss das Anzeichen einer Gleichheit und die Prägung einer Einheit gibt: denn, während manche Dinge ein einziges sind, zeigen sie ein Umfassen; und andere zahlreiche wiederum lassen eine Arteinheit erkennen, weil sie einander ähneln und überall vorhanden sind –und Einheit wiederum zeigt einen Alleinbesitzer–, so muss auch folglich ihr Baumeister, ihr Herr, ihr Besitzer, ihr Künstler ein und derselbe sein.

Achte außerdem auf folgendes: Hinter einem Schleier des Verborgenen kommt ein „dickes Seil" heraus (Anm. 15). Schau, dann sind daraus tausende Fäden gewachsen. Schau auf die Spitzen jener Fäden: an sie sind jeweils Diamanten, Ehrenzeichen, Gaben und Geschenke angehängt. Jedem angemessen gibt er jeweils Geschenke.

Weißt du wohl, ein wie törichtes Verhalten es ist, den Herrn, der diesen Geschöpfen solche faszinierenden Gaben und Geschenke darreicht, nicht (an-)zuerkennen und ihm nicht zu danken? Denn, wenn du ihn nicht (an-)erkennst, musst du gezwungenermaßen sagen: „Diese Fäden machen und geben die Diamanten und übrigen Geschenke an ihren Spitzen selber". Dann müsste man jedem Faden die Bedeutung eines Padişah's zuschreiben, während doch eine verborgene Hand vor unseren Augen auch diese Fäden schafft und jene Geschenke an sie anhängt.

Also zeigen all die Dinge in diesem ganzen Schloss mehr jenen wunderzeigenden Herrn auf, als sich selber. Wenn du ihn nicht (an-)erkennst, müsstest du all diese Dinge leugnen und somit hundertfach tiefer fallen als ein Tier.

NEUNTER BEWEIS

Komm, o mein unverständiger Freund! Du erkennst den Besitzer dieses Schlosses nicht (an) und willst ihn auch nicht

---

(Anm. 15): „Ein dickes Seil" ist ein Hinweis auf fruchttragende Bäume, die „tausenden Fäden" aber auf ihre Äste, und die Diamanten, Ehrenzeichen, Gaben und Geschenke an den Spitzen der Fäden wiederum auf die Arten der Früchte.

(an-)erkennen – denn du hältst es für unvorstellbar. Weil du seine erstaunlichen Künste und Handlungen nicht zu begreifen vermagst, irrst du ab zum Leugnen. Doch liegen die eigentliche Unvorstellbarkeit, die eigentlichen Schwierigkeiten, Mühen und ungeheuren Anstrengungen darin, ihn nicht (an-)zuerkennen. Denn, wenn wir ihn (an-)erkennen, wird dieses ganze „Schloss" und Welt so leicht und bequem wie ein einziges Ding; es veranlasst diese sichtbare ganze Billigkeit und Fülle. Wenn wir ihn nicht (an-)erkennen, und es ihn nicht gäbe, würde dann ein jedes Ding so schwierig werden wie dieses ganze Schloss – denn ein jedes Ding ist so kunstvoll wie dieses Schloss. Dann würde weder die Billigkeit, noch die Fülle bleiben. Vielmehr würde (selbst nur) eines dieser Dinge nicht mehr in unsere, ja sogar in niemandes Hand mehr gelangen. Schau du (z. B.) nur auf diese süße Delikatesse, die an einen Faden angehängt ist (Anm. 16). Wenn sie nicht aus seiner verborgenen wunderzeigenden Küche herauskäme, hätten wir sie (sogar) nicht für hundert Lira kaufen können, während wir sie jetzt für vierzig Para kaufen [2].

Ja die ganzen Unwahrscheinlichkeiten, Schwierigkeiten, Mühen und Verhängnisse liegen darin, ihn nicht (an-)zuerkennen. Denn, so wie ja (z. B.) einem Baum in einer einzigen Wurzel, nach einem einzigen Gesetz, in einem einzigen Zentrum Leben gegeben wird... Die Bildung tausender Früchte nimmt eine solche Leichtigkeit an wie eine einzige

---

(Anm. 16): Die Delikatesse ist ein Hinweis auf die Geschenke der Barmherzigkeit wie z. B. die Zucker- und Wassermelone, den Granatapfel und die Kokosnuss –als „Milchdose"–, welche Delikatessen der Allmacht sind.

[2] *(Anm. d. Ü.):* Das heißt, man hätte sie selbst für den zehntausendfachen Preis, also praktisch gar nicht kaufen können, weil sie von selbst nicht entstehen könnten, und es sie nicht gäbe.

Frucht. Wenn die Früchte jenes Baums an jeweils andere Zentren und Wurzel mit jeweils anderen Gesetzen verbunden würden, würde eine jede Frucht so schwierig werden wie der ganze Baum. Auch so wie ja, wenn die Ausrüstung der ganzen Armee in einem einzigen Zentrum, nach einem einzigen Gesetz, in einer einzigen Fabrik hergestellt würde: sie würde anzahlmäßig so leicht werden wie die Ausrüstung eines einzigen Soldaten. Wenn die Ausrüstung eines jeden Soldaten von jeweils anderen Orten gemacht und genommen würde, müssten für die Ausrüstung eines jeden Soldaten die Fabriken vorhanden sein, die für die Ausrüstung der ganzen Armee notwendig sind.

Genau wie diese zwei Beispiele: Wenn in diesem wohlgeordneten Schloss, in dieser perfekten Stadt, in diesem fortgeschrittenen Land, in dieser prachtvollen Welt die Hervorbringung all dieser Dinge auf einen einzigen Herrn zurückgeführt wird, wird es dermaßen leicht, und nimmt es eine solche Mühelosigkeit an, dass es die für uns sichtbare grenzenlose Billigkeit, Fülle und Freigebigkeit veranlasst. Andernfalls würde alles dermaßen teuer und dermaßen schwierig werden, dass man nicht ein einziges von ihnen in die Hand bekommen könnte, selbst wenn man die ganze Welt hergäbe.

ZEHNTER BEWEIS

Komm, o mein Freund, der etwas zur Vernunft gekommen ist! Seit fünfzehn Tagen (Anm. 17) sind wir hier. Wenn wir die Vorschriften dieser Welt und ihren Padişah nicht anerkennen, würden wir eine Strafe verdienen. Uns bleibt kei-

(Anm. 17): Die fünfzehn Tage sind ein Hinweis auf die fünfzehn (Lebens-)Jahre, welche das Alter (des Beginns) der Verpflichtung sind.

ne Entschuldigung mehr. Denn seit fünfzehn Tagen tritt uns niemand entgegen – so, als ob uns eine Frist gewährt wäre. Gewiss sind wir nicht uns selbst überlassen. Unter dermaßen feinen, kunstvollen, maßgerechten, lieblichen und lehrreichen Kunstwerken können wir nicht wie Tiere umhergehen und zerstören – man wird nicht zulassen, dass wir zerstören. Gewiss ist auch die Strafe des majestätischen Besitzers dieses Landes furchterregend.

Ein wie mächtiger und majestätischer Herr jene Persönlichkeit ist, kann man aus dem Folgenden erkennen: Diese riesige Welt ordnet er (so leicht) wie ein Schloss, dreht er (so leicht) wie ein Rad. Dieses große Land verwaltet er (so leicht) wie ein Haus, ohne irgendetwas unvollkommen zu lassen. So schau: von Zeit zu Zeit füllt er dieses Schloss, dieses Land, diese Stadt –wie eine Schüssel zu füllen und zu entleeren– mit vollkommener Ordnung und lässt sie mit vollkommener Weisheit entleeren. Und so (leicht), wie einen Tisch zu decken und abzuräumen, bringt er der Reihe nach, in der Weise, wie das riesige Land von einem Ende zum andern als allerlei (Speise-)Tafeln (Anm. 18) durch eine verborgene Hand zu richten und wieder abzudecken, verschiedene Speisen her und gibt sie zu essen. Abwechselnd hebt er die eine auf, bringt die andere – und du siehst es; und wenn du Verstand hast, wirst du begreifen, dass es in jener gewaltigen Majestät eine grenzenlose freigebige Güte gibt.

Siehe zudem auch: So wie all diese Dinge die Herrschaft und Einheit jenes verborgenen Herrn bezeugen, so legen

---

(Anm. 18): Die (Speise-)Tafeln aber sind ein Hinweis auf die Oberfläche der Erde im Sommer, wobei hunderte allbarmherzige Tafeln, die jeweils frisch und gesondert aus der Küche des Allbarmherzigen kommen, gedeckt werden und sich verändern. Ein jeder Garten ist ein großer Kessel, ein jeder Baum ein Tablett-Träger.

auch diese Umwälzungen und Wandlungen, welche Schar nach Schar vorbeiziehen und sich als aufeinanderfolgende wahre Begebenheiten zeigen, Zeugnis ab für die Fortdauer und Beständigkeit jenes Herrn. Denn, gemeinsam mit den Dingen, die ableben, verschwinden auch ihre Ursachen. Jedoch entstehen nach ihnen die Dinge, denen wir sie zugeschrieben hatten, erneut. Also waren jene Werke nicht ihre gewesen, sondern sind die Werke jemandes unvergänglichen.

So wie ja die Bläschen eines Flusses vorübergehen, und weil die ihnen nachkommenden Bläschen wie die Vorübergehenden glänzen, erweist es sich, dass es ein stetiger und hoher Lichtbesitzer ist, der sie glänzen lässt. So auch: Der Umstand, dass diese Dinge sich schnell verändern, und die ihnen Nachkommenden dieselbe Farbe annehmen, zeigt, dass sie die Manifestationen, Ornamente, Spiegel und Künste eines unvergänglichen, ewigen einzigen Herrn sind...

ELFTER BEWEIS

Komm, o mein Freund! Jetzt werde ich dir in der Kraft der vorausgegangenen zehn Beweise noch einen sicheren Beweis aufzeigen.

Komm, wir gehen an Bord eines Schiffes (Anm. 19); dort in der Ferne gibt es eine Halbinsel, wir werden dorthin fah-

---

(Anm. 19): Das Schiff ist ein Hinweis auf die Geschichte, die Halbinsel wiederum auf die „Epoche der Glückseligkeit". An der finsteren Küste dieses (unseren) Jahrhunderts wechseln wir die Kleidung, die uns die „mim"-lose Zivilisation aufgesetzt hat, gehen am Meer der Zeit an Bord des Schiffes der Geschichte und Biographie, gehen an der Halbinsel der „Epoche der Glückseligkeit" im Raum der Arabischen Halbinsel an Land, besuchen den „Stolz der Schöpfung (A.S.M.)" während seiner Auftragserfüllung und erken-

→

ren. Denn die Schlüssel dieser geheimnisvollen Welt werden dort sein. Auch schaut jeder auf diese Halbinsel, erhofft von dort einiges, erhält von dort die Weisungen. Also schau, wir fahren; nun gehen wir an dieser Halbinsel an Land.

Schau, es gibt eine sehr große Versammlung. So, als seien alle die Großen dieses Landes hier zusammengekommen, begegnet man einem wichtigen Empfang. Schau genau hin. Diese gewaltige Gesellschaft hat ein Oberhaupt.

Komm, wir gehen noch näher heran. Wir müssen dieses Oberhaupt kennen lernen. So schau, wie glanzvolle und die Tausend übertreffende Ehrenzeichen (Anm. 20) er hat! Wie lebhaft er spricht! Wie reizvolle Gespräche er führt! In diesen fünfzehn Tagen habe ich das, was sie sagen, ein wenig gelernt; und du kannst es von mir lernen. Schau, jene Persönlichkeit spricht von dem wunderzeigenden Sultan dieses Landes. Er sagt „jener Ruhmreiche Sultan hat mich zu euch gesandt". Schau, er zeigt solche außergewöhnlichen Dinge: es lässt keinen Zweifel, dass diese Persönlichkeit ein besonderer Bediensteter jenes Padişah's ist.

Gib Acht: die Worte, welche diese Persönlichkeit spricht, hören nicht nur die Geschöpfe auf dieser Halbinsel, vielmehr lässt er sie auf erstaunliche Weise das ganze Land vernehmen. Denn, aus aller Ferne versucht jeder, seine hiesige Rede zu vernehmen. Ihm hören nicht nur die Menschen zu, sondern auch die Tiere, ja schau, sogar die Berge hören auf

---

nen so, dass diese Persönlichkeit ein dermaßen glänzender Beweis der Einheit (Gottes) ist, dass er das Antlitz der Erde von einem Ende zum andern, und die zwei Seiten der Zeit, die vergangene und künftige, erleuchtet und die Finsternis des Unglaubens und Irrwegs zerstreut hat.

(Anm. 20): Die tausend Ehrenzeichen aber sind die Wunder Ahmeds (A.S.M.), die sich nach Ansicht der Forscher auf tausend belaufen.

seine Weisungen, die er hergebracht hat, sodass sie sich von ihrer Stelle rühren. Diese Bäume gehen zu der Stelle hin, auf die er deutet. Wo er auch möchte, bringt er Wasser heraus. Er macht sogar auch seine Finger wie zu einem Hahn für Kewser-Wasser; er lässt daraus Lebenswasser trinken. Schau, die bedeutende Lampe (Anm. 21) an der erhabenen Kuppel dieses Schlosses spaltet sich auf sein Hindeuten in zwei Teile – obwohl sie eine einzige ist.

Das bedeutet, dieses Land kennt mit all seinen Existierenden seine Mission. Als ob sie es wissen, dass er ein höchst besonderer und wahrer Dolmetscher eines wunderzeigenden verborgenen Herrn, ein Ausrufer seiner Herrschaft, ein Erklärer seines Mysteriums und ein zuverlässiger Gesandte für die Verkündung seiner Gebote ist, hören sie ihm zu und gehorchen ihm. Nun also, zu jedem Wort, das diese Persönlichkeit sagt, sagen alle die Einsichtsvollen um ihn „ja, in der Tat, es ist wahr“ und bestätigen ihn. Sogar die Berge und Bäume in diesem Land, die große Leuchte (Anm. 22), welche alle Länder erhellt: sie sagen –indem sie den Hindeutungen und Be-

---

(Anm. 21): Die bedeutende Lampe ist der Mond, der sich auf sein Hindeuten zweigeteilt hat. Das heißt: So wie es Mevlânâ Câmi gesagt hat: „Jene des Lesens und Schreibens unkundige Persönlichkeit, der nie geschrieben hat, hat auf der 'Himmelsseite' mit der ‚Feder' seines Fingers ein ‚Elif' geschrieben und eine Vierzig zu zwei Fünfzigen gemacht“. Das heißt, (der Mond) ähnelte vor der Zweiteilung dem (Buchstaben) „Mim“, der (in seinem Zahlenwert im „Ebced“) vierzig ist, wurde nach der Zweiteilung zu zwei Halbmonden und ähnelte zwei „Nun“s, die aus fünfzig bestehen.

(Anm. 22): Die große Leuchte ist die Sonne: weil die Erde sich vom Osten zurückdrehte, zeigte sich die Sonne erneut, sodass I-mam-ı Ali (R.A.) –der einmal das Nachmittagsgebet nicht verrichtet hatte, weil der Prophet (A.S.M.) zum Schlafen den Kopf in sein Schoß legte– infolge dieses Wunders das Nachmittagsgebet zur entsprechenden Zeit verrichtete.

fehlen jener Persönlichkeit gehorchen–, „ja, in der Tat, alles, was du sagst ist wahr".

Nun, o mein törichter Freund! Kann sich bei einem wunderzeigenden Herrn, von dem diese glanz- und prachtvolle, sehr ernste Persönlichkeit, die tausend, dem besonderen Schatz dieses Padişah's zugehörige Ehrenzeichen (Wunder) trägt, aus ganzer Kraft unter der Bestätigung aller hohen Würdenträger des Landes spricht, und bei seinen Eigenschaften, welche sie erwähnt, und bei seinen Geboten, welche sie verkündet, in irgendeiner Weise Lüge und Betrug vorfinden? Wenn bei ihnen eine Unrichtigkeit möglich wäre, müsste man dieses Schloss, diese Lampen, diese Gemeinschaft –sowohl ihre Existenz, als auch ihre Bedeutung– der Lüge bezichtigen. Wenn du es dir erlauben kannst, streck danach deinen Finger des Widerspruchs aus und siehe, wie dein Finger durch die Kraft des Beweises gebrochen und in deine Augen gesteckt wird...

ZWÖLFTER BEWEIS

Komm, o mein Bruder, der etwas zur Vernunft gekommen ist! Ich werde in der Kraft der ganzen elf Beweise noch einen Beweis aufzeigen.

So schau: Betrachte diesen glanzvollen Erlass (Anm. 23), der von oben hinabgesandt wurde, und den jeder aus Staunen oder Ehrerbietung mit ganzer Aufmerksamkeit betrachtet. Jene Persönlichkeit mit tausend Ehrenzeichen steht daneben und erklärt allen die Bedeutung dieses Erlasses.

Nun also glänzen die Stile dieses Erlasses solcherweise, dass er jedermanns Lobes-Blick auf sich lenkt; und er bringt

(Anm. 23): Der glanzvolle Erlass ist ein Hinweis auf den Kur'ân, und der Namenszug darauf auf seine Unnachahmlichkeit.

solche ernste und wichtige Angelegenheiten vor, dass jeder gespannt zuhören muss. Denn er erklärt Stück für Stück die Wirksamkeiten, Handlungen, Gebote und Eigenschaften des Herrn, der all dieses ganze Land lenkt, dieses Schloss erbaut hat und diese erstaunlichen Dinge zeigt.

Es gibt sowohl in der Gesamtheit dieses Erlasses einen erhabenen Namenszug, als auch –schau hin– in jeder seiner Zeile, in jedem seinem Satz einen unnachahmlichen Namenszug, und zeigt sich genauso auch auf den Bedeutungen, Wahrheiten, Angelegenheiten und Weisheiten, die er darlegt –wie jeweils ein geistiges Siegel, das jenem Herrn gehört– ein ihm eigentümlicher Stil.

Kurz: Dieser gewaltige Erlass zeigt sonnenklar jenen erhabenen Herrn auf; wer nicht blind ist, sieht es…

Nun, o mein Freund! Wenn du zur Vernunft gekommen bist, ist so viel genug… Wenn du etwas zu sagen hast, sage es jetzt".

Jener eigensinnige Mensch antwortete darauf: „Zu diesen deinen Beweisen kann ich nur sagen: Elhamdülillâh, ich glaube. Auch glaube ich sonnenklar und offenkundig, erkenne an, dass dieses Land einen einzigen vollkommenen Herrn, diese Welt einen einzigen allgewaltigen Besitzer, und dieses Schloss einen einzigen cemîl Künstler hat. Allah möge Wohlgefallen an dir haben, du hast mich von meiner vorherigen Eigensinnigkeit und Torheit befreit. Jeder der Beweise, die du vorgebracht hast, hätte alleine für sich ausgereicht, diese Wahrheit aufzuzeigen. Doch öffneten sich, immer wenn ein jeder Beweis kam, noch glänzendere, lieblichere, erfreulichere, leuchtendere und schönere Ebenen der Erkenntnis, Schleier des Kennens und Fenster der Liebe (zu Gott); deshalb habe ich gewartet und zugehört".

Die gleichnishafte Geschichte, die auf die erhabene Wahrheit der Einheit (Gottes) und den Glauben

„ich glaube an Allah" hinweist, ist hier beendet. Durch die Güte des Allbarmherzigen, den Segen des Kur'âns und das Licht des Glaubens werden wir aus der Sonne der wahren Einheitsbezeigung –den zwölf Beweisen in der gleichnishaften Geschichte entsprechend– „zwölf Glanzlichter" und eine Einführung aufzeigen.

وَمِنَ اللّٰهِ التَّوْفِيقُ وَالْهِدَايَةُ [1]

[1] Und die erfolgverleihende Führung und die Rechtleitung ist nur durch Allah.

Zweiter Abschnitt

des zweiundzwanzigsten Wortes

بِسْمِ اللّٰهِ الرَّحْمٰنِ الرَّحِيمِ

[1] اَللّٰهُ خَالِقُ كُلِّ شَيْءٍ وَهُوَ عَلٰى كُلِّ شَيْءٍ وَكِيلٌ ۝ لَهُ مَقَالِيدُ السَّمٰوَاتِ
وَالْاَرْضِ ۝ فَسُبْحَانَ الَّذِي بِيَدِهِ مَلَكُوتُ كُلِّ شَيْءٍ وَاِلَيْهِ تُرْجَعُونَ ۝
وَاِنْ مِنْ شَيْءٍ اِلَّا عِنْدَنَا خَزَائِنُهُ وَمَا نُنَزِّلُهُ اِلَّا بِقَدَرٍ مَعْلُومٍ ۝
مَا مِنْ دَابَّةٍ اِلَّا هُوَ اٰخِذٌ بِنَاصِيَتِهَا اِنَّ رَبِّي عَلٰى صِرَاطٍ مُسْتَقِيمٍ ۝

Einführung

Über den Glauben an Allah –größter Pol der Glaubensgrundpfeiler– hatten wir in der Abhandlung „Ein Tropfen" kurz gefasst dargelegt, dass ein jedes dieser Existierenden mit fünfundfünfzig Zungen die Wesensnotwendigkeit der Exi-

---

[1] Im Namen Allahs, des Allbarmherzigen, des Erbarmers. * Allah ist der Schöpfer aller Dinge, und Er ist der Sachwalter aller Dinge. * Sein sind die Schlüssel der Himmel und der Erde. * Also gepriesen sei Der, in dessen Hand das Melekût aller Dinge ruht. Und zu Ihm werdet ihr zurückgebracht! * Und es gibt nichts, dessen Schätze nicht bei Uns sind; aber Wir senden sie nur in bestimmtem Maß hinab. * Es gibt kein Lebewesen, dessen Zügel nicht Er hält. Wahrlich, mein Herr ist auf rechtem Weg.

stenz des Allerhabenen Hak und Seine Einsheit beweist und bezeugt. Auch hatten wir in der Abhandlung „Ein Punkt" unter den Beweisen für die Wesensnotwendigkeit und Einheit des Allerhabenen Hak vier umfassende Beweise vorgebracht, deren ein jeder die Kraft von tausend Beweisen hat. Weil wir ebenso in meinen etwa zwölf arabischen Abhandlungen hunderte sichere Beweise vorgebracht hatten, welche die Wesensnotwendigkeit der Existenz des Allerhabenen Hak und Seine Einsheit aufzeigen, **werden wir jetzt –uns mit ihnen begnügend– keine genauen Untersuchungen beginnen. Wir werden in diesem „zweiundzwanzigsten Wort" lediglich „zwölf Glanzlichter", die ich in der Risâlet'ün-Nur kurz gefasst geschrieben hatte, versuchen, sie aus der Sonne des Glaubens an Allah aufzuzeigen.**

ERSTES GLANZLICHT: Es gibt zwei Arten der Einheitsbezeugung.

Zum Beispiel: So wie wenn ja auf einen Markt und in eine Stadt verschiedene Waren einer großen Persönlichkeit kämen: man würde auf zwei Arten wissen, dass es seine Waren sind.

Die eine ist oberflächlich und einfach, nämlich: „Bei so vielen bedeutenden Waren kommt es außer ihm niemanden zu, dass er ihr Besitzer sein sollte". Doch unter der Aufsicht eines solchen einfachen Menschen können viele Diebstähle verübt werden. Es können sich viele Leute als Eigentümer ihrer Teile ausgeben.

Die zweite Art ist: in der Weise, auf jedem Ballen die Schrift zu lesen, auf jedem Knauf den Namenszug zu erkennen und auf jedem Zettel den Stempel zu kennen, sagt man „alle Dinge gehören jener Persönlichkeit". In diesem Fall nun zeigt ein jedes Ding jene Persönlichkeit geistig auf.

Genauso auch gibt es zwei Arten der Einheitsbezeugung:

Die eine: Es ist eine einfache und äußerliche Einheitsbezeugung, nämlich: „Der Allerhabene Hak ist ein einziger; Teilhaber und Seinesgleichen hat Er nicht; diese Schöpfung gehört Ihm".

Die zweite: Es ist die wahre Einheitsbezeugung, nämlich auf allen Dingen die Prägung Seiner Allmacht, das Siegel Seiner Allumsorgung und das Ornament Seiner Feder zu sehen, somit von allen Dingen unmittelbar ein Fenster zu Seinem „Licht" zu öffnen, dadurch Seine Ein(s)heit und die Tatsache, dass alle Dinge aus der „Hand" Seiner Allmacht hervorgehen, und dass Er bei Seiner Gottheit, bei Seiner Allumsorgung und bei Seinem Besitz in keiner Hinsicht irgendeinen Teilhaber oder Helfer hat, mit einer dem Augenschein nahen Gewissheit zu bestätigen und zu glauben und eine Art stetige Vergegenwärtigung (Gottes) zu erreichen. Wir wiederum werden in diesem Wort Lichtstrahlen vorbringen, die jene reine und erhabene wahre Einheitsbezeugung aufzeigen werden.

Ein Hinweis in der ersten Feinheit: *O ursachengesinnter Gottvergessener! Die Ursachen sind (nur) ein Schleier;* denn die Ehre und Erhabenheit verlangen es so. Aber die Handelnde ist die Allmacht des Samed; denn die Einheit und Allgewalt verlangen es so und erfordern die Unabhängigkeit.

Die Bediensteten des Überzeitlichen Sultans sind keine Ausübende der Allumsorgungs-Herrschaft, sondern die Ausrufer jener Herrschaft und die betrachtenden Diener jener Allumsorgung. Und diese Bediensteten und Mittelglieder sind dafür, um die Ehre der Allmacht und die Majestät der Allumsorgung erkennen zu lassen, damit es nicht so scheint, als habe die Allmacht eine Berührung mit hässlichen Dingen. Es ist nicht, dass Er wie ein unfähiger, bedürftiger menschlicher

Sultan aus Unfähigkeit und Bedarf die Bediensteten zu Teilhabern an der Herrschaft gemacht hätte.

Das bedeutet, die Ursachen wurden gelegt, auf dass vor dem oberflächlichen Blick des Verstandes die Ehre der Allmacht bewahrt wird. Denn wie die zwei Seiten des Spiegels hat alles eine „materielle" Seite, welche dem farbigen Antlitz des Spiegels ähnelt und durch verschiedene Farben und Zustände ausgezeichnet sein kann, sowie eine „melekûtische" (Seite), welche dem glänzenden Antlitz des Spiegels ähnelt. Auf der materiellen und äußeren Seite gibt es Zustände, die der Ehre und Vollkommenheit der samed-schen Allmacht nicht entsprechen. Die Ursachen wurden gelegt, damit sie sowohl Ausgangspunkt, als auch Veranlasser jener Zustände werden. Auf der melekûtischen und wahren Seite jedoch ist alles transparent und schön; sie ist für die direkte Berührung der Allmacht geeignet, ist ihrer Ehre nicht entgegengesetzt. Deshalb sind die Ursachen nur äußerlich, haben im Melekût und in Wahrheit keine wahre Wirkung.

Auch ist eine andere Weisheit der äußerlichen Ursachen die folgende: Damit die unberechtigten Beschwerden und unbegründeten Widersprüche nicht auf den Absolut Allgerechten gerichtet werden, wurden Ursachen gelegt, die zur Zielscheibe für jene Beschwerden und Widersprüche werden – denn die Verschuldungen ergeben sich durch sie, rühren von ihrer Unfähigkeit her.

In Form eines schönen Beispiels für dieses Geheimnis wird ein geistiges Beispiel überliefert, nämlich: Seine Erhabenheit Azrail hat zum Allerhabenen Hak gesagt: „Bei dem Dienst der Seelen-Entnahme werden sich Deine Diener über mich beschweren und kränken". Der Allerhabene Hak hat zu ihm in der Sprache der Weisheit gesagt: „Zwischen dir und Meinen Dienern werde Ich den Schleier der Unglücke und Krankheiten legen, damit ihre Beschwerden zu diesen hingehen und sie sich über dich nicht kränken".

Also schau: So wie die Krankheiten ein Schleier sind, und ein Ausgangspunkt der Schlechtigkeiten sind, welche bei der Todesstunde gewähnt werden –die Weisheit und Schönheit, die es bei der Seelen-Entnahme in Wahrheit gibt, gehört zum Dienst Azrail's Aleyhisselâm–, so ist auch ebenso Seine Erhabenheit Azrail ein Schleier; um ein Ausgangspunkt für manche Zustände zu werden, die bei der Seelen-Entnahme äußerlich unbarmherzig erscheinen und der Vollkommenheit der Allbarmherzigkeit nicht entsprechen, ist er ein Diener für diesen Auftrag und ein Schleier vor der Allmacht Gottes.

Ja, die Ehre und Erhabenheit verlangen, dass die Ursachen zu „Vorhangs-Bedienern" werden – in den Augen des Verstands. Die Einheit und Allgewalt verlangen, dass die Ursachen von der wahren Wirkung weichen.

ZWEITES GLANZLICHT: Schau hin und gib Acht auf dieses Feld der Schöpfung, diesen Garten der Erde und dieses mit Sternen verzierte schöne Antlitz des Himmels! Du wirst sehen: auf jedem Kunstwerk unter jenen ausgebreiteten und ausgestreuten Kunstwerken hat ein Allgewaltiger Künstler, ein Cemîl Fortgestalter eine dem Schöpfer-aller-Dinge eigene Prägung, auf jedem Seinem Geschöpf ein dem Künstler-aller-Dinge zugehöriges Siegel, auf den Seiten der Nacht und des Tages, welche die Urkunde der Feder der Allmacht sind, und auf den im Sommer und Frühling geschriebenen Schichten der Existierenden einen unnachahmlichen leuchtenden Namenszug.

Nun werden wir unter jenen Prägungen, Siegeln und Namenszügen einige als Beispiel vorbringen.

Zum Beispiel: Unter Seinen unüberschaubaren Prägungen, und Seinen vielen Prägungen, die Er auf das Leben aufsetzt, schau auf die folgende Prägung: Aus einem einzigen Ding bringt Er alle Dinge hervor, macht ebenso alle Dinge zu einem einzigen Ding.

Denn, Er bringt (z. B.) aus dem Sperma, sowie aus einfachem Wasser, das getrunken wird, zahllose Glieder und Organe der Lebewesen hervor. So ist es also gewiss die Handlung eines Absolut Allmächtigen, ein einziges Ding zu allen Dingen zu machen.

Ebenso ist es zweifellos ein Allmächtiger und Absolut Allwissender, der aus zahllosen Speisen, die gegessen werden – ob jene Speise tierisch ist, oder pflanzlich–, diese verschiedenen Substanzen mit vollkommener Ordnung zu einem speziellen Körper macht, aus ihnen eine besondere Haut fertigt und schlichte Organe schafft.

Ja, der Schöpfer des Todes und Lebens lenkt das Leben auf dieser Werkbank der Welt mit Seiner Weisheit mit einem solchen wunderzeigenden Befehlsgesetz, dass die Anwendung und Durchführung jenes Gesetzes einem Herrn eigen ist, der die gesamte Schöpfung in Seiner Verfügungsgewalt hält.

Nun also; wenn dein Verstand nicht erloschen, dein Herz nicht erblindet ist, wirst du verstehen: ein Ding mit vollkommener Leichtigkeit und Ordnung zu allen Dingen zu machen, und alle Dinge mit vollkommener Ausgewogenheit und Ordnung kunstvoll zu einem einzigen Ding zu machen, ist eine Prägung, die dem Künstler aller Dinge eigen ist und dem Schöpfer aller Dinge zugehört.

Wenn du z. B. sehen würdest, dass eine außergewöhnliche Persönlichkeit aus einem Dirhem Baumwolle hundert Ballen feinen Stoff und verschiedene andere Textilien wie z. B. Seide oder Batist aus jenem einzigen Dirhem Baumwolle fertigt, daraus zugleich auch viele Speisen wie Helwa (1) und Baklawa (2) zubereitet, dann sehen würdest, dass jene Per-

---

(1) *(Anm. d. Ü.):* Eine Art von „türkischem Honig".

(2) *(Anm. d. Ü.):* Süße Blätterteigpastete.

sönlichkeit Eisen und Stein, Honig und Butter, Wasser und Erde in die Hand nimmt und zu einem schönen Gold macht: Gewiss würdest du entschieden urteilen, dass jene Persönlichkeit solcherweise eine für sich eigentümliche Kunst beherrscht, dass die ganzen irdischen Elemente seinem Befehl gefügig sind und die ganzen Erzeugnisse aus dem Boden von seinem Urteil abhängen. Ja, die Erscheinung der Allmacht und Weisheit beim Leben ist tausendfach erstaunlicher als in diesem Beispiel.

Hier also eine einzige Prägung unter den vielen Prägungen auf dem Leben…

DRITTES GLANZLICHT: Schau auf die Lebewesen, die in dieser fließenden Schöpfung, auf diesen beweglichen Existierenden umherlaufen! Auf jedem der gesamten Lebewesen hat der Aufrechterhaltende Lebende viele Siegel, die Er gelegt hat.

Eines jener Siegel ist das folgende: Jenes Lebewesen, z. B. dieser Mensch, ist geradezu wie ein verkleinertes Abbild der Schöpfung, eine Frucht des Erschaffungs-Baums und ein Kern dieses Weltalls, da es die meisten Exemplare der (substantiellen) Arten der Schöpfung enthält. Geradezu ist jenes Lebewesen ein Tropfen, der mit höchst genauen Maßen aus der gesamten Schöpfung filtriert wurde. Um also dieses Lebewesen zu erschaffen und sein Allumsorger zu sein, ist es notwendig, die gesamte Schöpfung in seiner Verfügungsgewalt zu halten.

Nun also; wenn dein Verstand nicht in irrigen Annahmen versunken ist, wirst du verstehen: Ein Wort der Allmacht, z. B. die Biene, zu einer Art kleines Verzeichnis für die meisten Dinge zu machen,.. auf eine Seite, z. B. auf dem Menschen, die meisten Angelegenheiten des Schöpfungs-Buches zu schreiben,.. in einen Punkt, z. B. im winzigen Feigenkern das

Programm des riesigen Feigenbaums einzufügen,.. in einem Buchstaben, z. B. im Herzen des Menschen, die Handlungen der ganzen Namen zu zeigen, welche auf den Seiten dieser großen Schöpfung erscheinen und umfassen,.. und im Gedächtnis des Menschen, das einen so kleinen Platz einnimmt wie eine Linse, so viel zu schreiben wie eine Bibliothek, und in jener winzigen Empfindung das detaillierte Verzeichnis der ganzen Geschehnisse der Schöpfung einzufügen, ist gewiss und zweifellos ein dem Schöpfer-aller-Dinge eigenes und dem Allgewaltigen Allumsorger dieser Schöpfung zugehöriges Siegel.

Wenn also ein einziges Siegel unter den sehr vielen Siegeln des Allumsorgers auf den Lebewesen solcherweise Sein Licht zeigt und Seine Zeichen lesen lässt, und wenn du dann alle jene Siegel gleichzeitig betrachten und sehen könntest: würdest du nicht sagen: سُبْحَانَ مَنِ اخْتَفٰى بِشِدَّةِ الظُّهُورِ[1]?

VIERTES GLANZLICHT: Schau, betrachte genau die farbenreichen Existierenden und mannigfaltigen Kunstwerke, welche in diesem Meer der Himmel schwimmen und auf dem Antlitz der Erde ausgestreut sind. Du wirst sehen, dass es auf jedem von ihnen unnachahmliche Namenszüge der „Überzeitlichen Sonne“ [2] gibt. So wie es auf dem Leben Prägungen von Ihm und auf den Lebewesen Seine Siegel zu sehen sind und wir ein-zwei von ihnen gesehen haben, so hat Er auch solche Namenszüge auf der Belebung.

---

[1] Gepriesen sei Er, der sich durch die Stärke Seiner Erscheinung verborgen hat.

[2] *(Anm. d. Ü.):* Eine Bezeichnung für den Schöpfer, dessen Erscheinungen Seiner Namen alles „beleuchten“, alles umfassen und durchdringen.

Weil ein Beispiel tiefe Bedeutungen dem Verständnis nahe bringt, werden wir diese Wahrheit mit einem Beispiel aufzeigen.

Zum Beispiel die Sonne: Mit den Planeten angefangen bis hin zu den Tropfen, zu kleinen Glasteilchen und bis hin zu den glänzenden Schneeflöckchen sieht man einen „Namenszug" des Abbilds und Reflexes dieser Sonne, ein der Sonne eigenes lichtvolles Werk von ihr. Wenn du nicht akzeptierst, dass die in jenen zahllosen Dingen zu sehenden kleinen Sonnen die Erscheinung des Reflexes und Widerscheins der Sonne sind, müsstest du dann mit einer größten Torheit wie in jedem Tropfen, in jedem unter dem Licht stehenden Glasstückchen und transparenten Teilchen persönlich die Existenz einer wahren Sonne anzunehmen, in eine grenzenlose Dummheit fallen.

So auch: Unter den lichtvollen Manifestationen der „Überzeitlichen Sonne" hat Er hinsichtlich der Belebung, d. h. des Leben-Gebens, auf jedem Lebewesen einen solchen Namenszug, dass selbst wenn angenommen alle Ursachen zusammenkämen und zu jeweils einem selbständig Handelnden würden, sie trotzdem diesen Namenszug nicht nachahmen könnten. Denn ein jedes der Lebewesen, deren ein jedes jeweils ein Wunder der Allmacht ist, ist wie ein Brennpunkt der Namen der Überzeitlichen Sonne, welche Seine „Strahlen" bedeuten. Wenn jenes, auf den Lebewesen zu sehende erstaunliche Ornament der Kunst, jene faszinierende Anordnung der Weisheit, und jene Manifestation des Geheimnisses der Allgegenwart nicht dem Samed Allgegenwärtigen Herrn zugeschrieben wird, müsste man auf eine ganz tiefe Stufe, auf die dümmste des Irrwegs, auf die törichste des Aberglaubens fallen, wie anzunehmen, dass sich in jedem Lebewesen, sogar in einer Fliege, in einer Blume, eine fortgestaltende Macht darin verbirgt, dass sich darin ein alles einschließendes Wissen befindet, dass darin ein absoluter

Willen existiert, welcher die Schöpfung zu verwalten vermag, und dass in ihnen sogar die beständigen Eigenschaften vorhanden sind, die dem Wesensnotwendig Existierenden zugehören. Denn: den Atomen jenes Dinges, insbesondere wenn sie Samen sind, wurde ein solcher Zustand verliehen, dass dieses Atom auf das Lebewesen, dessen Teil es ist, Bezug nimmt und seiner Anordnung entsprechend eine Haltung einnimmt. Als ob es sogar die ganze Art jenes Lebewesens berücksichtigt, nimmt es (z. B.) eine Beschaffenheit an, wie Flügelchen zu bekommen, um an jedem, für die Fortpflanzung jener Art geeigneten Ort zu säen und die Fahne seiner Art aufzupflanzen. Es hält sogar einen Zustand, (der es veranlasst,) mit allen Existierenden, auf die jenes Lebewesen Bezug nimmt und angewiesen ist, dessen Umgang und Nahrungsverkehr fortzuführen.

Wenn dieses Atom also nicht ein Bediensteter eines Absolut Allmächtigen wäre und seine Zugehörigkeit zu jenem Absolut Allmächtigen unterbrochen würde, müsste man dann diesem Atom ein alles sehendes Auge und ein alles einschließendes Bewusstsein zuschreiben.

Kurz: So wie man ja anstelle einer einzigen Sonne unzählige Sonnen annehmen müsste, wenn diese winzigen Sonnen und verschiedenartigen Farben in den Tropfen und Glasteilchen nicht auf die Erscheinung des Reflexes und Widerscheins der Sonne zurückgeführt wird –man müsste einen absolut unmöglichen Aberglauben annehmen–, so müsste man genauso auch, wenn alle Dinge nicht dem Absolut Allmächtigen zugeschrieben werden, in ein Gefasel des Irrsinns fallen, wie eine hundertfache absolute Unmöglichkeit als existent anzunehmen, wie anstelle eines einzigen Allahs endlose Götter, sogar entsprechend der Anzahl der Atome der Schöpfung anzunehmen.

Kurz: Von jedem Atom aus öffnen sich drei Fenster zum Licht der Einsheit der „Überzeitlichen Sonne“ und zu der Wesensnotwendigkeit Seiner Existenz:

Erstes Fenster: Ein jedes Atom ist wie ein Soldat; so wie dieser ja in jedem seiner militärischen Bereiche, d. h. in seinem Zug, in seiner Staffel, in seinem Bataillon, in seinem Regiment, in seiner Division, in seiner Armee, in jedem eine Beziehung, entsprechend jener Beziehung einen Dienst, und entsprechend jenem Dienst eine Tätigkeit im Rahmen seiner Anordnung hat,.. so (ist) auch ebenso jenes leblose winzige Atom (z. B.) in deiner Pupille: es hat jeweils eine Beziehung und jeweils einen Dienst in deinem Auge, deinem Kopf, deinem Körper, bei der Arterhaltung, der Versorgung, der Abwehrkraft und der Formung, in den Venen, Arterien und übrigen Leitungsbahnen –sie dienen dem Blutkreislauf, der Empfindung und der Bewegung–, ebenso bei deiner Art usw.; es zeigt einem nicht blinden Auge offenkundig, dass es das Werk der Kunst eines Überzeitlichen Allmächtigen, Sein beauftragter Befehlsempfänger und unter Seiner Behandlung ist.

Zweites Fenster: Ein jedes Atom (z. B.) in der Luft vermag es, eine jede Blume und jede Frucht zu besuchen und kann in jede Blume, in jede Frucht eintreten und arbeiten. Wenn es nicht ein gefügiger Befehlsempfänger eines alles sehenden und wissenden Absolut Allmächtigen wäre, müsste jenes herrenlose Atom die Apparate der gesamten Früchte und Blumen, ihre Erbauung, ihre jeweils unterschiedlichen Künste, die Schneiderkunst der Gastalten, welche ihnen aufgesetzt werden, und die umfassenden vollkommenen Näharbeiten ihrer Kunst kennen. Also zeigt dieses Atom sonnenklar den Strahl eines Lichtes der Einheitsbezeigung.

Von der Luft kannst du auf das Licht, von der Erde auf das Wasser schließen. Der grundlegende Ursprung der Dinge sind sowieso diese vier Elemente – nach der neueren Physik

„Wasserstoff, Sauerstoff, Kohlenstoff und Stickstoff“, wobei diese Elemente die Teile der vorhergehenden Elemente sind.

Drittes Fenster: Ein, aus Atomen bestehendes Stückchen Erde –wenn du mit jenen winzigen Atomen eine Schale füllen würdest, welche Ursprung werden kann für das Wachstum einer jeden blüten- und fruchttragenden Pflanze–, sowie die kleinen Samen jederart von Blumen und fruchttragenden Pflanzen auf der Erde, wobei jene winzigen Samen, wie die Spermien der Lebewesen auch, nicht unterschiedliche Dinge sind, sondern, so wie die Spermien dieselbe Flüssigkeit sind, so bestehen auch jene Samen aus Kohlenstoff, Stickstoff, Wasserstoff und Sauerstoff, sind im Wesen gleich, (nur) in der Beschaffenheit unterschiedlich, es wurde ihnen nur mit dem Stift der Vorbestimmung, lediglich geistig, das Programm ihres Geschlechts übergeben: Wenn wir nun jene Samen der Reihe nach in jene Schale legen würden, würdest du –so, als habe es stattgefunden– überzeugt sein, dass eine jede von ihnen mit ihren erstaunlichen Apparaten, Gestalten und Zuständen in Erscheinung treten wird.

Wenn jene Atome nicht die Befehlsempfänger und abkommandierten Bediensteten eines Herrn sein würden, der eine jede Lage und Situation eines jeden Dinges kennt, dazu imstande ist, einen, jedem Ding angemessenen Körper und die notwendigen Dinge des Körpers zu geben, und für dessen Allmacht alle Dinge in vollkommener Leichtigkeit gefügig sind, dann müssten in jedem Atom jener Erde entweder entsprechend der Anzahl der gesamten Blüten- und Fruchtträger geistige Fabriken und Druckereien in ihnen sein –damit es Ursprung für jene verschiedenen Existierenden werden kann, deren Apparate und Gestalten voneinander abweichen und unterschiedlich sind–, oder man müsste ihm ein Wissen zuschreiben, welches alle jene Existierenden einschließt, und eine Macht, welche zu der Formung von ihnen allen imstande ist – damit es die Formung von ihnen allen verursacht... Das bedeutet: Wenn die Beziehung zum Allerhabenen Hak unterbrochen wird, müsste man Götter entsprechend der Anzahl der Atome der Erde annehmen. Das aber ist ein tausendfach unmöglicher Aberglaube.

Doch wenn sie Befehlsempfänger sind, ist es sehr einfach. So wie ja ein einfacher Soldat eines großen Sultans im Namen und mit der Kraft jenes Padişah's dazu imstande wäre, ein ganzes Land auswandern zu lassen, zwei Meere zu verbinden und einen Şah gefangen zu nehmen, so auch: auf Befehl des Sultans der Überzeitlichkeit und Ewigkeit streckt eine Fliege einen Nimrod zu Boden, zerstört und richtet eine Ameise den Palast eines Pharao's zugrunde, und trägt sich ein Feigenkern einen Feigenbaum auf.

Auch gibt es bei jedem Atom noch zwei andere wahre Zeugen für die Wesensnotwendigkeit und Einheit des Künstlers.

Der eine: Ein jedes Atom leistet trotz seiner absoluten Unfähigkeit sehr große und sehr verschiedene Dienste und handelt trotz seiner Leblosigkeit ordnungsliebend entsprechend der allgemeinen Ordnung, was ein umfassendes Bewusstsein erkennen lässt. Folglich bezeugt ein jedes Atom in der Sprache seiner Unfähigkeit die Wesensnotwendigkeit der Existenz des Absolut Allmächtigen und durch sein Berücksichtigen der Ordnung der Welt Seine Einheit.

(1) كَمَا اَنَّ فِى كُلِّ ذَرَّةٍ شَاهِدَانِ عَلَى اَنَّهُ وَاجِبٌ وَاحِدٌ كَذٰلِكَ
فِى كُلِّ حَىٍّ لَهُ اٰيَتَانِ عَلَى اَنَّهُ اَحَدٌ صَمَدٌ

---

(1) So wie es bei jedem Atom zwei Zeugen dafür gibt, dass Er Wesensnotwendig und Alleinbesitzend ist, so gibt es auch bei jedem Lebewesen zwei Zeichen für Ihn, dass Er Allgegenwärtig und Samed ist.

Ja, bei jedem Lebewesen gibt es einerseits die Prägung der Allgegenwart, andererseits den Namenszug des Samediyet. Denn ein Lebewesen zeigt die meisten der Namen, deren Erscheinungen in der Schöpfung zu sehen sind, alle zusammen in seinem Spiegel. Geradezu wie ein Brennpunkt zeigt es die Erscheinung des Größten Namens des Aufrechterhaltenden Lebenden. Weil es also die Allgegenwart des Wesens (Gottes) –hinter dem Schleier des „Belebenden" gewissermaßen ihren Schatten– erkennen lässt, trägt es eine Prägung der Allgegenwart.

Und weil jenes Lebewesen wie ein verkleinertes Abbild dieser Schöpfung und eine Frucht des Erschaffungs-Baums ist, zeigt der Umstand, alle seine weltumfassenden Bedürfnisse mit Leichtigkeit in den Bereich seines Lebens zu Hilfe zu bringen, den Namenszug des Samediyet. Das heißt, dieser Zustand zeigt: es hat einen solchen Allumsorger, der zu ihm eine, allen Dingen gleichkommende Hinwendung und einen, statt aller Dinge genügenden Blick hat; (selbst) die gesamten Dinge könnten eine einzige Hinwendung von Ihm nicht ersetzen.

(1) نَعَمْ يَكْفِى لِكُلِّ شَىْءٍ شَىْءٌ عَنْ كُلِّ شَىْءٍ وَلاَ يَكْفِى عَنْهُ كُلُّ شَىْءٍ وَلَوْ لِشَىْءٍ وَاحِدٍ

Auch zeigt jener Zustand: Dieser Allumsorger von ihm ist auf nichts angewiesen, Sein Schatz verringert sich um kein Ding, und Seiner Allmacht wiederum fällt nichts schwer. So ist dies also eine Art Namenszug des Samediyet, welcher seinen Schatten zeigt...

---

(1) Ja, für alle Dinge reicht der Eine statt aller Dinge, doch Seiner statt reichen alle Dinge nicht, selbst wenn nur für ein einziges Ding.

Also gibt es bei jedem Lebewesen eine Prägung der Allgegenwart und einen Namenszug des Samediyet. Ja, ein jedes Lebewesen liest in der Sprache des Lebens.

قُلْ هُوَ اللّٰهُ اَحَدٌ ۝ اَللّٰهُ الصَّمَدُ[1]

Außer diesen zwei Prägungen gibt es auch noch einige bedeutende Fenster; weil sie an einer anderen Stelle detailliert wurden, wurde sich hier kurz gefasst.

Da nun ein jedes Atom dieser Schöpfung solcherweise drei Fenster, zwei Öffnungen, und das Leben wiederum zwei Türen zugleich zu der Einsheit des Wesensnotwendig Existierenden öffnet, kannst du daraus ableiten, wie die Ebenen der (gesamten) Existierenden vom Atom bis hin zur Sonne die Lichter der Erkenntnis des Allgewaltigen Herrn verbreiten.

Verstehe und folgere daraus also die Stufen der geistigen Fortschritte bei der Gotteserkenntnis und die Ränge der Vergegenwärtigung (Gottes)...

FÜNFTES GLANZLICHT: So wie ja für die Schreibung eines Buches, falls dieses ein Manuskript und handgeschrieben ist, ein Stift genügt... Doch wenn es ein Druckerzeugnis und gedruckt wäre, wären Stifte entsprechend der Anzahl der Buchstaben dieses Buches, d. h. Eisenbuchstaben notwendig, damit es gedruckt wird und zustande kommt. Wenn in manchen Buchstaben dieses Buches mit äußerst feiner Schrift der größte Teil dieses Buches geschrieben stünde –so wie die Sure Yâsin in dem Wort „Yâsin" geschrieben wird–, dann würden die Winzigen dieser ganzen Eisenbuchstaben (sogar) für jenen einzigen Buchstaben notwendig werden, damit es gedruckt wird.

---

[1] Sprich: Er ist Allah, Allgegenwärtig. Allah ist Samed.

Genauso auch: Wenn du dieses Buch der Schöpfung als das Manuskript des Stiftes der Allmacht des Samed und als den Brief des Allgegenwärtigen Herrn bezeichnest, gehst du auf dem Weg einer Leichtigkeit im Grade der Zwangsläufigkeit und einer Vernünftigkeit im Grade der Notwendigkeit. Wenn du es der Natur und den Ursachen zuschreibst, wirst du einen, im Grade der Undenkbarkeit mühseligen, im Grade der Unmöglichkeit schwierigen, und (sogar) von keiner Illusion akzeptierten abergläubischen folgenden Weg gehen: für die Natur müsste es in jedem Stückchen Erde, in jedem Tropfen Wasser, in jedem Teil der Luft Milliarden von mineralischen Druckereien und zahllose geistige Fabriken geben, damit sie die Formung der unüberschaubaren blüten- und fruchttragenden Kunstwerke durchführen kann... Oder man müsste in ihnen ein alles umfassendes Wissen und eine alles vermögende Kraft annehmen, damit sie die wahre Quelle dieser Kunstwerke sein können.

Denn, ein jeder Teil der Erde, des Wassers und der Luft vermag es, Anlass für die meisten Pflanzen zu werden. Doch ist die Formung einer jeden Pflanze –ob sie Früchte trägt, oder Blüten– so wohlgeordnet, sie ist so maßgerecht, sie unterscheiden sich so voneinander, und sind ihre Beschaffenheiten dermaßen voneinander verschieden, dass für eine jede von ihnen jeweils eine andere, nur für sie bestimmte geistige Fabrik, oder eine andere Druckerei notwendig wäre... Das bedeutet, wenn die Natur von der Eigenschaft eines „Liniergeräts" auf die eines Urhebers aufsteigt, müsste sie bei jedem Ding die Maschinen der gesamten Dinge bereithalten.

Also ist die Grundlage dieses Gedankens einer Naturgesinntheit ein solcher Aberglaube, dass sich dessen selbst die Erzähler von Lügengeschichten schämen. Siehe, für welch eine Dummheit mit endlosem Gefasel sich die Leute des Irrwegs, die sich für intelligent halten, einsetzen, zieh dir daraus eine Lehre!

Kurz: So wie ja ein jeder Buchstabe eines Buches sich selber (nur) so viel zeigt wie ein Buchstabe und seine eigene Existenz (nur) in einer einzigen Form erkennen lässt, seinen Schreiber jedoch mit zehn Wörtern beschreibt und in vielen Hinsichten aufzeigt –z. B. „sagt" er: „Mein Schreiber hat eine schöne Schrift; sein Stift schreibt rot, ist so und so"–,.. genauso auch lässt ein jeder Buchstabe dieses großen Buches der Schöpfung sich selber (nur) so viel erkennen wie sein Volumen und zeigt sich selber (nur) so viel wie seine Gestalt; doch die Namen seines Überzeitlichen Gestalters beschreibt er so viel wie ein Lobgedicht, zeigt entsprechend der Anzahl seiner Eigenschaften mit seinen „Zeigefingern" jene Namen auf, bezeugt deren Namensträger.

Folglich dürfte sogar ein Dummer wie ein Sophist, der sowohl sich selber, als auch die Schöpfung leugnet, nicht zur Leugnung des Allgewaltigen Künstlers schreiten!

SECHSTES GLANZLICHT: So wie der Allgewaltige Schöpfer auf dem Antlitz eines jeden Exemplars Seiner Geschöpfe und an der Front eines jeden Teils Seiner Kunstwerke die Prägung Seiner Allgegenwart aufgesetzt hat –wie du ja manche von ihnen in den vorausgegangenen Glanzlichtern gesehen hast–, so hat Er auch auf höchst glänzende Weise auf eine jede Art viele Prägungen der Allgegenwart, auf ein jedes Ganze zahlreiche Siegel des Alleinbesitzens, bis hin auf die Gesamtheit der Schöpfung verschiedene Namenszüge der Einheit gelegt.

Nun also werden wir unter den sehr vielen Prägungen, Siegeln und Namenszügen eine Prägung, ein Siegel aufzeigen, welches im Frühling auf die Seite der Erdoberfläche aufgesetzt wird, folgenderweise:

Dass der Überzeitliche Gestalter auf der Erde in der Sommer- und Frühlingszeit mindestens dreihunderttausend

Arten der Pflanzen und Tiere innerhalb grenzenloser Vermischung und Vermengung (dennoch) mit grenzenloser Sonderung und Individualisierung und in höchster Ordnung und Unterscheidung auferstehen lässt und verteilt, ist eine glänzende Prägung der Einheitsbezeigung, so offenkundig und klar wie der Frühling. Ja, im Frühling bei der Belebung der gestorbenen Erde dreihunderttausend Beispiele der Auferstehung mit vollkommener Ordnung zu schaffen, und auf der Seite der Erde ineinander die Exemplare von dreihunderttausend verschiedenen Arten fehlerfrei, ohne Irrtum, Täuschung und Mangel, höchst maßgerecht, wohlgestaltet, höchst wohlgeordnet und vollkommen zu „schreiben", ist zweifellos die eigentümliche Prägung eines Allgewaltigen Herrn, eines Vollkommenheit-Besitzenden Allmächtigen und eines Cemîl Allweisen, der eine grenzenlose Allmacht, ein (all-)umfassendes Wissen und einen die (ganze) Schöpfung lenkenden Willen besitzt: wer ein Fünkchen Bewusstsein hat, müsste das begreifen.

Der Allweise Kur'ân verfügt:

فَانْظُرْ اِلٰٓى اٰثَارِ رَحْمَتِ اللّٰهِ كَيْفَ يُحْيِ الْاَرْضَ بَعْدَ مَوْتِهَا اِنَّ ذٰلِكَ لَمُحْيِ الْمَوْتٰى وَهُوَ عَلٰى كُلِّ شَيْءٍ قَدِيرٌ [1]

Ja, für die Fortgestaltende Allmacht, die bei der Belebung der Erde dreihunderttausend Beispiele der Auferstehung innerhalb weniger Tage schafft und zeigt, wird zweifellos die Auferstehung der Menschen dementsprechend leichter fallen.

Zum Beispiel: Kann man eine wunderzeigende Persönlichkeit, die den Gelincik-Berg und Süphan-Berg auf einen Wink hebt, fragen: „Kannst du aus diesem Tal diesen riesi-

---

(1) So schau auf die Werke von Allahs Barmherzigkeit, wie Er die Erde nach ihrem Tode belebt. Wahrlich, derselbe wird auch die Toten erwecken; und Er hat Macht über alle Dinge.

gen Stein, der unseren Weg versperrt, beseitigen?" So auch: Kann man in der Weise eines Für-unwahrscheinlich-Haltens einen Allweisen Allmächtigen und Erbarmungsvollen Freigebigen, der die Himmel, die Berge und die Erde in sechs „Tagen" schafft und sie von Zeit zu Zeit füllt und leert, fragen: „Kannst du diese Erdenschicht über uns, die unseren Weg versperrt, welcher zu Seinem Festmahl führt, das in der Gegend der Ewigkeit bereitgestellt und ausgebreitet ist, wegschaffen? Kannst du die Erde ebnen und uns über sie hinüberbringen?"

Auf der Erde hast du eine Prägung der Einheitsbezeigung in der Sommerzeit gesehen. Jetzt schau! Auf diesen höchst sehendlich und weisheitsvoll ausgeführten gewaltigen Aktionen im Frühling auf der Erde ist ein Siegel des Alleinbesitzens offenkundig zu sehen.

Denn, diese Ausführungen sind in einer absoluten Umfassendheit; und trotz jener Umfassendheit (besteht) eine absolute Ordnung, eine vollkommene Kunstschönheit und eine Vollkommenheit der Erschaffung, welche sich in absoluter Schnelligkeit, und mit jener Schnelligkeit zugleich in absoluter Freigebigkeit zeigen: dies ist ein solches Siegel, dessen Besitzer nur der Besitzer eines unendlichen Wissens und einer grenzenlosen Macht sein kann.

Ja, wir sehen: es gibt auf der ganzen Erde in absoluter Umfassendheit eine Schaffung, Handlung und Aktivität. Auch werden in jener Umfassendheit mit absoluter Schnelligkeit Handlungen vollzogen. Auch ist trotz jener Schnelligkeit und Umfassendheit eine absolute Freigebigkeit bei der Vermehrung der Individuen zu sehen. Auch sieht man trotz jener Freigebigkeit, Umfassendheit und Schnelligkeit eine absolute Leichtigkeit. Und trotz jener Freigebigkeit, Leichtigkeit, Schnelligkeit und Umfassendheit eine, bei jeder Art und bei jedem Individuum zu sehende absolute Ordnung und äußerst hervorragende Kunstschönheit,.. sowie in grenzenloser Vermischung eine vollständige Unterscheidung,.. in grenzenloser Fülle höchst wertvolle Werke,.. in sehr großen Bereichen eine genaue Entsprechung,.. sowie in größter Leichtigkeit höchst kunstvolle einzigartige Werke zu schaffen,.. zu gleicher Zeit, an jedem Ort, auf die gleiche Weise und bei jedem Individuum eine erstaunliche Kunst, eine wundervolle Aktivität zu zeigen, ist gewiss und zweifellos das Siegel eines solchen Herrn, der –obwohl (mit Seiner Person) an keinem „Ort"– (mit Seinen Namen und Eigenschaften) allgegenwärtig ist und alles sieht; sowohl kann sich nichts vor Ihm verbergen, als auch fällt Ihm nichts schwer; Atome und Gestirne sind für Seine Allmacht gleich.

Zum Beispiel: In dem Gartenland der Güte jenes Cemîl Erbarmungsvollen gleichsam als ein Beerchen unter den Trauben Seiner Wunder, habe ich die Trauben gezählt, die an eine, zwei Finger breite Rebe, die ich gesehen habe, gehängt wurden: es kam hundertfünfundfünfzig heraus. Ich habe die einzelnen Beeren einer Dolde gezählt: sie waren etwa hundertzwanzig. Ich überlegte und sagte: Wenn diese Rebe ein Nektar enthaltender Wasserhahn wäre und beständig Flüssigkeit spenden würde, würde es bei dieser Wärme für die Trauben, die jene vielen hundert Fruchtsaft-Behälterchen nähren, gerade noch eben ausreichen. Doch gelangt in ihre Hände manchmal gerade noch eben eine kleine Feuchtigkeit. Also muss derjenige, der dieses Werk vollbringt, aller Dinge mächtig sein.

سُبْحَانَ مَنْ تَحَيَّرَ فِي صُنْعِهِ الْعُقُولُ (1)

(1) Gepriesen sei Er, über dessen Kunst die Verstände staunen.

SIEBTES GLANZLICHT: Schau! So wie du auf der Seite der Erde die Siegel des Samed Allgegenwärtigen Herrn mit etwas Aufmerksamkeit sehen kannst, so hebe den Kopf, öffne die Augen und schau einmal auf dieses große Buch der Schöpfung; du wirst sehen, dass auf der Gesamtheit jener Schöpfung mit einer Klarheit im Ausmaß ihrer Größe das Siegel der Einheit zu lesen ist.

Denn wie die Teile und Personen einer Fabrik, eines Schlosses, einer wohlgepflegten Stadt stärken diese Existierenden einander den Rücken, strecken die Hand der Unterstützung, sagen auf das gegenseitige Ersuchen wegen ihres Bedarfs: „Dir zu Diensten! Gerne!", geben Hand in Hand und arbeiten ordnungsmäßig, sie gehen solidarisch vor und dienen den Lebewesen, sie geben Schulter an Schulter und gehorchen –einem Ziel zugewandt– einem Allweisen Allbetreuer.

Ja, dass sie nach einem Grundsatz der gegenseitigen Hilfeleistung handeln –was angefangen mit der Sonne, dem Mond, der Nacht und dem Tag, dem Winter und Sommer, bis hin dabei herrscht, dass die Pflanzen den bedürftigen und hungrigen Tieren zu Hilfe kommen, die Tiere den schwachen und ehrenwerten Menschen zu Hilfe eilen, sogar die Nährstoffe den lieblichen, zartgebauten Junglebewesen und Früchten sich zu Hilfe schwingen, und bis hin dabei (herrscht), dass die Nahrungsatome sich zu Hilfe der Körperzellen begeben–, zeigt einem nicht ganz und gar Blinden auf, dass sie mit der Kraft eines höchst freigebigen einzigen Allumsorgers, nach dem Befehl eines höchst allweisen einzigen Allbetreuers handeln.

Ja, sowohl bezeugen diese in der Schöpfung herrschende Solidarität, diese gegenseitige Hilfeleistung, Beantwortung und Umarmung, diese Gefügigkeit und diese Ordnung absolut, dass sie nach der Einordnung eines einzigen Allbetreuers gelenkt und nach der Maßnahme eines einzigen Allumsorgers geführt werden, als auch sind die vollständige Gnade innerhalb dieser allgemeinen Weisheit, welche offenkundig an der Kunst der Dinge zu sehen ist, die umfassende Allbarmherzigkeit, welche innerhalb jener Gnade glänzt, und die allgemeinen Nahrungen und Verpflegungen, welche auf jener Allbarmherzigkeit ausgebreitet und dazu ausgestreut werden, um ein jedes, auf die Nahrung angewiesene Lebewesen, seinem Bedürfnis entsprechend zu ernähren, (sind) ein solches glänzendes Siegel der Einheitsbezeigung, dass derjenige, dessen Verstand nicht ganz und gar erloschen ist, dieses versteht, und der nicht ganz und gar erblindet ist, es sieht.

Ja, ein Schleier der Weisheit, welcher die Absicht, das Bewusstsein und den Willen (Gottes) zeigt, hat die gesamte Schöpfung umhüllt; auf jenen Schleier der Weisheit wurde ein Schleier der Gnade ausgebreitet, welcher die Liebenswürdigkeit, die Ausschmückung, die Verschönerung und die Wohltat zeigt; auf jenem schmuckvollen Schleier der Gnade hat ein Gewand der Allbarmherzigkeit, welcher die Glanzlichter des Sich-beliebt- und -bekant-Machens und der Gabe und reichlichen Spendung zeigt, die Schöpfung eingeschlossen; und auf jenen leuchtenden Schleier der allgemeinen Allbarmherzigkeit ausgebreitet, wurde eine Tafel von allgemeinen Nahrungen aufgerichtet, welche das Erbarmen, die Wohltat, die reichliche Spendung, die vollkommene Liebe und Güte, die Wohlbetreuung und die Güte der Allumsorgung zeigt.

Ja, diesen Existierenden –von den Atomen bis zu den Sonnen, ob Individuen oder Arten, ob klein oder groß– wurde aus einem Gewebe der Weisheit, welches mit Früchten, Zielen, Nutzen und Zweckmäßigkeiten ornamentiert ist, ein prachtvoller Überzug aufgesetzt; auf jenem, Weisheiten bekundenden Gestalts-Überzug wurde, der Statur aller Dinge entsprechend, ein Gewand der Gnade zugeschnitten, welches mit Blumen der Huld und Wohltat geschmückt ist; auf jenes geschmückte Gewand der Gnade wurden Ehrenzeichen der Allbarmherzigkeit angelegt, welche mit den Glanzlichtern des Sich-beliebt-Machens, der reichlichen Spendung, des Bemitleidens und der Schenkung leuchtet; und außer der huldvollen Gabe jener leuchtenden und kostbaren Ehrenzeichen wurde auf der Erde eine Tafel der allgemeinen Nahrung aufgerichtet, welche für die Gruppen aller Lebewesen reicht und für all ihre Bedürfnisse genügt. Nun macht dieser Sachverhalt also sonnenklar auf einen Allweisen, Freigebigen, Erbarmungsvollen und Stets-Ernährenden Cemîl Herrn aufmerksam und lässt Ihn erkennen.

Ist es so – sind alle Dinge auf Nahrung angewiesen?

Ja, so wie eine Person auf die Nahrung und den Fortbestand angewiesen ist, so sehen wir auch, dass die gesamten Existierenden der Schöpfung, insbesondere wenn es ein Lebewesen ist –ob in der Gesamtheit oder im Einzelnen, ob als Ganzes oder als Teil–, für ihren Körper, ihre Fortdauer, ihr Leben und für ihre Lebenserhaltung materiell wie geistig viele Wünsche und viele Bedürfnisse haben. Sie haben Bedürfnisse und Notwendigkeiten nach so vielen Dingen: obwohl jene Existierenden (sogar) das kleinste davon nicht zu erreichen vermögen und (sogar) für ihren kleinsten Wunsch ihre Kraft nicht ausreicht, sehen wir, dass ihre ganzen Wünsche und materiellen wie geistigen Nahrungen مِنْ حَيْثُ لَا يَحْتَسِبُ[1] von unvermuteten Stellen, mit vollkommener Ordnung, zur rechten Zeit, auf angemessene Weise, mit vollkommener Weisheit ihnen gegeben werden. Zeigt nun diese Bedürftigkeit und Notwendigkeit der Geschöpfe und die derartige Hilfe und Unterstützung aus dem Verborgenen nicht sonnenklar

---

[1] In der Art und Weise, womit er nicht gerechnet hätte.

einen Allgewaltigen Allweisen Allumsorger und einen Cemîl Erbarmungsvollen Allbetreuer?

ACHTES GLANZLICHT: So wie ja eine Art von Samen, der auf einem Acker gesät wird, bekundet, dass jener Acker auf jeden Fall unter der Verfügung des Samen-Besitzers steht, ebenso zeigt, dass jener Samen wiederum unter der Verfügung des Acker-Verwalters steht, so auch: Dass dieses „Elemente" benannte Saatfeld der Kunstwerke einzig und einfach, zugleich allgemeinbezogen und umfassend ist, und diese „Geschöpfe" genannten Pflanzen und Tiere, welche Früchte der Allbarmherzigkeit, Wunder der Allmacht und Wörter der Allweisheit sind, in ihrer Gleichartigkeit und Ähnlichkeit zugleich sich in vielen Orten ausbreiten, befinden und ansässig machen, zeigt den Umstand, dass sie unter der Verfügung eines einzigen wunderzeigenden Künstlers sind – solcherweise, dass geradezu eine jede Blume, jede Frucht und ein jedes Lebewesen jeweils eine Prägung, ein Siegel und ein Namenszug jenes Künstlers ist. Wo sie sich auch befinden, sagt ein jedes von ihnen in der Sprache seines Zustands: „Wessen Prägung ich bin, Sein Kunstwerk ist auch dieses Gebiet. Wessen Siegel ich bin, Sein Brief ist auch dieser Ort. Wessen Namenszug ich bin, Sein Gewebe ist auch diese meine Heimat."

Das bedeutet, die Allumsorgung (sogar) eines ganz kleinen Geschöpfes gehört dem zu, der die gesamten Elemente unter Seiner Verfügung hält; und ein ganz einfaches Lebewesen zu betreuen und zu führen, ist demjenigen eigentümlich, der die gesamten Lebewesen, Pflanzen und Kunstwerke in der Hand Seiner Allumsorgung betreut; wer nicht blind ist, wird dies sehen.

Ja, ein jedes Individuum sagt in der Sprache der Gleichartigkeit und Ähnlichkeit mit den übrigen Individuen: „(Nur) wer der Herr meiner ganzen Art ist, kann mein Herr sein, sonst nicht." Eine jede Art sagt in der Sprache, dass sie sich auf der Erde zusammen mit den übrigen Arten verbreitet: „(Nur) wer der Herr über die ganze Erdoberfläche ist, kann mein Herr sein, sonst nicht." Die Erde sagt in der Sprache, dass sie mit den übrigen Planeten gemeinsam mit derselben Sonne verbunden ist und mit den Himmeln zusammengehört: „(Nur) wer der Herr über die ganze Schöpfung ist, kann mein Herr sein, sonst nicht."

Ja, wenn angenommen jemand zu einem bewusstseinbesitzenden Apfel sagte: „Du bist meine Kunst", würde ihm jener Apfel in der Sprache des Zustands sagen: „Schweig! Wenn du zu der Formung der gesamten Äpfel auf der ganzen Erde imstande bist, es vielmehr vermagst, über die gesamten, auf der Erde ausgebreiteten Fruchtträger zu verfügen, welche unsere Artgenossen sind, sogar über die gesamten Geschenke des Allbarmherzigen, welche mit ihrem Schiff von dem Schatz der Allbarmherzigkeit herkommen, dann erst kannst du meine Allumsorgung behaupten." So wird es der Apfel sagen und jenem Dummen eine Ohrfeige versetzen.

NEUNTES GLANZLICHT: Unter den Prägungen, Siegeln und Namenszügen an den Teilen und Einzelnen, an den Ganzen und Gesamten, an der gesamten Schöpfung, an dem Leben, den Lebewesen und an der Belebung haben wir auf manche hingewiesen. Nun werden wir auf eine unter den zahllosen Prägungen an den Arten hinweisen.

Ja, (z. B.:) bei den zahllosen Früchten eines früchtereichen Baums nehmen ja –weil sie mit einer einzigen Aufzucht, mit einem Gesetz der Einheit, von einem einzigen Zentrum aus betreut werden– die Schwierigkeit, Anstrengung und die Aufwendungen dermaßen eine Leichtigkeit an, dass sie einer einzigen Frucht, welche durch die Vielheit aufgezogen wird[1], gleichkommen. Also erfordert die Vielheit und das Mehrfach-Sein des Zentrums für jede Frucht anzahlmäßig so viele Schwierigkeiten, Aufwendungen und Ausrüstungen wie der ganze Baum. Der Unterschied besteht nur in der Art und Weise... Um z. B. die militärische Ausrüstung herzustellen, welche für einen einzigen Soldaten nötig ist, wären ja so viele Fabriken notwendig wie die gesamten Fabriken, die für eine Armee notwendig sind.

Wenn die Sache also von der Einheit zur Vielheit übergeht, nimmt die Schwierigkeit entsprechend der Zahl der Personen –hinsichtlich der Anzahl– zu. Nun also ist die außergewöhnliche Leichtigkeit, welche bei jeder Art augenscheinlich zu sehen ist, zweifellos das Werk einer Mühelosigkeit und Leichtigkeit, die von der Einheit und Einheitsbezeigung herrührt.

Kurz: So wie ja die Entsprechung und Ähnlichkeit bei den wesentlichen Gliedern aller Arten einer Gattung und aller Individuen einer Art beweist, dass sie das Kunstwerk eines einzigen Künstlers sind –denn die Einheit des Stifts und die Gleichheit der Prägung verlangt es so–, so auch diese sichtbare absolute Leichtigkeit und Mühelosigkeit: sie erfordert im Grade der Zwangsläufigkeit, dass sie die Werke eines Alleinbesitzenden Künstlers sind. Andernfalls hätte eine, zum Grade der Unmöglichkeit gelangende Schwierigkeit jene Gattung zur Vernichtung, jene Art zur Nichtexistenz geführt [2].

Kurz: Wenn dem Allerhabenen Hak zugeschrieben wird, nehmen die gesamten Dinge (zusammen) eine solche Leichtigkeit an wie ein einziges Ding. Wenn den Ursachen zuge-

---

[1] *(Anm. d. Ü.)*: Das heißt, wenn eine jede Frucht für sich von jeweils verschiedenen Quellen und Zentren versorgt und betreut würde.

[2] *(Anm. d. Ü.)*: Das heißt, sie wären gar nicht entstanden.

schrieben wird, nimmt ein jedes Ding eine so große Schwierigkeit an wie die gesamten Dinge. Da es nun so ist, zeigt diese in der Schöpfung zu sehende außergewöhnliche Billigkeit und diese sichtbare grenzenlose Fülle die Prägung der Einheit sonnenklar auf. Wenn diese Früchte, die in größter Fülle in unsere Hände gelangen, nicht der Besitz des Allgegenwärtigen Alleinbesitzers wären, hätten wir, selbst wenn wir die ganze Welt hergäben, einen einzigen Granatapfel nicht essen können.

ZEHNTES GLANZLICHT: So wie das Leben, welches die Erscheinung des Cemâls zeigt, ein Beweis der Allgegenwart ist –sogar eine Art der Erscheinung der Einheit–, so ist der Tod wiederum, der die Erscheinung der Allgewalt bezeigt, ein Beweis des Alleinbesitzens.

Ja, z. B. – وَلِلّٰهِ الْمَثَلُ الْاَعْلٰى[1] : So wie ja die Bläschen eines entgegen der Sonne glänzenden und strömenden großen Flusses und die glänzenden transparenten Körper auf der Erde, in der Weise, das Licht und Spiegelbild der Sonne zu zeigen, die Sonne bezeugen, so bezeugt auch der Umstand, dass jene Tropfen und transparenten Körper unter- und vorübergehen und zugleich auf den nach ihnen neu ankommenden Gruppen der Tropfen und Massen der transparenten Körper ebenfalls die Erscheinungen der Sonne mit Pracht andauern, und ihr Licht sich manifestiert und ohne Mangel fortdauert, (bezeugt) absolut: Die reflektierten winzigen Sonnen, die Lichter und Helligkeiten –welche erlöschen und brennen, sich verändern und erneuern, hervortreten und glänzen– sind die Erscheinungen einer ständigen, andauernden, hohen, unaufhörlich erscheinenden einzigen Sonne.

---

[1] Und Allah gebührt das höchste Gleichnis.

Das bedeutet: So wie jene glänzenden Tropfen durch ihr Erscheinen und Hervortreten die Existenz der Sonne aufzeigen, so bezeigen sie durch ihr Untergehen und Entschwinden wiederum die Beständigkeit, Fortdauer und Einheit der Sonne.

Genauso auch: So wie diese fließenden Existierenden mit ihrer Existenz und ihrem Leben die Wesensnotwendigkeit der Existenz des Wesensnotwendig Existierenden und Seine Allgegenwart bezeugen, so bezeugen sie auch mit ihrem Entschwinden und Sterben die Überzeitlichkeit, Ewigkeit und Allgegenwart jenes Wesensnotwendig Existierenden. Ja, so wie die schönen Kunstwerke und feinen Existierenden, welche durch den Wechsel von Nacht und Tag, Winter und Sommer und von Jahrhunderten und Ären sich in Untergang und Hinscheiden erneuern und ersetzen, zweifellos die Existenz, Beständigkeit und Einheit des Besitzers eines erhabenen, immerwährenden und sich ständig manifestierenden Cemâl's aufzeigen, so bezeigt auch der Umstand, dass jene Kunstwerke mit ihren niederen scheinbaren Ursachen gemeinsam entschwinden und sterben, die Nichtigkeit jener Ursachen, und dass sie (lediglich) ein Schleier sind. Dieser Sachverhalt beweist absolut: diese Künste, diese Ornamente und diese Erscheinungen sind die sich erneuernden Künste eines Allgewaltigen Cemîl Herrn, dessen alle Namen heilig und cemîl sind, Seine sich wandelnden Ornamente, Seine sich bewegenden Spiegel, Seine nacheinander hervortretenden Prägungen, Seine sich in Weisheit verändernden Siegel...

Kurz: So wie uns dieses große Buch der Schöpfung die Erschaffungs-Zeichen für die Existenz und Einheit (Gottes) unterrichtet, so bezeugt es ebenso auch die ganzen Eigenschaften der Vollkommenheit, Cemâl und Allgewalt jenes Allgewaltigen Herrn und beweist die makellose und untadelige Vollkommenheit Seiner Person. Denn es ist offenkundig:

Vollkommenheit an einem Werk zeigt die Vollkommenheit der Handlung auf, welche der Ausgangspunkt und Anfang jenes Werks ist. Die Vollkommenheit der Handlung wiederum beweist intuitiv, zwangsläufig und offenkundig die Vollkommenheit des Namens, die Vollkommenheit des Namens (beweist) die Vollkommenheit der Eigenschaft, die Vollkommenheit der Eigenschaft (beweist) die Vollkommenheit der Wirksamkeit der Person, die Vollkommenheit der Wirksamkeit (beweist) die Vollkommenheit jenes wirkenden Herrn.

Zum Beispiel: So wie ja die vollkommenen Ornamente und Ausschmückungen eines makellosen Schlosses hinter ihnen die Vollkommenheit der Handlungen eines Baumeisters aufzeigen,.. die Vollkommenheit jener Handlungen zeigt die Vollkommenheit der Titel und Namen jenes erbauenden Baumeisters, welche seine Ränge erkennen lassen. Die Vollkommenheit jener seiner Namen und Titel zeigt die Vollkommenheit der Eigenschaften jenes Baumeisters in Bezug auf seine Kunst; die Vollkommenheit jener seiner Künste und Eigenschaften zeigt die Vollkommenheit der „Wirksamkeit der Person" genannten Fähigkeit und Veranlagung der Person jenes Kunst-Besitzers; und die Vollkommenheit jener Wirksamkeit und Fähigkeit der Person zeigt die Vollkommenheit des Wesens der Person jenes Baumeisters...

Genauso auch: Die Kunst an diesen fehler- und mangelfreien, das Geheimnis هَلْ تَرٰى مِنْ فُطُورٍ[1] zeigenden sichtbaren Werken der Schöpfung und an ihren wohlgeordneten Existierenden beweist augenscheinlich die Vollkommenheit der Handlungen eines Macht-Besitzenden Bewirkers. Jene Vollkommenheit der Handlungen wiederum beweist offenkundig die Vollkommenheit der Namen jenes Allgewaltigen Handelnden. Jene Vollkommenheit der Namen wiederum be-

[1] Erblickst du irgendeinen Mangel?

weist und bezeugt zwangsläufig die Vollkommenheit der Eigenschaften des Cemîl Trägers jener Namen. Jene Vollkommenheit der Eigenschaften wiederum beweist und bezeugt mit Gewissheit die Vollkommenheit der Wirksamkeiten jenes Vollkommenen Eigenschaftsbesitzers. Jene Vollkommenheit der Wirksamkeiten wiederum beweist in vollerlebter Gewissheit solcherweise die Vollkommenheit der Person jenes Besitzers der Wirksamkeiten, dass sie aufzeigt, dass die in der gesamten Schöpfung zu sehenden gesamten Arten der Vollkommenheiten –im Vergleich zu Seiner Vollkommenheit in Form eines glanzlosen schwachen Schattens– die Zeichen der Vollkommenheit eines Vollkommenen Herrn, die Andeutungen Seiner Allgewalt und die Hinweise Seines Cemâl's sind.

ELFTES GLANZLICHT – IN DER KRAFT VON SONNEN:

Unser Herr Muhammed'ül-Emîn (der Vertrauenswürdige) Aleyhissalâtü Wesselâm, der im „neunzehnten Wort" beschrieben wurde, und der der „Größte Vers (Zeichen)" des großen Buches (der Schöpfung) ist, und der Größte Name in jenem Großen Kur'ân, der Kern jenes Baumes der Schöpfung, seine glanzvollste Frucht, die Sonne jenes Schlosses der Schöpfung, der leuchtende Vollmond der Welt des Islam, der Ausrufer der Herrschaft der Allumsorgung Gottes und der weisheitbesitzende Erklärer des Mysteriums der Schöpfung: Würde es überhaupt dem Misstrauen und Zweifel zustehen, dass sie den Glauben an Allah und die Einsheit Gottes versperren und verschleiern könnten, welche durch ihn in der Weise aufgezeigt und bewiesen werden, dass er mit dem Flügel des Gesandtentums –welcher die ganzen Propheten unter seine Protektion– und mit dem Flügel des Islam –welcher die ganze Welt des Islam unter seinen Schutz nimmt– in den Ebenen der Wahrheit durchfliegt, die gesamten Propheten und Gesandten, die gesamten Gottesfreunde und Sıddıkîn, und die ganzen Asfiya's und Wahrheitsgelehrten hinter sich nimmt und aus ganzer Kraft die Einsheit aufzeigt und einen Weg zum „Thron" der Allgegenwart bahnt.

Da wir nun im „neunzehnten Wort" und im „neunzehnten Brief" aus dem Lebenswasser der Erkenntnis jenes sicheren Beweises mit „vierzehn Tropfen" und „neunzehn Hinweisen" jene wunderzeigende Persönlichkeit zusammen mit den Arten seiner Wunder kurz gefasst in gewissem Grade beschrieben und bekannt gemacht haben, begnügen wir uns hier mit diesem Hinweis (auf sie) und beenden mit einem segensreichen Salawât in Form eines Hinweises auf die Grundlagen, die jenen sicheren Beweis der Einsheit für rein erklären und seine Wahrhaftigkeit bezeugen:

(1) اَللّٰهُمَّ صَلِّ عَلٰى مَنْ دَلَّ عَلٰى وُجُوبِ وُجُودِكَ وَ وَحْدَانِيَّتِكَ وَ شَهِدَ عَلٰى جَلَالِكَ
وَجَمَالِكَ وَكَمَالِكَ الشَّاهِدُ الصَّادِقُ الْمُصَدَّقُ وَالْبُرْهَانُ النَّاطِقُ الْمُحَقَّقُ
سَيِّدُ الْاَنْبِيَاءِ وَالْمُرْسَلِينَ اَلْحَامِلُ سِرَّ اِجْمَاعِهِمْ وَتَصْدِيقِهِمْ وَمُعْجِزَاتِهِمْ
وَاِمَامُ الْاَوْلِيَاءِ وَالصِّدِّيقِينَ اَلْحَاوِى سِرَّ اِتِّفَاقِهِمْ وَتَحْقِيقِهِمْ وَكَرَامَاتِهِمْ
ذُو الْمُعْجِزَاتِ الْبَاهِرَةِ وَالْخَوَارِقِ الظَّاهِرَةِ وَالدَّلَائِلِ الْقَاطِعَةِ الْمُحَقَّقَةِ الْمُصَدَّقَةِ
لَهُ ذُو الْخِصَالِ الْغَالِيَةِ فِى ذَاتِهِ وَالْاَخْلَاقِ الْعَالِيَةِ فِى وَظِيفَتِهِ وَالسَّجَايَا السَّامِيَةِ
فِى شَرِيعَتِهِ الْمُكَمَّلَةِ الْمُنَزَّهَةِ لَهُ عَنِ الْخِلَافِ مَهْبِطُ الْوَحْىِ الرَّبَّانِىِّ بِاِجْمَاعِ الْمُنْزِلِ
وَالْمُنَزَّلِ وَالْمُنْزَلِ عَلَيْهِ سَيَّارُ عَالَمِ الْغَيْبِ وَالْمَلَكُوتِ مُشَاهِدُ الْاَرْوَاحِ وَ
مُصَاحِبُ الْمَلٰئِكَةِ اُنْمُوذَجُ كَمَالِ الْكَائِنَاتِ شَخْصًا وَنَوْعًا وَجِنْسًا (اَنْوَرُ ثَمَرَاتِ
شَجَرَةِ الْخِلْقَةِ) سِرَاجُ الْحَقِّ بُرْهَانُ الْحَقِيقَةِ تِمْثَالُ الرَّحْمَةِ مِثَالُ الْمَحَبَّةِ كَشَّافُ طِلْسِمِ
الْكَائِنَاتِ دَلَّالُ سَلْطَنَةِ الرُّبُوبِيَّةِ الْمُرْمِزُ بِعُلْوِيَّةِ شَخْصِيَّتِهِ الْمَعْنَوِيَّةِ اِلٰى اَنَّهُ نُصْبُ

عَيْنِ فَاطِرِ الْعَالَمِ فِى خَلْقِ الْكَائِنَاتِ ذُو الشَّرِيعَةِ الَّتِى هِىَ بِوُسْعَةِ دَسَاتِيرِهَا وَقُوَّتِهَا
تُشِيرُ اِلَى اَنَّهَا نِظَامُ نَاظِمِ الْكَوْنِ وَوَضْعُ خَالِقِ الْكَائِنَاتِ نَعَمْ اِنَّ نَاظِمَ الْكَائِنَاتِ
بِهٰذَا النِّظَامِ الْاَتَمِّ الْاَكْمَلِ هُوَ نَاظِمُ هٰذَا الدِّينِ بِهٰذَا النِّظَامِ الْاَحْسَنِ الْاَجْمَلِ سَيِّدُنَا
نَحْنُ مَعَاشِرَ بَنِى اٰدَمَ وَمُهْدِينَا اِلَى الْاِيمَانِ نَحْنُ مَعَاشِرَ الْمُؤْمِنِينَ مُحَمَّدُ بْنُ عَبْدِ اللّٰهِ
بْنِ عَبْدِ الْمُطَّلِبِ عَلَيْهِ اَفْضَلُ الصَّلَوَاتِ وَاَتَمُّ التَّسْلِيمَاتِ مَا دَامَتِ الْاَرْضُ

وَالسَّمٰوَاتُ فَاِنَّ ذٰلِكَ الشَّاهِدَ الصَّادِقَ الْمُصَدَّقَ يَشْهَدُ عَلٰى رُؤُسِ الْاَشْهَادِ مُنَادِيًا
وَمُعْلِنًا لِاَجْيَالِ الْبَشَرِ خَلْفَ الْاَعْصَارِ وَالْاَقْطَارِ نِدَاءً عُلْوِيًّا بِجَمِيعِ قُوَّتِهِ وَبِغَايَةِ جِدِّيَّتِهِ
وَبِنِهَايَةِ وُثُوقِهِ وَبِقُوَّةِ اِطْمِئْنَانِهِ وَبِكَمَالِ اِيمَانِهِ بِاَشْهَدُ اَنْ لَا اِلٰهَ اِلَّا اللّٰهُ وَحْدَهُ لَا شَرِيكَ لَهُ

---

(1) O mein Allah, schenke ihm Barmherzigkeiten, der die Wesensnotwendigkeit Deiner Existenz und Deine Einsheit beweist,.. der Zeugnis ablegt für Deine Allgewalt, Dein Cemâl und Deine Vollkommenheit,.. dem bestätigten treuen Zeugen,.. dem wahren sprechenden Beweis,.. dem Herrn der Propheten und Gesandten,.. dem Träger des Geheimnisses ihrer Übereinstimmung, ihrer Bestätigung und ihrer Wunder,.. dem Imam der Gottesfreunde und Sıddıkîn,.. der das Geheimnis ihrer Einigkeit, Nachforschung und ihrer Huldwunder umfasst,.. dem Besitzer von offenkundigen Wundern, klaren Erstaunlichkeiten und ihn bestätigenden feststehenden sicheren Beweisen,.. dem, der an seiner Person wertvolle Eigenschaften, bei seiner Aufgabe hohe Charaktere und in seinem, ihn von Lügen für rein erklärenden Religionsgesetz erhabene Wesensarten besitzt,.. dem, der in Übereinstimmung des Herabsenders, des Herabgesandten und dessen, zu dem herabgesandt wurde, der Mittelpunkt der Offenbarung ist,.. dem Reisenden durch die Welt des Verborgenen und die Welt des Melekût,.. dem Erschauer der Seelenwesen und Freund der Engel,.. als Person, (Menschen-)Geschlecht und Kategorie dem Abbild der Vollkommenheit der Schöpfung – der Leuchtendsten der Früchte des Erschaffungs-Baums,.. der Leuchte des rechten Weges,.. dem Beweis der Wahr-

⟶

ZWÖLFTES GLANZLICHT – IN DER KRAFT VON SONNEN:

Dieses „zwölfte Glanzlicht" des „zweiundzwanzigsten Wortes" ist solch ein Meer von Wahrheiten, dass die ganzen zweiundzwanzig „Worte" lediglich zweiundzwanzig Tropfen von ihm sind, und ist solch eine Lichterquelle, dass diese zweiundzwanzig Worte lediglich zweiundzwanzig Glanzlichter jener Sonne sind. Ja, ein jedes jener zweiundzwanzig Worte ist ein Glanzlicht eines einzigen Vers-Sterns, welcher im Himmel des Kur'âns leuchtet, ein einziger Tropfen aus dem Fluss eines Verses, welcher aus dem Meer des Furkâns strömt, und aus den Versen, deren ein jeder in einem gewaltigen

---

heit,.. dem Inbegriff der Allbarmherzigkeit,.. dem Abbild der Liebe,.. dem Erklärer des Mysteriums der Schöpfung,.. dem Ausrufer der Herrschaft der Allumsorgung,.. auf Andeutung der Erhabenheit seiner Repräsentation der eigentlichen Absicht des Fortgestalters der Welt bei der Erschaffung der Schöpfung,.. dem Besitzer eines solchen Religionsgesetzes, welches mit der Ausgedehntheit seiner Grundsätze darauf hinweist, dass es die Regelung des Allordnenden der Schöpfung, die Festlegung des Erschaffers der Schöpfung ist –ja der Allordnende der Schöpfung in dieser vollkommensten und vollständigen Ordnung ist auch der Verordnende dieser Religion in dieser schönsten und besten Geordnetheit–,.. dem Herrn über uns Adamskinder, und dem, der uns Gläubige zum Glauben rechtgeleitet hat,.. dem Muhammed İbn-i Abdullah İbn-i Abdulmuttalib; über ihn die besten Barmherzigkeiten und vollkommensten Friedens-Bittgebete, solange die Erde und die Himmel fortbestehen... Nun also bezeugt dieser bestätigte treue Zeuge vor allen Zeugen, ruft und lehrt den Völkern der Menschen hinter allen Jahrhunderten und Gegenden mit einem erhabenen Ruf, aus ganzer Kraft, mit höchstem Ernst, mit höchster Zuverlässigkeit, mit der Kraft seiner Gewissheit und mit der Vollkommenheit seines Glaubens: "Ich bezeuge, dass es keinen Gott gibt außer Allah; Er ist Alleinbesitzer, hat keine Teilhaber".

Schatz des Gottesbuches eine Truhe von Edelsteinen ist, eine einzige Perle eines einzigen seiner Verse.

Jenes Gotteswort also, welches im „vierzehnten Tropfen" des „neunzehnten Wortes" ein wenig beschrieben wird, kommt aus dem Größten Namen, vom „Größten Thron", von der größten Manifestation der Allumsorgung herab und sagt in einer Erhabenheit und Ausdehnung, welche die Überzeitlichkeit mit der Ewigkeit verbindet und die Erde an den „Thron" anbindet, aus ganzer Kraft und mit der ganzen Bestimmtheit seiner Verse mehrfach لَآ اِلٰهَ اِلَّا هُوَ[1], bringt die gesamte Schöpfung als Zeugen bei und lässt sie Zeugnis ablegen. Ja, لَآ اِلٰهَ اِلَّا هُو بَرَابَرْ مِيزَنَدْ عَالَمْ[2]

Ja, wenn du auf jenen Kur'ân mit einem gesunden Auge des Herzens schaust, wirst du sehen: Seine sechs Seiten (Richtungen) glänzen solcherweise und sind so transparent, dass keine einzige Finsternis, kein einziger Irrweg, Zweifel, Skepsis oder Betrug eine Öffnung dazu finden könnte, darin einzudringen und in den Bereich seiner Reinheit einzutreten. Denn, auf seiner Oberseite ist die Prägung der Unnachahmlichkeit, unter ihm Beweise und Argumente, hinter ihm sein Stützpunkt die reine Offenbarung des Herrn, vor ihm die Glückseligkeit beider Welten, zu seiner Rechten das Bringen des Verstands zum Reden und die Herbeiführung seiner Bestätigung, zu seiner Linken das Beibringen des Gewissens als Zeugen und das Festhalten seines Eingeständnisses, sein Inneres offenkundig klare Rechtleitung des Allbarmherzigen, an seinem Äußeren sichtlich reine Glaubenslichter, und seine Früchte die Asfiya's, Wahrheitsgelehrten der Gottesfreunde und die Sıddıkîn, welche (alle) augenscheinlich mit menschlichen Vollendungen ge-

[1] Es gibt kein Gott außer Ihm.

[2] Die gesamte Schöpfung sagt mit: Es ist kein Gott außer Ihm.

schmückt sind: Wenn du ein Ohr an die Brust jener Sprache aus dem Verborgenen legst und zuhörst, wirst du aus weiter Tiefe einen höchst liebenswerten und überzeugenden, sehr ernsten und erhabenen, mit Beweisen ausgestatteten himmlischen Ruf vernehmen, der mit solcher Bestimmtheit لَآ اِلٰهَ اِلَّا هُوَ[1] sagt und wiederholt, dass er das von ihm im Grade der allerhöchsten Gewissheit Gesagte, eine erwiesene Gewissheit gleichsam als eine augenscheinliche Gewissheit dir zum Ausdruck und als Segen bringt...

Kurz: Der Ehrwürdige Gesandte Aleyhissalâtü Wesselâm und der Höchst Allweise Furkân... Eine Wahrheit, auf welche einer von ihnen als die Sprache der Welt der Bezeugung mit tausend Wundern, unter der Bestätigung aller Propheten und Asfiya's, mit den Fingern des Islam und des Gesandtentums hinweist und sie mit ganzer Kraft aufzeigt... der andere gleichsam als die Sprache der Welt des Verborgenen innerhalb vierzig Aspekten der Unnachahmlichkeit unter der Bestätigung der gesamten Erschaffungs-Zeichen der Schöpfung mit den Fingern der Berechtigung und Rechtleitung auf dieselbe Wahrheit hinweist und sie in vollem Ernst aufzeigt: ist diese Wahrheit wohl nicht offenkundiger als die Sonne und klarer als der Tag?

O du irrwegsbesudelter, starrsinniger kleiner Mensch! (Anm.) Wie kannst du mit deinem Lämpchen der Klugheit, schwacher als der Leuchtkäfer, diesen Sonnen entgegentreten, sie für unnötig halten und versuchen, sie durch Pusten auszulöschen? Ein massiges Pfui jenem deinem leugnenden Verstand! Wie kannst du sie leugnen: die Worte und Grundsätze, welche jene zwei Sprachen –die des Verborgenen und

---

[1] Es gibt kein Gott außer Ihm.

(Anm.): Diese Anrede ist an denjenigen gerichtet, der den Kur'ân abzuschaffen versucht.

der Bezeugung– im Namen des Herrn aller Welten und des Besitzers dieser Schöpfung und in Seinem Auftrag sagen? O Bedauernswerter, der du unfähiger und unbedeutender bist als eine Fliege! Was hast du dareinzureden, dass du dir dazu anmaßt, den Allgewaltigen Besitzer dieser Schöpfung abzuleugnen?

Schlusswort

O mein Freund, dessen Verstand wach und dessen Herz aufmerksam ist! Wenn du vom Anfang dieses „zweiundzwanzigsten Wortes" bis hierhin verstanden hast, nimm die „zwölf Glanzlichter" alle zusammen in die Hand, finde eine Leuchte der Wahrheit in der Kraft von tausenden Lampen, halte an den Versen des Kur'âns fest, welche vom „Größten Thron" zugereicht herkommen, steige auf das Paradiespferd der erfolgverleihenden Führung, fahre in den Himmeln der Wahrheiten auf, steige hoch zum „Thron" der Gotteserkenntnis, sage

أَشْهَدُ أَنْ لَآ إِلٰهَ إِلَّآ أَنْتَ وَحْدَكَ لَا شَرِيكَ لَكَ[1]. Sage auch

لَآ إِلٰهَ إِلَّا اللّٰهُ وَحْدَهُ لَا شَرِيكَ لَهُ لَهُ الْمُلْكُ وَلَهُ الْحَمْدُ يُحْيِي وَيُمِيتُ وَهُوَ حَيٌّ لَا يَمُوتُ بِيَدِهِ الْخَيْرُ وَهُوَ عَلٰى كُلِّ شَيْءٍ قَدِيرٌ[2]

und rufe über allen Existierenden der Schöpfung und in der großen Gebetsstätte der Schöpfung die Einsheit aus...

---

[1] Ich bezeuge, dass es kein Gott gibt außer Dir; Du bist Alleinbesitzer, hast keine Teilhaber.

[2] Es gibt kein Gott außer Allah, Er ist Alleinbesitzend, Er hat keine Teilhaber, Sein ist das Königreich, Sein alles Lob und Dank, Er belebt und lässt sterben, Er ist lebend und unsterblich, alles Gute und Nützliche liegt in Seiner Hand, und Er hat Macht über alle Dinge.

سُبْحَانَكَ لَا عِلْمَ لَنَا إِلَّا مَا عَلَّمْتَنَا إِنَّكَ أَنْتَ الْعَلِيمُ الْحَكِيمُ
رَبَّنَا لَا تُؤَاخِذْنَا إِنْ نَسِينَا أَوْ أَخْطَأْنَا رَبَّنَا وَلَا تَحْمِلْ عَلَيْنَا
إِصْرًا كَمَا حَمَلْتَهُ عَلَى الَّذِينَ مِنْ قَبْلِنَا رَبَّنَا وَلَا تُحَمِّلْنَا مَا لَا طَاقَةَ لَنَا بِهِ
وَاعْفُ عَنَّا وَاغْفِرْ لَنَا وَارْحَمْنَا أَنْتَ مَوْلَانَا فَانْصُرْنَا عَلَى الْقَوْمِ
الْكَافِرِينَ ۞ رَبَّنَا لَا تُزِغْ قُلُوبَنَا بَعْدَ إِذْ هَدَيْتَنَا وَهَبْ لَنَا مِنْ لَدُنْكَ رَحْمَةً
إِنَّكَ أَنْتَ الْوَهَّابُ ۞ رَبَّنَا إِنَّكَ جَامِعُ النَّاسِ لِيَوْمٍ لَا رَيْبَ فِيهِ إِنَّ اللّٰهَ لَا يُخْلِفُ الْمِيعَادَ

اَللّٰهُمَّ صَلِّ وَسَلِّمْ عَلَى مَنْ أَرْسَلْتَهُ رَحْمَةً لِلْعَالَمِينَ وَعَلَى آلِهِ وَصَحْبِهِ
أَجْمَعِينَ وَارْحَمْنَا وَارْحَمْ أُمَّتَهُ بِرَحْمَتِكَ يَا أَرْحَمَ الرَّاحِمِينَ آمِينَ
وَآخِرُ دَعْوَاهُمْ أَنِ الْحَمْدُ لِلّٰهِ رَبِّ الْعَالَمِينَ [1]

---

[1] Gepriesen seist Du. Wir haben kein Wissen außer dem, was Du uns gelehrt hast; wahrlich, Du bist der Allwissende, der Allweise. * Unser Herr, tadle uns nicht, wenn wir vergessen oder Fehler begehen. * Unser Herr, und erlege uns keine Bürde auf, so wie Du sie jenen aufgebürdet hast, die vor uns waren. Unser Herr, und lade uns nicht auf, was wir nicht vermögen. Und verzeihe uns; und vergib uns; und erbarme Dich unser; Du bist unser Beschützer, so hilf uns gegen das Volk der Ungläubigen! * Unser Herr, lass unsere Herzen nicht abirren, nachdem Du uns rechtgeleitet hast. Und schenke uns Barmherzigkeit von Dir; denn Du bist ja wahrlich der Viel-Geber. * Unser Herr, Du wirst die Menschen zusammenführen an einem Tag, über den es keinen Zweifel gibt. Wahrlich, Allah bricht niemals Sein Versprechen.

O mein Allah! Schenke Barmherzigkeiten und Frieden dem, den du als “Barmherzigkeit für alle Welten“ gesandt hast, sowie allen seinen Angehörigen und Gefährten; erbarme Dich unser und erbarme Dich seiner Religionsgemeinschaft – mit Deiner Barmherzigkeit o Erbarmungsvollster aller Erbarmer, âmîn. * Und das Ende ihres Bittgebets ist: Alles Lob und Dank sei Allah, dem Herrn aller Welten!

Eine Passage aus der „Unnachahmlichkeit des Kur'âns" (İşârât-ül İ'caz)

Einführung

So wie man die Schlussfolgerung aus dem Bewirker zum Werk –wie z. B. den Beweis des Feuers für den Rauch– einen „gefolgerten Beweis“ nennt, so nennt man die Schlussfolgerung aus dem Werk zum Bewirker wiederum –wie z. B. den Beweis des Rauches für das Feuer– einen „rückgeschlossenen Beweis“. Der rückgeschlossene Beweis ist vor Zweifel noch sicherer. (...)

Wiederum einer der Beweise dieses Verses, die auf die Existenz und Einheit des Künstlers hinweisen, ist der „Beweis der Gnade“.

Dieser Beweis besteht aus der Ordnung, die die Schöpfung und ihre Bestandteile und Arten vor Unordnung, Divergenz und Auflösung errettet, alle ihre Angelegenheiten in Ordnung bringt und somit die Schöpfung „belebt“. Der Ausgangspunkt aller Zweckmäßigkeiten, Weisheiten, Nutzen und Vorteile ist diese Ordnung. Alle Kur'ânverse, die von Nutzen und Zweckmäßigkeiten sprechen, steuern auf diese Ordnung zu und erfahren die Manifestation dieser Ordnung. Deshalb beweist eine Ordnung, welche die Quelle aller Zweckmäßigkeiten, Vorteile und Nutzen ist und die Schöpfung belebt, zweifellos und gewiss sowohl die Existenz eines Allordnenden, als auch beweist sie ebenso die Absicht und Weisheit dieses Allordnenden und verbannt somit die irrigen Annahmen eines blinden Zufalls.

O Mensch! Wenn dein Geist und Blick außerstande sind, diese hohe Ordnung aufzufinden und du es nicht vermagst, jener Ordnung auch durch feste Induktion, d. h. durch eine allgemeine Untersuchung zu begegnen, betrachte die Schöpfung durch die Wissenschaften, welche aus dem „Assoziation“ genannten Zusammenkommen der Gedanken der Menschen erwachsen und gleichsam die Sinne (Empfindungen) des Menschengeschlechts sind, und lies ihre Seiten, auf dass du jene die Verstände erstaunende hohe Ordnung siehst.

Ja, über eine jede Art in der Schöpfung hat sich eine Wissenschaft gebildet oder bildet sich noch. Eine Wissenschaft wiederum besteht aus allgemeinen Regeln. Die Allgemeingültigkeit einer Regel wiederum zeigt die Erhabenheit und Schönheit der Ordnung auf. Denn etwas, was keine Ordnung hat, kann keine Allgemeingültigkeit haben. Zum Beispiel bezieht sich das allgemeingültige Urteil „jeder Gelehrte trägt einen Turban“ darauf, dass sich bei den Gelehrten eine Ordnung findet. Folglich ist eine jede Naturwissenschaft mit der Allgemeingültigkeit ihrer Regeln –als Folgerung einer allgemeinen Inspektion– ein Beweis dafür, dass es in der Schöpfung eine hohe Ordnung gibt. Und eine jede Wissenschaft stellt ein glanzvolles Argument dar und ruft die Absicht und Weisheit des Künstlers aus, indem sie die an den Aufeinanderfolgen der Existierenden wie Trauben angehängten und schwebenden Früchte der Zweckmäßigkeiten und die in dem Wandel der Zustände verborgenen Nutzen zeigt. Um geradezu die Teufel der irrigen Annahmen zu vertreiben, stellt eine jede Wissenschaft jeweils einen „durchleuchtenden“ Stern dar, d. h. jeweils einen Stern, der die irrigen Annahmen durchbohrt und verbrennt.

O mein Freund! Anstatt zur Auffindung jener Ordnung die ganze Schöpfung zu erforschen, achte auf das folgende Beispiel, dein Wunsch wird sich erfüllen:

Eine mit bloßem Auge nicht sichtbare Mikrobe, ein Tierchen, beinhaltet trotz ihrer Kleinheit eine sehr feinfühlige und erstaunliche Maschine Gottes. Da diese Maschine den „Möglichkeiten“ angehört, ist ihre Existenz oder Nichtexistenz gleich. Dass sie ohne eine eigentliche Ursache entsteht ist unmöglich; es ist zwangsläufig, dass diese Maschine durch eine eigentliche Ursache entsteht. Diese eigentliche Ursache aber sind nicht die natürlichen Ursachen. Denn das feine System in dieser Maschine ist das Werk eines Wissens und Bewusstseins. Die natürlichen Ursachen jedoch sind unkundige, unbewusste und leblose Dinge. Ein Mensch, der behauptet, dass jene die Verstände erstaunende feinfühlige Maschine aus den natürlichen Ursachen hervorgeht, muss sowohl jedem Atom der Ursachen den Verstand Platons und die Weisheit Galenus geben, als auch daran glauben, dass zwischen jenen Atomen eine Kommunikation besteht. Das aber ist solch ein Gefasel und solch ein Aberglaube, dass es sogar die allgemein bekannten Sophisten beschämt.

Außerdem wurde es für nötig gehalten, dass die Anziehungs- und Abstoßkraft, welche bei den materiellen Ursachen als Grundlage genommen werden, (sogar) in einem unteilbaren Elementarteilchen gemeinsam zusammenkommen – während doch ihr Zusammenkommen nicht möglich ist, weil sie einander entgegengesetzt sind. Wenn jedoch das mit den „Gesetzen der Anziehung und Abstoßung“ Gemeinte die „Gewohnheiten Gottes“ bezeichneten göttlichen Gesetze und die „Natur“ benannten Schöpfungsgesetze sind, ist es möglich. Doch wird es mit der Bedingung akzeptiert, dass es nicht von dem Gesetz-Sein zur „Natur“, von der verstandesmäßigen Existenz zur (eigenständig) außen stehenden Existenz, von einer nominellen Sache zur wahren Angelegenheit, und vom Mittel-Sein zum Bewirker-Sein hinausläuft; andernfalls ist es nicht möglich.

O mein Freund! Wenn du mit dem Verstand das System und die Ordnung in der Fabrik jenes kleinen mikroskopischen Tierchens, das ich als Beispiel gezeigt habe, d. h. der Mikrobe, gesehen hast, hebe den Kopf und betrachte die Schöpfung! Sei dir sicher: im Ausmaß der Klarheit und Deutlichkeit der Schöpfung wirst du jene hohe Ordnung (auch) auf den Seiten der Schöpfung sehr klar und leserlich sehen und lesen.

O mein Freund! Wenn du die als „Beweis der Gnade" erwähnten Zeichen der Ordnung auf den Seiten der Schöpfung nicht lesen konntest, schau auf die Verse des Ruhmreichen Kur'âns, der von der Eigenschaft des Sprechens kommt: alle seine Verse, welche die Menschen zum Nachsinnen auffordern, empfehlen diesen Beweis der Gnade an. Und auch die Verse, welche die Gaben und Nutzen aufzählen, sprechen von den Früchten jener „Beweis der Gnade" genannten hohen Ordnung. Zum Beispiel: Dieser Vers, den wir hier behandeln, pflückt mit den Sätzen

(1) الَّذِي جَعَلَ لَكُمُ الْأَرْضَ فِرَاشًا وَالسَّمَاءَ بِنَاءً وَأَنْزَلَ مِنَ السَّمَاءِ
مَاءً فَأَخْرَجَ بِهِ مِنَ الثَّمَرَاتِ رِزْقًا لَكُمْ

die Nutzen und Gaben dieser Ordnung und gibt sie den Menschen.

Neuschöpfungs-Beweis: Wiederum einer der Beweise des erwähnten Verses, welche auf die Existenz und Einheit des Künstlers hinweisen, ist der

---

(1) Der euch die Erde zu einer Ruhestätte und den Himmel zu einem Bau gemacht hat und vom Himmel Wasser herabsandte und dadurch Früchte als Nahrung für euch hervorbrachte.

„Neuschöpfungs-Beweis", auf den er mit dem Satz الَّذِى خَلَقَكُمْ وَالَّذِينَ مِنْ قَبْلِكُمْ[1] hinweist.

Die Zusammenfassung des Neuschöpfungs-Beweises kann wie folgt erklärt werden:

Der Allerhabene Hak hat jedem Individuum und jeder Art, um Anlass für ihre besonderen Werke und Quelle für ihre ihnen würdigen Vollendetheiten zu werden, einen eigenen und gesonderten Körper gegeben. Es gibt keine Art, die sich in Richtung der Urewigkeit hin erstreckt. Denn alle Arten sind „möglich" und nicht wesensnotwendig[2]. Und dass auch die ununterbrochene Folge (bis zur Urewigkeit) irrig ist, ist klar. Und dass durch diese in der Schöpfung zu sehende Veränderung und diesen Wechsel manche Dinge neu zustande kommen, ist auch augenscheinlich zu sehen. Das Neuzustandekommen mancher anderer wiederum steht mit verstandesmäßiger Zwangsläufigkeit fest. Also kann man keinem Ding eine Urewigkeit zuschreiben.

Ebenso gibt es, so wie es in der Zoologie und Botanik bewiesen wird, mehr als zweihunderttausend Arten. Für diese Arten muss es jeweils einen „Adam" und Erstvater geben. Da ja diese Erstväter und „Adams" nicht „wesensnotwendig", sondern lediglich „möglich" sind, ist es zwangsläufig, dass sie auf jeden Fall unmittelbar durch die Allmacht Gottes entstanden sind. Denn die ununterbrochene Folge dieser Arten, d. h. dass sie sich bis in die Urewigkeit erstrecken, ist irrig. Und auch die Einbildung, dass manche Arten durch andere Arten zustande kämen, ist irrig. Denn eine Art,

---

[1] Der euch und diejenigen vor euch erschaffen hat.

[2] *(Anm. d. Ü.)*: Die fachspezifische Definition dieser Begriffe „möglich" und „wesensnotwendig" können Sie der Liste im Anhang des Buches entnehmen.

die von zwei (unterschiedlichen) Arten geboren wird, ist zumeist entweder unfruchtbar, oder ihre Nachkommenschaft wird unterbrochen; sie kann durch Fortpflanzung nicht zum Anfang eines Geschlechts werden.

Kurz: So wie der Beginn der Ketten, welche die Menschheit und die übrigen Lebewesen bilden, ganz zu Anfang bei einem (Erst-)Vater aufhört, so wird auch ihr letztes Ende bei einem letzten Sohn enden.

Ja, es ist unmöglich, dass die unbewussten, willenlosen, leblosen und einfachen natürlichen Ursachen eine Fähigkeit zur Schaffung jener Ahnenreihen der Arten hätten, welche alle Verstände erstaunen.

Ebenso auch jenen Ursachen die Neuschöpfung und Schaffung der von jenen Arten umfassten Individuen zuzuschreiben, welche von den Wundern der Allmacht jeweils eine außergewöhnliche Zierde und jeweils eine erstaunliche Kunst tragen, ist nicht nur eine Unmöglichkeit, sondern die abergläubischste aller Unmöglichkeiten. Folglich bezeugen die Arten und Individuen, welche jene Ahnenreihen bilden, in der Sprache des Neuzustandekommens und der „Möglichkeit" mit sicherem Zeugnis die Wesensnotwendigkeit der Existenz ihres Schöpfers.

Frage: *Was sind die Gründe dafür, dass manche Menschen –obwohl das sichere Zeugnis aller Ahnenreihen für die Wesensnotwendigkeit der Existenz des Schöpfers sichtbar ist– in Richtung (der Annahme) der Urewigkeit der Materie und ihrer Bewegung schreiten und somit (vom rechten Weg) abirren?*

Antwort: *Nicht mit Vorsatz und Sorgfalt, sondern durch oberflächliche und flüchtige Betrachtung kann man das Unmögliche und Irrige für möglich halten.*

Zum Beispiel: Am Vorabend eines Feiertags befand sich unter denen, die nach dem Neumond suchten [(1)], auch ein bejahrter Herr. Während dieser Mann, um den Neumond am Himmel zu sehen, mit ganzer Vorbedacht und Aufmerksamkeit den Blick auf den Himmel richtet und damit beschäftigt ist, nach dem Neumond zu suchen, fällt ihm irgendwie ein weißes Haar auf, das sich von seinen Augenwimpern erstreckt und über seine Pupille gekrümmt hat. Jener Mann sagt sogleich und urteilt: „Ich habe den Neumond gesehen; was ich hier sehe, ist der Neumond".

So wie also oberflächliche und flüchtige Betrachtungen derartige Fehler begehen, sucht auch der Mensch, der eine hohe Veranlagung und ein ehrwürdiges Wesen besitzt, mit Vorbedacht und Sorgfalt stets nach dem rechten Weg und der Wahrheit und betrachtet dabei manchmal mit oberflächlichem und flüchtigem Blick einen Irrweg. Jener Irrweg wiederum kommt willenlos, unbeabsichtigt und ungeladen ihm in den Gedanken, und sein Gedanke nimmt und bewahrt ihn gezwungenermaßen auf und akzeptiert und bestätigt ihn auch allmählich. Doch rührt sein Akzeptieren und Bestätigen jenes Irrwegs von dem her, dass er nicht an die Ordnung der Schöpfung denkt, welche die Quelle aller Weisheiten ist, und dass er Blindheit davor zeigt, dass die Materie und ihre Bewegung der Urewigkeit zuwider ist, sodass sie durch den Zwang, diese außergewöhnlichen Zierden und erstaunlichen Kunstwerke den leblosen Ursachen zuzuschreiben, auf jene Irrwege geraten sind.

So wie es Hüseyn-i Cisrî sagte, war ein Mensch, der ein Haus betrat, welches mit Werken der Zivilisation geschmückt

---

[(1)] *(Anm. d. Ü.)*: Das heißt zur Feststellung des Monatsbeginns gemäß dem Mondjahr, um z. B. jeweils den Beginn des Fastenmonats oder des Feiertags zu ermitteln.

war und allerlei Zierden beinhaltete, gezwungen –weil er den Besitzer (Erbauer) des Hauses nicht sehen konnte–, jene Zierden und Beschaffenheiten dem Zufall und der Natur zuzuschreiben... Desgleichen waren die Gottvergessenen, die achtlos blieben gegenüber dem Zeugnis, welches alle die Weisheiten und Nutzen an der Ordnung der Schöpfung für eine genaue Wahl, ein umfassendes Wissen und eine vollkommene Allmacht ablegen, gezwungen, ihrer oberflächlichen Betrachtung nach die wahre Wirkung den leblosen Ursachen zuzuschreiben.

O mein Freund! Von den sehr feinen Kunstwerken und sehr hohen Erstaunlichkeiten der Allmacht des Allerhabenen Hak abgesehen, schau unter diesen „Natur" genannten Werken und Ursachen (z. B.) nur auf den sehr klaren Sachverhalt der Reflexion und Projektion.

Zum Beispiel: Kannst du zu der Überzeugung kommen, dass wenn du einen Spiegel gegen den Himmel hältst, die eigentlich wirkende Ursache, welche den Himmel mit seiner Höhe, seinen Zierden und Sternen herbeiholt und reflektieren lässt und projiziert, die Eigenschaft auf dem Spiegel sei? Um Gottes willen!

Oder könntest du die Gravitation, die in Wirklichkeit eine nur angenommene Sache ist, als eine eigentlich wirkende Ursache dafür auffassen und akzeptieren, die Erde und die Gestirne in dieser Leere ordnungsgemäß anzutreiben und zu lenken? Um Gottes willen! Diese können nur eine Bedingung und Ursache sein, aber nicht der eigentlich wirkende Veranlasser.

Kurz: Wenn der Mensch –während er mit oberflächlicher und absichtsloser Betrachtung auf etwas Irriges und Unmögliches schaut– dessen eigentliche wahre Ursache nicht auffinden kann, besteht die Möglichkeit, dass er gezwungenermaßen an dessen Richtigkeit bzw. Leugnung glaubt und es akzeptiert. Doch wenn er mit der Eigenschaft als Interessent und Kunde mit Vorbedacht und selber aufmerksam schaute, würde er keines jener irrigen Worte, welche sie „philosophische Gedanken" nennen, akzeptieren. Nur würde er es töricht akzeptieren, wenn er annähme, dass die Atome die Weisheit der Politiker und die Intelligenz der Philosophen besäßen.

Frage: *Was sind denn die Natur, die Gesetze und die Kräfte, von denen sie immer mit Stolz sprechen – dass sie versuchen, sich durch sie zu überzeugen?*

Antwort: Das, was sie „Natur" nennen, ist eine „Druckerei", kein „Herausgeber" – der Herausgeber ist nur die Allmacht. Sie ist ein Gesetz, keine Macht – die Macht liegt nur in der Allmacht. Oder so wie ja das uns bekannte Religionsgesetz eine Übersicht der Normen ist, welche die von den Menschen ausgeführten Handlungen unter eine Ordnung und Disziplin nehmen und festlegen, bzw. die Sammlung der Regelungen, Grundsätze und Gesetze ist, welche die Angelegenheiten des Staates regeln,.. so sind auch ebenso die „Natur" genannte Sache göttliche Schöpfungsgesetze, die zwischen den Handlungen, welche durch die Glieder und Teile der Welt der Bezeugung zustande kommen, eine Ordnung und Regelmäßigkeit herbeiführen. So wie also das Religionsgesetz und das Staatssystem nur geistig fassbare und nominelle Dinge sind, so ist auch die Natur etwas Nominelles und besteht aus den „Gewohnheiten Gottes", die bei der Erschaffung herrschen.

Sich jedoch einzubilden, dass die Natur eine (eigenständig) „außen stehende" Existenz sei, ähnelt dem, dass ein Unzivilisierter, der die ordnungsmäßigen Bewegungen sieht, welche eine Division während des Trainings und Exerzierens macht, unzivilisiert urteilt: „Es gibt etwas wie ein Seil o. ä., das die Disziplin zwischen ihnen regelt und sie miteinander verbindet". Folglich kann ein Mensch, dessen Gewissen und

Verstand unzivilisiert sind, durch oberflächliche und indirekte Betrachtung es für wahrscheinlich halten, dass die Natur, die ihre Stetigkeit und Fortdauer bewahrt, eine wirkende (eigenständig) „außen stehende" Existenz sei.

Kurz: Die Natur ist die Kunst und das Schöpfungs-Gesetz Allahs, die Ordnungen aber dessen Sachverhalte, und die Kräfte wiederum die Bestimmungen jener Sachverhalte.

Wir gehen (wieder) über zur Einheitsbezeigung:

Der Ehrwürdige Kur'ân hat von den Beweisen für die Einheit des Künstlers nichts ausgelassen. Insbesondere ist (alleine schon) der „Beweis der Ausschließung", welchen der Vers لَوْكَانَ فِيهِمَا آلِهَةٌ اِلَّا اللّٰهُ لَفَسَدَتَا[1] *beinhaltet –in der Bedeutung „Wenn in ihnen (Erde und Himmel) Götter außer Allah gewesen wären, wäre diese sichtbare Ordnung zerstört worden"–, ein ausreichender Beweis dafür, dass der Künstler alleinbesitzend und selbständig ist. Und er ist ein glanzvoller Beleg dafür, dass die Selbständigkeit eine wesenseigene Eigentümlichkeit und ein zwangsläufiges Erfordernis der Gottheit ist.*

O mein Freund! Das Gebot اُعْبُدُوا[2], welches sich vor dem Vers befindet, über den wir sprechen, ist gemäß der Exegese von İbn-i Abbâs ein Gebot, das die Menschen zur Einheitsbezeugung aufruft. Und es hat auch dieser Vers in seiner Gesamtheit einen, auf die Einheitsbezeigung hinweisenden sehr feinen und schönen Beweis mit einbezogen, nämlich:

---

[1] Gäbe es in ihnen (Himmel und Erde) Götter außer Allah, gewiss wären beide dem Unheil verfallen.

[2] Dient (eurem Herrn).

(Die Schöpfung als) eine Maschine, die solche Zustände umfasst wie dass die Erde und der Himmel –um die Ernten hervorzubringen, welche die Erwerbsquelle der Menschen und der übrigen Lebewesen sind– sich einander unterstützen und in Beziehung stehen,.. dass die Werke (in) der Schöpfung einander entsprechen,.. dass die Teile der Schöpfung sich gegenseitig „umarmen",.. dass sie einander aufhelfen und ihre Bedarfe decken,.. dass sie einander die Frage beantworten und zu Hilfe eilen,.. dass sie gänzlich zu einem einzigen Punkt hinsehen,.. dass sie sich auf der Achse eines alleinbesitzenden Stets Allordnenden bewegen… ruft mit absolutem Zeugnis aus, dass ihr Besitzer und Künstler ein einziger ist und lässt alle Dinge mit der Wahrheit erklingen وَفِي كُلِّ شَيْءٍ لَهُ آيَةٌ تَدُلُّ عَلَى اَنَّهُ وَاحِدٌ[1] – in der Bedeutung: „Bei allen Dingen gibt es ein Zeichen und Zeugnis, das die Einheit des Künstlers beweist".

O mein Freund! Der Allgewaltige Künstler ist sowohl Alleinbesitzend und Wesensnotwendig Existierend, als auch ist Er mit allen vollkommenen Eigenschaften ausgezeichnet. Denn die Vollkommenheiten, die es in der Schöpfung und an den Kunstwerken gibt, haben sie gänzlich von dem Schatten der Manifestation der Vollkommenheit des Künstlers bekommen. Folglich sind die Cemâl, Vollkommenheit und Schönheit beim Künstler in endlosem Grade höher als die gesamten Cemâl's, Vollkommenheiten und Schönheiten in der gesamten Schöpfung. Denn Wohltat (z. B.) rührt vom Vermögen des Gütig Gebenden, ist ein Beweis für Sein Reichtum,.. das Schaffen zeigt die Existenz des Schaffenden auf,.. das Verursachen ist ein Beleg für die Existenz des Her-

---

[1] In allen Dingen sind Zeichen von Ihm, dass Er alleinbesitzend ist.

vorbringers,.. die gegebene Schönheit ist ein Beweis für die Schönheit des Gebenden.

Ebenso ist der Allgewaltige Künstler von allen Mängeln rein und frei. Denn Mangelhaftigkeit ergibt sich aus der Geringigkeit des Vermögens in dem Wesen der materiellen Dinge; der Allerhabene Hak jedoch ist nicht von materiellen Dingen.

Ebenso ist der Überzeitliche Anfangslose Künstler von den Notwendigkeiten und Eigenschaften wie Körperlichkeit, Räumlichkeit, Veränderung und Raumeinnehmen, welche die Dinge in der Schöpfung erfordern, frei und erhaben über sie. Der Ehrwürdige Kur'ân hat auf diese zwei Wahrheiten mit dem Vers فَلَا تَجْعَلُوا لِلّٰهِ اَنْدَادًا[1] hingewiesen – in der Bedeutung: „Setzt Allah nichts gleich!".

Beweis der „Möglichkeit": Wiederum einer der Beweise dieses Verses, welche auf die Existenz des Künstlers hinweisen, ist der „Beweis der ‚Möglichkeit'", auf den mit dem Vers وَاللّٰهُ الْغَنِيُّ وَاَنْتُمُ الْفُقَرَاءُ[2] hingewiesen wurde.

Die Zusammenfassung dieses Beweises:

Obwohl es bei einem jeden Atom in der Schöpfung, sowohl bei seiner Substanz, als auch bei seinen Eigenschaften, Zuständen und bei seiner Existenz endlose Möglichkeiten, Eventualitäten, Schwierigkeiten, Wege und Gesetze gibt, beschreitet jenes Atom unter unzähligen (möglichen) Wegen auf einmal einen festgesetzten (bestimmten) Weg, nimmt unter unendlichen Lagen einen (einzigen, bestimmten) Zustand

---

[1] Darum setzt Allah nichts gleich.

[2] Und Allah ist Derjenige, Der reich ist, und ihr seid die Bedürftigen.

an, erlangt unter zahllosen Eigenschaften eine (bestimmte) Eigenschaft, beginnt, nach einem rechten Gesetz sich zu einem vorbestimmten Ziel zu bewegen, und führt sogleich eine Weisheit und Zweckmäßigkeit herbei, mit der es betraut ist – wobei das Zustandekommen jener Weisheit und Zweckmäßigkeit nur durch das derartige Verhalten jenes Atoms möglich ist. Beweisen wohl die Erlebnisse jenes Atoms auf so vielen Wegen und Eventualitäten mit ihrer Zustandssprache nicht die Absicht und Weisheit des Künstlers?

So wie also ein jedes Atom gesondert alleine für sich die Existenz des Künstlers beweist, bewahrt es seinen Beweis für den Künstler auch, je mehr es in eine kleine oder große Formation eintritt, oder Teil einer Zusammensetzung wird – entsprechend der Beziehung (, Aufgabe und der Zweckmäßigkeiten), welche es an den Stellen erlangt, in die es eintritt oder deren Teil es wird. (Auf jedem Rang liest es die Beweise für die Existenz seines Künstlers auf jeweils andere Weisen; es gleicht einem Soldaten, der die Beziehungen und Aufgaben im Zug, im Bataillon und in der Armee jeweils einhält.)

Aus dem zweiunddreißigsten Wort

Drittes Kapitel

بِسْمِ اللّٰهِ الرَّحْمٰنِ الرَّحِيمِ

(1) وَاِنْ مِنْ شَيْءٍ اِلَّا يُسَبِّحُ بِحَمْدِهِ

Dieses dritte Kapitel besteht aus zwei Punkten, diese wiederum aus zwei Abschnitten.

Erster Abschnitt

Gemäß dem Geheimnis وَاِنْ مِنْ شَيْءٍ اِلَّا يُسَبِّحُ بِحَمْدِهِ[2] **gibt es bei allen Dingen, gleichsam als Fenster zum Allerhabenen Hak, viele Hinsichten. Die Wahrheiten aller Existierenden und die Wahrheit der gesamten Schöpfung beruhen auf den Namen Gottes. Die Wahrheit**

---

(1) Im Namen Allahs, des Allbarmherzigen, des Erbarmers. * Und es gibt nichts, was Ihn in Lob und Dank nicht preist.

(2) Und es gibt nichts, was Ihn in Lob und Dank nicht preist.

eines jeden Dinges beruht auf einem oder auf vielen Namen. Auch eine jede der Eigenschaften und Künste bei den Dingen stützt sich auf jeweils einen Namen. *Sogar stützt sich die wahre Lehre der Weisheit auf den Namen „Allweiser", die wahre Medizin auf den Namen „Heiler", die Geometrie auf den Namen „Vorbestimmer", u. dgl. eine jede Wissenschaft auf einen Namen und endet bei ihm,* beruhen genauso die Wahrheiten der gesamten Wissenschaften, der menschlichen Vollendungen und der Schichten der Vollkommenen der Menschen auf den Namen Gottes. Sogar haben manche der Wahrheitsgelehrten der Gottesfreunde gesagt: **„Die wahren Wahrheiten der Dinge sind die Namen Gottes. Das Wesen der Dinge wiederum sind die Schatten jener Wahrheiten..." Sogar kann man an einem einzigen belebten Geschöpf, allein als Äußeres, die Erscheinung des Ornamentierens von etwa zwanzig Namen Gottes sehen.**

Diese tiefsinnige, inhaltsreiche, sehr große und weitreichende Wahrheit werden wir versuchen, durch ein Gleichnis dem Verstande näher zu bringen. Wir werden sie analysieren, indem wir sie durch zwei-drei verschiedene Siebe durchsieben. Wie lang wir sie auch darlegen, bleibt es dennoch kurz; man sollte ihrer nicht überdrüssig werden, folgenderweise:

So wie ja ein höchst geschickter Zeichner und Bildhauer, wenn er das Bild und die Statue einer sehr schönen Blume, sowie einer sehr lieblichen Schönheit unter dem schönen Geschlecht des Menschen anfertigen wollte, zuerst die groben Umrisse jener zwei Geschöpfe mit manchen Strichen festlegt. Dieses Festlegen erfolgt durch Einordnen und Bestimmen; gestützt auf die Geometrie setzt er Grenzen fest. Es zeigt auf, dass dieses Einordnen und Bestimmen mit Weisheit und Wissen erfolgt, sodass die Handlungen des Einordnens und Begrenzens mit dem Zirkel des Wissens und der Weisheit ausgeführt werden. Folglich wirken hinter der Einordnung und Begrenzung die Bedeutungen des Wissens und der Weisheit. Also wird sich der Zirkel des Wissens und der Weisheit zeigen. Nun hat er sich also gezeigt, da er in jenen Grenzen begonnen hat, Dinge zu gestalten wie Auge, Ohr, Nase, Blätter und ganz feine Quästchen.

Nun sehen wir: Die mit den Bewegungen des Zirkels in ihnen festgelegten Glieder tragen sich kunst- und gnadenvoll zu. Folglich sind das, was jenen Zirkel des Wissens und der Weisheit führt, die Bedeutungen der Kunst und Gnade dahinter, welche herrschen und sich zeigen werden. Deshalb ist es also, dass es eine Fähigkeit für eine Schönheit und Zierde zeigt. Folglich ist das, was die Kunst und Gnade agieren lässt, der Wille zur Verschönerung und die Absicht zur Ausschmückung. In diesem Fall sind sie es, die wirken, sodass sie begonnen haben, auszuschmücken und aufzuhellen; sie zeigen die Haltung eines Lächelns und geben die Gestalt einer Lebendigkeit. Gewiss ist das, was diese Verschönerung und Aufhellung agieren lässt, die Bedeutung der Huld und Güte. Ja, diese zwei Bedeutungen herrschen bei ihnen dermaßen, dass jene Blume geradezu eine körperliche Huld und jene Statue eine sich verkörperte Güte ist.

Nun sind das, was diese Bedeutung der Güte und Huld agieren lässt und in Bewegung setzt, die Bedeutungen des „Sich-lieben- und Sich-erkennen-Lassens"; d. h., es herrschen die Bedeutungen dahinter, sich durch seine Fähigkeit bekannt und sich den Menschen beliebt zu machen.

Dieses (Sich-)Bekannt- und Beliebtmachen rührt gewiss von der Neigung zur Barmherzigkeit und von dem Willen zur Gabe her. Da nun dahinter die Barmherzigkeit und der Wille zur Gabe herrschen, werden sie jene Statue folglich mit (allen) Arten von Gaben füllen und schmücken, und das Bild jener Blume wiederum an ein Geschenk anhängen. So haben sie nun die Hände, den Schoß und die Taschen jener Statue mit wertvollen Gaben gefüllt und jenes Blumenbild wiederum an einen Schmuck angehängt. Also ist das, was diese Barmherzigkeit und diesen Willen zur Gabe in Tätigkeit setzt, das Erbarmen und Bemitleiden; d. h. die Bedeutung des Bemitleidens und Sich Erbarmens setzt die Barmherzigkeit und Gabe in Bewegung.

Und das, was die Bedeutung des Erbarmens und Bemitleidens bei jener selbstgenügsamen und niemanden bedürfenden Persönlichkeit in Bewegung setzt und zur Bezeigung führt, sind zweifellos die geistige Cemâl und Vollkommenheit bei jener Persönlichkeit, sodass diese sich manifestieren wollen. Und das lieblichste Stückchen jenes Cemâl's wiederum, die Liebe, und sein süßester Aspekt, die Barmherzigkeit, wollen sich im Spiegel der Kunst zeigen und sich mit den Augen der Begeisterten sehen. Das heißt die Cemâl und Vollkommenheit –da sie unmittelbar geliebt werden– lieben allen voran sich selber. Sie sind sowohl Schönheit, als auch Liebe; die Gemeinsamkeit der Schönheit und Liebe rührt von diesem Punkt her. Da nun das Cemâl sich liebt und sich in Spiegeln sehen will, so tragen also die, an die Statue gesetzten und an das Bild angehängten lieblichen Gaben und schönen Früchte –ihrer Fähigkeit entsprechend– jeweils ein Glanzlicht jenes geistigen Cemâl's. Sie zeigen jene Glanzlichter sowohl dem Cemâl-Besitzer, als auch anderen.

Genauso auch: Der Allweise Künstler legt mit der Erscheinung Seiner Namen die Formen des Paradieses und der Welt, der Himmeln und der Erde, der Pflanzen und Tiere, der Cinnen und Menschen, der Engel und Seelenwesen, und aller Dinge im Gesamten wie im Teil fest, ordnet sie ein und gibt ihnen jeweils ein bestimmtes Quantum. Dadurch lässt Er sie die Namen „Vorbestimmer, Wohlordnender, Formgeber" lesen. Er setzt solcherweise die Grenzen ihrer groben Umrisse fest, dass sie die Namen „Allwissender, Allweiser" aufzeigen.

Dann beginnt Er in jenen Grenzen, mit dem Zirkel des Wissens und der Weisheit jenes Ding zu formen –solcherweise, dass sie die Bedeutungen der Kunst und Gnade und die Namen „Künstler und Gütiger" aufzeigen. Dann gibt Er mit der wundertätigen Hand der Kunst und mit dem Pinsel der Gnade den Gliedern jener Gestalt, wie dem Auge, Ohr, Blatt und Quast –wenn es ein einziger Mensch und eine einzige Blume ist– die Farben einer Schönheit und Zierde. Wenn es die Erde ist, gibt Er ihren Mineralien, Pflanzen und Tieren die Farben einer Schönheit und Zierde. Wenn es das Paradies ist, gibt Er seinen Gärten, Schlössern und Jungfrauen die Farben einer Schönheit und Zierde, u. dgl... anderes kannst du daran messen.

Auch schmückt und erhellt Er sie solcherweise, dass die Bedeutungen der Huld und Güte bei ihnen dermaßen herrschen, dass jenes schmuckvolle Existierende und jenes erleuchtete Kunstwerk geradezu eine körperliche Huld und eine sich verkörperte Güte bedeuten und die Namen „Feinfühliger und Gütiger" rezitieren.

Dann ist das, was jene Huld und Güte zu dieser Manifestation führt, gewiss das Sich-lieben- und -erkennen-Lassen – d. h. die Handlungen, sich den Lebewesen beliebt zu machen und den Bewusstseinsbesitzern mitzuteilen–, sodass sie hinter den Namen „Feinfühliger und Gütiger" die Namen „Liebevoller und Erkannter" lesen lassen und man diese von der Zustandssprache des Kunstwerks vernimmt.

Dann verschönert Er jenes schmuckvolle Existierende und jenes schöne Geschöpf mit wohlschmeckenden Früchten und lieblichen Resultaten, wendet von der Zierde zur Gabe und von der Huld zur Barmherzigkeit; Er lässt die Namen „Beschenker und Erbarmer" lesen und zeigt hinter äußerlichen Schleiern die Erscheinungen jener zwei Namen.

Dann ist das, was diesen Erbarmer und Gütigen –bei jenem Absolut Nichtbedürfenden Herrn– zu dieser Manifestation führt, gewiss die Handlungen eines Erbarmens und Mitleids, sodass sie die Namen „Mitleidiger und Allbarmherziger" lesen lassen und aufzeigen.

Das, was die Bedeutungen dieses Erbarmens und Mitleids zur Manifestation führt, sind gewiss eine Cemâl und Vollkommenheit der Person, welche in Erscheinung treten wollen; sie lassen den Namen „Cemîl" und die im Namen „Cemîl" enthaltenen Namen „Liebevoller und Erbarmer" lesen. Denn, Cemâl wird unmittelbar geliebt. Der Cemâl-Besitzer und das Cemâl lieben sich selber; sie sind sowohl Schönheit, als auch Liebe. Auch die Vollkommenheit ist unmittelbar geliebt, wird ohne Veranlassung geliebt; sie ist sowohl Liebender, als auch Geliebter. Da nun ein Cemâl in grenzenlosem Grade der Vollkommenheit und eine Vollkommenheit in grenzenlosem Grade des Cemâl's grenzenlos geliebt werden und der Liebe und Verehrung würdig sind, werden sie es zweifellos wollen, in Spiegeln in Erscheinung zu treten, indem sie entsprechend der Fähigkeit der Spiegel ihre Glanzlichter und Manifestationen sehen und zeigen.

Das bedeutet, die persönliche Cemâl und Vollkommenheit an der Person des Allgewaltigen Künstlers, Cemîl Allweisen und Vollkommenen Allmächtigen verlangen das Erbarmen und Mitleid und führen die Namen „Allbarmherziger und Mitleidiger" zur Manifestation. Das Erbarmen und Mitleid wiederum führen, indem sie die Allbarmherzigkeit und Gabe zeigen, die Namen „Erbarmer und Beschenker" zur Manifestation. Die Allbarmherzigkeit und Gabe wiederum machen die Handlungen des Sich-lieben- und Sich-erkennen-Lassens notwendig und führen die Namen „Liebevoller und Erkannter" zur Manifestation, zeigen sie an einem

Schleier des Kunstwerks auf. Das Sich-lieben- und Sich-erkennen-Lassen wiederum setzt die Bedeutungen der Huld und Güte in Bewegung, lässt die Namen „Feinfühliger und Gütiger" an manchen Schleiern des Kunstwerks lesen. Die Handlungen der Huld und Güte wiederum setzen die Handlungen der Ausschmückung und Aufhellung in Bewegung, lassen die Namen „Verzierer und Erleuchter" mit der Sprache des Schön- und Erleuchtetseins des Kunstwerks lesen. Und jene Handlungen des Ausschmückens und Verschönerns wiederum erfordern die Bedeutungen der Kunst und Gnade und lassen die Namen „Künstler und Wohltäter" mit dem schönen Antlitz jenes Kunstwerks lesen. Und jene Kunst und Gnade wiederum setzt das Wissen und die Weisheit voraus und lässt die Namen „Allwissender und Allweiser" mit den wohlgestalteten und weisheitsvollen Gliedern jenes Kunstwerks lesen. Jenes Wissen und Weisheit wiederum erfordert die Handlungen des Einordnens, Gestaltens und Formens, lässt mit der Gestalt und Form des Kunstwerks die Namen „Formgeber und Vorbestimmer" lesen, zeigt sie auf.

So nun hat der Allgewaltige Künstler Seine gesamten Kunstwerke solcherweise geschaffen, dass die meisten von ihnen, insbesondere die Lebewesen, viele Namen Gottes lesen lassen. Geradezu hat Er ein jedes Kunstwerk mit zwanzig jeweils unterschiedlichen, übereinander liegenden Überzügen eingekleidet, sie in zwanzig Schleier eingehüllt. An jedem Überzug, an jedem Schleier hat Er jeweils andere Namen aufgeschrieben.

Zum Beispiel: So wie es in dem Gleichnis aufgezeigt wurde, gibt es alleine an der äußerlichen Erschaffung einer einzigen schönen Blume und eines schönen Wesens von dem anderen Geschlecht des Menschen viele Seiten. Andere große und umfassende Kunstwerke kannst du an jenen zwei kleinen Beispielen messen.

Die erste Seite: Es ist die Gestalt, die ihre groben Formen und Grenzen aufzeigt und die Namen „o Formgeber, o Vorbestimmer, o Wohlordnender" rezitiert.

Zweite Seite: Es ist die einfache Gestalt der Blume und des Menschen, die durch die Entfaltung verschiedener Glieder bei ihrer figürlichen Darstellung entsteht, wobei auf dieser Seite viele Namen geschrieben werden wie z. B. die Namen „Allwissender und Allweiser".

Dritte Seite: Indem den verschiedenen Gliedern jener zwei Geschöpfe jeweils andere Schönheiten und Zierden gegeben werden, werden auf dieser Seite viele Namen geschrieben wie z. B. die Namen „Künstler und Allwohlerschaffer".

Vierte Seite: Es wird jenen zwei Kunstwerken eine solche Zierde und Schönheit verliehen, dass geradezu die Huld und Güte sich verkörpert haben und zu ihnen geworden sind. Diese Seite rezitiert und liest viele Namen wie z. B. „o Feinfühliger, o Gütiger".

Fünfte Seite: Indem jener Blume wohlschmeckende Früchte und jener Schönheit liebliche Kinder und schöne Charaktere beigegeben werden, lässt diese Seite Namen lesen wie z. B. „o Liebevoller, o Erbarmer, o Beschenker".

Sechste Seite: Auf dieser Seite der Gabe und Wohltat sind Namen zu lesen wie z. B. „o Allbarmherziger, o Mitleidiger".

Siebte Seite: An jenen Gaben und an jenen Resultaten sind solche Glanzlichter der Schönheit und des Cemâl's zu sehen, dass sie eines aufrichtigen Dankes und einer reinen Liebe würdig sind, welche von wahrer Begeisterung, Liebe und Güte durchdrungen sind. Auf dieser Seite sind die Namen „o Vollkommener Cemîl, o Cemîl Vollkommener" geschrieben stehend zu lesen.

Wenn nun alleine eine schöne Blume und ein schöner Mensch –und alleine an ihrer materiellen und äußeren Gestalt– so viele Namen aufzeigen, kannst du vergleichen, in welchem Grade erhabene und universelle Namen wohl die gesamten Blumen, die gesamten Lebewesen und die großen und umfassenden Existierenden lesen lassen.

Auch kannst du vergleichen, wie viele lichtvolle heilige Namen wie z. B. „Lebender, Aufrechterhalter und Belebender" der Mensch hinsichtlich der Seele, des Herzens, des Verstands und mit den Seiten des Lebens und der Feinsinne liest und lesen lässt.

So nun ist (auch) das Paradies eine Blume. Auch die Schar der Paradiesjungfrauen ist eine Blume. Ebenso ist die Erdoberfläche eine Blume. Und der Frühling ist eine Blume. Und der Himmel ist eine Blume: die Sterne sind die glanzvollen Ornamente dieser Blume. Und die Sonne ist eine Blume: die sieben Farben in ihrem Licht sind die geschmückten Anstriche dieser Blume. Die Welt ist ein schöner und großer Mensch – so wie ja der Mensch eine kleine Welt ist. Das Geschlecht der Paradiesjungfrauen, die Gemeinschaft der Seelenwesen, die Kategorie der Engel, die Gruppe der Cinnen und das Menschengeschlecht wurden gleichsam als jeweils ein schönes Individuum gestaltet, eingeordnet und geschaffen. Sowohl eine jede in ihrer Gesamtheit, als auch ein jedes ihrer Individuen alleine zeigt die Namen seines Cemîl Künstlers auf und ist jeweils ein anderer Spiegel für Seine Cemâl, Vollkommenheit, Allbarmherzigkeit und Seine Liebe. Und sie sind jeweils ein wahrer Zeuge für Seine grenzenlose Cemâl, Vollkommenheit, Allbarmherzigkeit und Seine Liebe. Und sie sind jeweils ein Zeichen und Indiz für jene Cemâl, Vollkommenheit, Allbarmherzigkeit und Liebe. Nun also kommen diese endlosen Arten der Vollkommenheiten (nur) in dem Bereich des Alleinbesitzens und der Allgegenwart zustande. Folglich sind die Vollkommenheiten, die außerhalb jenes Bereiches gewähnt werden, keine Vollkommenheiten.

So verstehe also, dass die Wahrheiten der Dinge auf den Namen Gottes sich stützen und beruhen, dass sogar die wahren Tatsachen die Manifestationen jener Namen sind, und dass alle Dinge in vielen Hinsichten und mit vielen Zungen ihren Künstler erwähnen und lobpreisen, wisse eine (der) Bedeutung(en) des وَاِنْ مِنْ شَيْءٍ اِلَّا يُسَبِّحُ بِحَمْدِهِ[1] *und sage* سُبْحَانَ مَنِ اخْتَفَى بِشِدَّةِ ظُهُورِهِ[2] *und begreife ein Geheimnis der Rezitationen und Wiederholungen durch die Verse an ihren Enden, wie z. B.*

وَهُوَ الْعَزِيزُ الْحَكِيمُ ۞ وَهُوَ الْغَفُورُ الرَّحِيمُ ۞ وَهُوَ الْعَلِيمُ الْقَدِيرُ[3]

Wenn du an einer Blume die Namen nicht lesen und nicht klar sehen kannst, schau auf das Paradies, achte auf den Frühling, betrachte die Erdoberfläche. Die Namen, die auf dem Paradies, dem Frühling und der Erde –auf diesen großen Blumen der Allbarmherzigkeit– geschrieben werden, kannst du klar lesen, kannst ihre Erscheinungen und Ornamente verstehen und sehen.

* * *

(1) Und es gibt nichts, was Ihn in Lob und Dank nicht preist.

(2) Gepriesen sei Er, der sich durch die Stärke Seiner Erscheinung verborgen hat.

(3) Und Er ist der Hochüberlegene, der Allweise. * Und Er ist der Vielverzeihende, der Erbarmer. * Und Er ist der Allwissende, der Allmächtige.

Aus dem
„Einen Schlüssel der ‚Nur'-Welt"
Die Feinheit des „Hüwe"

[1] بِاسْمِهِ سُبْحَانَهُ وَاِنْ مِنْ شَيْءٍ اِلَّا يُسَبِّحُ بِحَمْدِهِ

اَلسَّلَامُ عَلَيْكُمْ وَرَحْمَةُ اللّٰهِ وَبَرَكَاتُهُ اَبَدًا دَائِمًا

Meine sehr lieben und treuen Brüder:

Brüder, in dem Wort هُوَ[2] *in* لَا اِلٰهَ اِلَّا هُوَ[3] *und* قُلْ هُوَ اللّٰهُ[4] *habe ich in einer gedanklichen erschienenen Reise alleine in materieller Hinsicht, in einer Feinheit der Einheitsbezeigung, welche sich durch das eingehende Studium der „Seite" der Luft plötzlich zeigte, augenscheinlich gesehen, dass der Weg des Glaubens unbegrenzt mühelos und im Grade der Zwangsläufigkeit leicht ist, und dass sich auf dem Weg der Beigesellung und des Irrwegs tausende grenzenlos schwierige und undenkbare Unmöglichkeiten befinden. Mit einem sehr*

---

[1] In Seinem Namen; gepriesen sei Er. Und es gibt nichts, was Ihn mit Lob und Dank nicht preist. * Der Friede sei mit euch, und Barmherzigkeit Allahs und Sein Segen, immer und ewig.

[2] „Hüwe", d. h. „Er".

[3] Es ist kein Gott außer Ihm.

[4] Sprich: Er ist Allah.

kurzen Hinweis werde ich diese umfassende und lange Feinheit darlegen.

Ja, so wie wenn ja eine Handvoll Erde der Natur und den Ursachen überlassen würde, es in ihrem Behälter, der für hunderte Blumen abwechselnd als Blumentopf dient, notwendig sein würde, dass sich in diesem Behälter entweder hunderte, sogar entsprechend der Anzahl der Blumen geistige Maschinen und Fabriken in kleinem Maßstab befänden, oder dass ein jedes Atom in jenem Stückchen Erde es verstünde, die jeweils verschiedenen Blumen mit ihren unterschiedlichen Besonderheiten und lebendigen Apparaten herzustellen – dass es geradezu wie ein Gott grenzenloses Wissen und unbegrenzte Macht besäße...

Genauso auch: Ein jedes Teilchen der Luft und des Windes, welche ein Erscheinungsort des Befehls und Willens (Gottes) sind, und die Luft beim Wort هُوَ –so kurz wie ein Atemzug und Fingernagel– müsste in ganz kleinem Maßstab die Zentren, Zentralen, Empfänger und Überträger aller auf der Welt befindlichen Telefonen, Telegrafen, Radios und unzähligen und verschiedenen Gesprächen besitzen und jene unzähligen Aufgaben gemeinsam und im selben Moment machen können... Oder, die Luft in jenem هُوَ, sogar ein jedes Atom jedes Teilchens des Luft-Elements, müsste so viele geistige Persönlichkeiten und Fähigkeiten besitzen wie die Anzahl all derer, die jeweils durch einen Telefon, Telegrafen und durch das Radio sprechen, müsste all ihre Sprachen kennen und zugleich auch an andere Atome mitteilen und verbreiten. Denn in der Tat ist dieser Zustand teilweise sichtbar. Und in allen Teilchen der Luft ist diese Fähigkeit vorhanden.

Also ist auf dem Weg der Ungläubigen, Naturgesinnten und Materialisten nicht eine Unmöglichkeit, es sind Undenkbarkeiten, Unmöglichkeiten und Schwierigkeiten entsprechend der Anzahl der Atome offenkundig zu sehen.

Wenn es dem Allgewaltigen Künstler zuerkannt wird, wird die Luft mit all ihren Atomen zu Seinem beauftragten Soldaten. So leicht wie eine ordnungsmäßige einzige Aufgabe eines einzigen Atoms werden ihre unzähligen umfassenden Aufgaben mit der Erlaubnis und Kraft ihres Schöpfers, mit der Zugehörigkeit und dem Sich-Stützen auf den Schöpfer und mit der Erscheinung der Allmacht ihres Künstlers in einem Augenblick blitzschnell und so leicht gemacht, wie هُوَ auszusprechen und wie sich die Luft wellt. Das heißt, sie wird zu einer Seite für die grenzenlosen, erstaunlichen und ordnungsmäßigen Schriften des Stifts der Allmacht. Und ihre Atome werden zu den Spitzen jenes Stifts, die Aufgaben der Atome wiederum zu den Punkten des Stifts der Vorbestimmung; sie arbeitet so leicht wie die Bewegung eines einzigen Atoms.

Nun also, während ich durch den gedanklichen Aufbruch in لَآ اِلٰهَ اِلَّا هُوَ(1) und قُلْ هُوَ اللّٰهُ(2) auf meiner Reise die Welt der Luft betrachtete und die Seite dieses Elements studierte, habe ich diese kurz gefasste Wahrheit ganz klar und detailliert, mit erschauter Gewissheit gesehen. Und ich habe mit erwiesener Gewissheit erkannt: So wie sich in dem Wort des هُوَ, in seiner Luft, ein solches glanzvolles Argument und ein Glanzlicht des Alleinbesitzens befinden, sind ebenso in seiner Bedeutung und seinem Hinweis eine höchst lichtvolle Manifestation der Allgegenwart und ein sehr starkes Zeugnis der Einheitsbezeigung vorhanden –und in jenem Zeugnis ein Kennzeichen der Präzisierung für den Hinweis, auf wen der

---

(1) Es ist kein Gott außer Ihm.

(2) Sprich: Er ist Allah.

uneingeschränkte und unbestimmte Hinweis des Pronomens هُوَ schaut–, sodass deshalb sowohl der Unnachahmliche Kur'ân, als auch die Rezitatoren auf dem Rang der Einheitsbezeugung dieses heilige Wort oft wiederholen.

Ja, obwohl z. B., wenn auf ein punkt-kleines weißes Blatt zwei-drei Punkte gesetzt würden, es durcheinander geriete,.. wenn ein Mensch viele verschiedene Aufgaben gleichzeitig erfüllt, er durcheinander kommt,.. wenn einem kleinen Lebewesen viele Lasten aufgeladen werden, es darunter erdrückt wird,.. und wenn bei einem Mund und Ohr im selben Moment mehrere Worte gleichzeitig herauskommen und eintreten, dies ihre Ordnung stört und sie durcheinander kommen,.. habe ich trotzdem mit erschauter Gewissheit gesehen: Obwohl beim Element der Luft, in dem ich mit dem Schlüssel und Kompass des هُوَ gedanklich gereist bin, in jedem seinem Teilchen, sogar in jedem seinem Atom tausende verschiedene Punkte, Buchstaben und Worte (gleichzeitig) gelegt werden oder gelegt werden können, geraten sie dennoch nicht durcheinander und stören nicht ihre Ordnung,.. obwohl sie sehr viele jeweils unterschiedliche Aufgaben erfüllen, werden sie durchgeführt, ohne dass sie durcheinander gebracht werden,.. und obwohl jenem Teilchen und Atom sehr viele schwere Lasten aufgeladen werden, trägt es sie, ohne irgendwelche Schwäche zu zeigen, ohne zurückzubleiben und mit Wohlordnung; auch kommen mit vollkommener Ordnung tausende jeweils verschiedene Worte in jeweils verschiedenen Formen und Bedeutungen bei jenen ganz kleinen Ohren und Mündern an bzw. heraus.. und treten, ohne irgendwie durcheinander zu geraten und gestört zu werden, in jene ganz kleine Ohren ein und aus jenen ganz feinen Mündern heraus. Und während jene gesamten Atome und gesamten Teilchen diese erstaunlichen Aufgaben versehen, sagen sie in der Sprache des ekstatischen Zustands und mit dem Zeugnis und der Sprache der erwähnten Wahrheit

لَآ اِلٰهَ اِلَّا هُوَ [(1)] und قُلْ هُوَ اللّٰهُ اَحَدٌ [(2)] und reisen vollkommen frei umher. Und in Stürmen und die Luft zusammenstoßenden Wellen wie Blitz und Donner stören sie ihre Ordnung und ihre Aufgaben überhaupt nicht und kommen nicht durcheinander. Und eine Sache verhindert nicht eine andere Sache... Ich habe es mit erschauter Gewissheit gesehen.

Also müsste entweder ein jedes Atom und ein jedes Luftteilchen eine grenzenlose Weisheit, grenzenlose Kraft und Macht, ein gänzliches Wissen und Willen, sowie über unzählige Atome absolut herrschende Eigenschaften haben, damit sie diese Taten vollbringen kann –das aber ist entsprechend der Anzahl der Atome unmöglich und unsinnig; selbst kein Teufel könnte dies in den Sinn bringen–, (oder) diese Seite der Luft ist folglich, mit einer Klarheit im Grade der vollerlebten, erschauten und erwiesenen Gewissheit, wie eine veränderliche Seite des Stifts der Allmacht und der Vorbestimmung, welchen der Allgewaltige Herr mit Seinem unendlichen Wissen und mit Weisheit einsetzt,.. und ist auf der Welt der Veränderung und bei ihren veränderlichen Vorgängen wie eine „Tafel der Gegenwartsaufzeichnung“ genannte Schreibtafel eines „Lewh-i Mahfûz“.

So wie also das Luft-Element alleine bei der Aufgabe der Stimmen-Übertragung die erwähnte Erscheinung der Einsheit und die erwähnten Erstaunlichkeiten zeigt und die unzähligen Unmöglichkeiten des Irrwegs dartut, so ist auch einer der übrigen wichtigen Aufgaben des Luft-Elements die, dass es bei der Übertragung der übrigen feinen Dinge wie z. B. der Elektrizität, der Anziehung, Abstoßung, des Lichts, ohne durcheinander zu kommen, wohlgeordnet, in derselben Zeit, in der es die Aufgabe bei der Stimmen-Übertragung

---

(1) Es ist kein Gott außer Ihm.

(2) Sprich: „Er ist Allah – Allgegenwärtig.

versieht, diese Aufgaben erfüllt,.. zugleich bringt es mit vollkommener Ordnung allen Pflanzen und Tieren die fürs Leben nötigen Dinge zu Hilfe wie z. B. die Atmung und Bestäubung... Es beweist auf sichere Weise, dass es ein Erscheinungsort des Befehls und Willens Gottes ist. Und ich bin absolut überzeugt, dass es im Grade der erschauten Gewissheit beweist, dass in keiner Hinsicht die Eventualität und Möglichkeit dafür besteht, dass der abirrende Zufall, die blinde Kraft, die taube Natur, die durcheinander gemengten, ziellosen Ursachen und die unfähigen, unbelebten, unwissenden Materien sich in die Schreibung und Aufgaben dieser Seite der Luft einmischen. Und ich erkannte, dass ein jedes Atom und jedes Teilchen mit der Zustandssprache لَآ اِلٰهَ اِلَّا هُوَ [1] und قُلْ هُوَ اللّٰهُ اَحَدٌ [2] sagt.

Und so wie ich mit diesem Schlüssel des هُوَ diese Erstaunlichkeiten der Luft in ihrer materiellen Hinsicht gesehen habe, so wurde das Luft-Element wiederum als ein هُوَ zu einem Schlüssel für die Welt der Aufzeichnung und die Welt der Bedeutungen. Ich sah:

In der Welt der Aufzeichnung gibt es unzählige Kameras; und eine jede Kamera nimmt unzählige weltliche Ereignisse gleichzeitig auf, ohne sie zu verwickeln. Ich erkannte sie als eine jenseitige Filmbühne so groß und breit wie tausende Welten, und als ein sehr großes Fotoapparat, um die vergänglichen und entschwindenden Lagen und Zustände der Vergänglichen und die Früchte ihres vorübergehenden Lebens in ewigen Betrachtungsorten zu zeigen, sowie um im Paradies den Leuten der ewigen Glückseligkeit ihre diesseiti-

---

[1] Es ist kein Gott außer Ihm.

[2] Sprich: „Er ist Allah – Allgegenwärtig.

gen Erlebnisse und ihre alten Erinnerungen mit deren Tafeln zu zeigen (Anm.).

Sowohl für das „Lewh-i Mahfûz“, als auch für die Welt der Aufzeichnung sind zwei Zeugnisse, zwei kleine Exemplare und zwei Punkte das Gedächtnis und das Vorstellungsvermögen im Kopf des Menschen; die Tatsache, dass obwohl sie so klein wie eine Linse sind, in ihnen ohne durcheinander zu bringen, mit vollkommener Ordnung so viele Kenntnisse geschrieben werden wie in einer großen Bücherei, beweist, dass die größeren und erhabenen Exemplare jener zwei Sinne die Welt der Aufzeichnung und das „Lewh-i Mahfûz“ sind.

Es wurde mit erwiesener Gewissheit absolut erkannt, dass die Elemente der Luft und des Wassers, insbesondere das Wasser der Spermien und das Luft-Element, sehr über das Element der Erde hinaus noch mehr mit Weisheit, Willen und mit dem Stift der Vorbestimmung und der Allmacht geschrieben werden,.. dass es hundertfach undenkbar und in keiner Hinsicht möglich ist, dass der Zufall, die blinde Kraft, die taube Natur und die unbelebten und ziellosen Ursachen sich einmischen,.. und dass sie die Seite des Stifts der Vorbestimmung und der Weisheit des Allgewaltigen Allweisen sind.

Das Übrige wurde für jetzt nicht geschrieben lassen. Tausende Grüße an alle.

(2) اَلْبَاقِى هُوَ الْبَاقِى

Euer Bruder

Said Nursî

(Anm.): Weil aber Zeit und Umstände, Situation und Zustand es nicht erlauben, sie wie die sichtbaren Wahrheiten mit starken Argumenten und Zeugnissen zu beweisen, wurde es kurz gefasst.

(2) Der Beständige ist der Ewige.

Eine Anmerkung zum „Ein(en) Schlüssel der ‚Nur'-Welt"

Über das Thema „Radio" dieses „Schlüssels des ‚Nur'"

Mit zwei Studenten hörten wir einmal aus einem Radio, das sich in einem Auto befand, welches sich fortbewegte und mit keinem Draht verbunden war, einer Gedenkfeier zum Geburtstag des Propheten (A.S.M.) in der Ferne zu. Ich sagte zu diesen zwei „nur"-liebenden Studenten:

Ein Beweis dafür, dass wie bei dem Leben und der Existenz auch, ebenso beim „Licht" direkt die unmittelbare Manifestation der Allmacht Gottes klar zu sehen ist, ist der folgende: Es ist nicht, dass jetzt die nagel-wenige Luft, die sich in diesem Maschinchen befindet –ein kleines geistiges „Licht"–, nur den Worten zuhört und sagt, welche von dieser Gedenkfeier kommen; vielmehr hört sie Tausenden und Millionen Worten gleichzeitig zu und spricht sie, sodass sie die jeweils unterschiedlichen Worte auf Tausenden Radiostationen –wie auch die Worte, die wir jetzt hören– vernehmen und uns vernehmen lassen und sagen kann. Also wird ein sehr Beschränktes zum Umfassendsten... Auch versieht jenes ganz kleine Luftteilchen eine so große Aufgabe wie die Luftsphäre; das Kleinste wird so groß wie die gewaltige Luftsphäre.

Wenn es nicht der Manifestation der Überzeitlichen Allmacht zuerkannt wird, wird es zu solch einem sonderbaren abergläubischen Widerspruch, dass es in keine Phantasie passt. Weil die Umwandlung einer Sache in ihr Gegenteil unmöglich ist, müsste solcherweise tausendefach das Beschränkteste zum Umfassendsten werden –was sein Gegenteil ist–, das Kleinste zum Größten, das Unbelebteste, Unwissendste, Unbewussteste und Unfähigste zum Fähigsten, Intelligentesten, zum Willensstärksten und Bewusstesten, was unter hunderten Widersprüchen, Unmöglichkeiten und Aberglauben ein beispielloser Aberglauben ist. Also ist es eindeutig eine Manifestation der Überzeitlichen Allmacht.

Und denjenigen, der jene Manifestation allgemein in der Luftsphäre repräsentiert, zeigt die Bedeutung des folgenden segensreichen Hadîses, nämlich:

„Es gibt einen Engel, er hat vierzigtausend Köpfe. An jedem seiner Köpfe gibt es vierzigtausend Zungen; an jeder seiner Zunge bringt er vierzigtausend Preisungen dar. Er spricht vierundsechzig Trillionen Preisungen auf einmal." Also ist die Luftsphäre wie dieser Engel, d. h. entsprechend der Anzahl der Preisungen dieses Engels wird jedes schöne Wort auf der Seite der Luft aufgeschrieben.

Die Luftsphäre sagt: „Dieses Hadîs berichtet von mir bzw. von dem Engel, der mit der Aufsicht über mich beauftragt ist. Denn: Die Tatsache, dass alle Gespräche der Menschen und alle die übrigen unzähligen Stimmen trotz ihrer Vermischung ohne durcheinander zu bringen genau mit ihren Buchstaben und mit dem Akzent der Sprecher, mit ihren unterschiedlichen Stimmen ausgesprochen (durch ein einziges Luftteilchen gleichzeitig widergegeben) werden, zeigt: es gibt keine Hinsicht der Möglichkeit dafür, diese mit umfassendem Bewusstsein vollbrachte Tat, und alleine die Aufgabe eines einzigen Atoms, weder mir –d. h. der Luftsphäre–, noch den gesamten Ursachen zuzusprechen. Also ist es die Manifestation einer überall anwesenden und sehenden Allgegenwart und die Manifestation einer Überzeitlichen Allmacht, in der sich ein allbeherrschender Wille und ein allumfassendes Wissen befinden. Dafür ist einer unter Millionen Zeugen dessen das Radio."

Die Kurzbedeutung der Angelegenheit, die im „dreizehnten Wort" bei der Thematik der Abwägung der Weisheit des Kur'âns gegen die Weisheit der Philosophie erwähnt wurde, ist die folgende:

Die Philosophie der Menschen zieht über die Barmherzigkeits-Wunder der höchst erstaunlichen Wunder der Allmacht Gottes den Schleier der Gewohnheit. Die unter jenen Gewohnheiten befindlichen Beweise der Einsheit und jene Seine außergewöhnlichen Gaben sieht und zeigt sie nicht. Aber manche Sonder-Angelegenheiten, die von der Gewohnheit hinausgehen, sieht sie, nimmt sie wichtig.

Zum Beispiel: Die Wunder der Allmacht bei der Erschaffung des Menschen sieht sie nicht, misst ihnen keine Bedeutung bei. Aber einen von der Regel ausgenommenen zweiköpfigen, dreibeinigen Menschen sieht sie und lenkt mit Verwunderung und lautem Staunens-Geschrei die Aufmerksamkeit. Umfassende, allgemeine Wunder verbirgt sie unter dem Schleier der Gewohnheit; Dinge, die beschränkt und vom Gesetz ausgenommen sind und sich von ihrer Gruppe getrennt haben, macht sie zum Anlass zur Lehre.

Zum Beispiel auch die sehr erstaunliche, sehr wundervolle Ernährung der jungen Lebewesen bei den Tieren und Menschen: sie hält sie für gewöhnlich und misst ihr keine Bedeutung bei. Doch Fischer –so wie es einmal in Amerika eine Zeitung veröffentlicht hat–, die gesehen haben, dass einem Tierchen, welches seine Gruppe verlassen, sich von seinem Volk getrennt und in den Meeresgrund begeben hat, ein grünes Blatt als Nahrung in sein Mund gegeben wird, haben geweint und dies mit Großartigkeit ausgerufen – während es doch bei einem kleinsten jungen Lebewesen, bei seiner kewser-haften Nahrung in der Mutterbrust, tausende solcher Wunder der Barmherzigkeit und Güte gibt; die Philosophie der Menschen sieht sie nicht, dass sie danken, jenen Allbarmherzigen und Erbarmer erkennen und mit Dank erwidern sollte.

Nun also zerreißt die Weisheit des Kur'âns jenen Schleier der Gewohnheit, lehrt den Menschen jene umfassenden und allgemeinen erstaunlichen Wunder und außergewöhnlichen Gaben, lässt Allah erkennen und führt zum Gottesdienst für die umfassende Danksagung.

Und so ist auch einer der verblüffendsten, sonderbarsten Fehler der menschlichen Philosophie der folgende: Seine Willensfreiheit und sein Wille reichen (sogar) nicht fürs „Sprechen“, welches die augenfälligste und kleinste Tat von ihm ist; er kann es (selber) nicht schaffen – nur führt er die Luft in die Artikulationsstellen der Buchstaben ein; nach diesem kleinen Erwerb erschafft der Allerhabene Hak dann jene Worte und schreibt auf die Luft wiederum tausende Exemplare... Jemand, der ein Fünkchen Bewusstsein hat, wird verstehen, welch großer Fehler es ist, einem erstaunlichen umfassenden Wunder der Allmacht, zu dem alle Ursachen der Schöpfung unfähig sind, den Namen „menschliches Schaffen“ zu geben, obwohl der Mensch zum Schaffen dermaßen unfähig ist.

So ist ein Beispiel dafür: über einen hilflosen, absolut unfähigen Menschen der –um durch ein, hunderttausend Erstaunlichkeiten enthaltendes Gesetz Gottes das Profitieren der Menschen zu veranlassen– durch eine Entdeckung, d. h. durch das Radio, welches auf eine Eingebung Gottes, gleichsam als Erfüllung seiner aktiven Bittgebete hin entdeckt wurde, das Profitieren der Menschen veranlasst hat, zu sagen: „Ja, das Radio hat jener Erfinder geschaffen, und er hat die Elektrizitätskraft entdeckt. Und manche Entdecker versuchen, eine Substanz zu erfinden, um die Gedanken der Menschen abzulesen...“

Ja, der Allerhabene Hak –diese Seine Schöpfung ist ein Gästehaus, indem Er alles für den Menschen Nötige und Würdige erschaffen hat– gibt von der Art von Gastmählern Seine Gaben, die zu manchen Zeiten und Epochen verborgen blieben, als Resultat von Erforschungen –welche von Gedankenansammlung herrührt, was ein aktives Bittgebet darstellt– huldvoll in ihre Hände. Während es notwendig ist, dafür Dank zu sagen, betrachten sie es von der Art eines Undanks als die „Schaffung“ und Fähigkeit eines gewöhnlichen, unfähigen Menschen, lassen dann jene Erstaunlichkeiten vergessen, welche die Frucht eines umfassenden Bewusstseins, Wissens, Willens und einer Barmherzigkeit und Güte sind, zeigen nur einen dünnen Schleier von ihnen, überlassen sie dem unbewussten Zufall, der Natur und den unbelebten Substanzen und öffnen die Tür eines, dem Wesen des schönst vollendeten Menschen entgegengesetzten absoluten Unwissens. Folglich ist es, dem Grundsatz وَفِى كُلِّ شَىْءٍ لَهُ اٰيَةٌ تَدُلُّ عَلٰى اَنَّهُ وَاحِدٌ[1] entsprechend, dringend notwendig, die Geschöpfe in der Bedeutung zu betrachten, welche den Besitzer zeigt – damit der Mensch zum Menschen wird.

سُبْحَانَكَ لَا عِلْمَ لَنَٓا اِلَّا مَا عَلَّمْتَنَٓا اِنَّكَ اَنْتَ الْعَل۪يمُ الْحَك۪يمُ[2]

* * *

---

[1] In allen Dingen sind Zeichen von Ihm, dass Er alleinbesitzend ist.

[2] Gepriesen seist Du. Wir haben kein Wissen außer dem, was Du uns gelehrt hast; wahrlich, Du bist der Allwissende, der Allweise.

Zweiter Lichtstrahl (Şuâ)

Die letzte Frucht des Gefängnisses [1] von Eskişehir

Zweiter Lichtstrahl
des „Einunddreißigsten Glanzlichtes"

بسم الله الرحمن الرحيم [2]

Dieser Lichtstrahl ist zwar in gewissem Grade ungeordnet, weil er vor sechzehn Jahren im Gefängnis von Eskişehir in einer Zeit, als ich nach der Freilassung meiner Freunde alleine zurückblieb, äußerst schnell, mit meiner sehr mangelhaften Schrift in einer bedrückenden Zeit der Krankheit verfasst wurde, aber ich fand ihn dennoch während der Korrektur an diesen Tagen hinsichtlich des Glaubens und der Einheitsbezeigung als äußerst wertvoll, stark und wichtig.

Said Nursî

---

[1] In Anspielung auf das Verweilen Seiner Erhabenheit des Propheten Josef (A.S.) im Gefängnis durch Vorwurf und Ungerechtigkeit bezeichnet man den Ort, in dem Personen aufgrund ihres Dienstes für den Glauben und den Kur'ân (durch ungläubige Gewaltherrscher) eingesperrt werden, als Josefische Schule.

[2] Im Namen Allahs, des Allbarmherzigen, des Erbarmers.

Siebte große Feinheit über den großen Namen اَللهُ اَحَدٌ[1], bzw. die siebte der sechs Feinheiten der „sechs großen Namen“.

Zur Beachtung

Diese Abhandlung ist meines Erachtens von großer Bedeutung. Denn darin zeigen sich sehr wichtige und feine Geheimnisse des Glaubens. Jemand, der diese Abhandlung verstehend liest, wird inşâallah seinen Glauben erretten. Weil ich hier mit niemandem sprechen kann, konnte ich sie leider für mich ins Reine nicht schreiben lassen. Wenn du den Wert dieser Abhandlung erkennen willst, lies zuerst aufmerksam die anfängliche „zweite“ und „dritte Frucht“, das Schlusswort am Ende und die Problemstellung zwei Seiten vor dem Schlusswort, studiere sie dann mit Bedächtigkeit komplett durch!..

---

[1] Allah ist Allgegenwärtig.

UNTER DEN SECHS FEINHEITEN DER „SECHS GROßEN NAMEN“ IST SIE

Die siebte große Feinheit über اَللّٰهُ اَحَدٌ[1]

بِسْمِ اللّٰهِ الرَّحْمٰنِ الرَّحِيمِ

وَبِهِ نَسْتَعِينُ[2]

(Sie ist) eine Feinheit über drei sehr schöne, äußerst liebliche und höchst feine Früchte der Einheitsbezeigung, drei ihrer Erforderer und drei ihrer Zeugnisse – welche ich mittels einer prachtvollen Feinheit des Verses فَاعْلَمْ اَنَّهُ لَٓا اِلٰهَ اِلَّا اللّٰهُ[3] und durch den Hinweis und die Eingebung eines berühmten Schwurs des Propheten empfunden habe.

Wenn also der Ehrwürdige Gesandte Aleyhissalâtü Wesselâm schwört, ist es der Schwur وَالَّذِى نَفْسُ مُحَمَّدٍ بِيَدِهِ[4], den er am häufigsten gebraucht und wiederholt zu jeder Zeit verfügt. Und dieser Schwur zeigt, dass auch die umfassendste Ebene, höchste Spitze und die Enden und Einzelheiten des Schöpfungs-Baums durch die Allmacht und den Willen des

---

[1] Allah ist Allgegenwärtig.

[2] Im Namen Allahs, des Allbarmherzigen, des Erbarmers. * Und von Ihm erbitten wir Hilfe.

[3] Wisse, dass kein Gott außer Allah ist.

[4] Bei Dem, in dessen Hand die Seele Muhammeds ist.

Allgegenwärtigen Alleinbesitzenden Herrn erfolgen. Denn wenn die Seele Muhammeds Aleyhissalâtü Wesselâm, der der ausersehenste und außergewöhnlichste der Geschöpfe ist, nicht Herr seiner selbst und bei seinen Taten nicht frei ist und seine Handlungen an eine andere Wahl gebunden sind, dann kann zweifellos keine einzige Sache, Handlung, Lage oder Beschaffenheit –ob klein oder allgemein– außerhalb der Verfügung jener umfassenden Allmacht und allbeherrschenden Wahl sein.

Ja, das, was dieser sehr bedeutsame Schwur Muhammeds (A.S.M.) besagt, ist eine höchst gewaltige und umfassende Einheitsbezeigung der Allumsorgung. Und weil für den Beweis dieser Einheitsbezeigung hundert, sogar tausend klare Argumente in der Risale-i Nur erklärt werden –(in der) „Sirac'in-Nur“[(1)]–, werden die Details und Beweise dieser erhabenen Wahrheit ihr überlassen und in diesem „zweiten Lichtstrahl“ in drei kurz gefassten Abschnitten, *im ersten Abschnitt* dieser sehr wichtigen Glaubenswahrheit unter unzähligen sehr lieblichen und süßen und sehr wertvollen und glänzenden Früchten drei umfassende Früchte äußerst kurz gefasst dargelegt, sowie auf meine Empfindungen und Gefühle hingewiesen, die mein Herz zu jenen Früchten gebracht haben.

Im zweiten Abschnitt wiederum werden drei umfassende Erforderer und voraussetzende Gründe dieser heiligen Wahrheit dargelegt – und jene drei Erforderer haben die Stärke von dreitausend Erforderern.

Und im dritten Abschnitt werden drei Anzeichen jener Wahrheit der Einheitsbezeigung erwähnt werden – und jene drei Anzeichen haben die Stärke von dreihundert Anzeichen, Indizien und Beweisen.

---

(1) „Lampe des ‚Nur'“ (einer der Namen der Risale-i Nur).

Des ersten Abschnitts

ERSTE FRUCHT

Bei der Einheitsbezeigung und Einheit treten das Cemâl Gottes und die Vollkommenheit des Allumsorgers in Erscheinung. *Wenn Einheit nicht bestünde, bliebe jener überzeitliche Schatz verborgen. Ja, grenzenlose Cemâls und Vollkommenheiten Gottes, endlose Liebenswürdigkeiten und Schönheiten des Allumsorgers, zahllose Wohltaten und Werte des Allbarmherzigen und unendliche Cemâl-Vollkommenheit des Samed zeigen sich nur im Spiegel der Einheit und in den Erscheinungen der Namen, die sich mittels der Einheit auf den Individuen an den Enden des Schöpfungs-Baums konzentrieren.*

Zum Beispiel die kleine Handlung, einem schwachen und willenlosen Junglebewesen von einer unverhofften Stelle, d. h. zwischen Blut und Exkrementen, eine weiße, reine, saubere Milch zu Hilfe zu schicken: Wenn aus der Sicht der Einheitsbezeigung geschaut wird, wird auf einmal dadurch, dass alle Junglebewesen äußerst erstaunlich und äußerst liebevoll umfassend und allgemein ernährt werden und sie ihre Mütter sich gehorsam machen, das unvergängliche Cemâl der Gnade des Allbarmherzigen mit vollkommener Pracht sichtbar. Wenn nicht aus der Sicht der Einheitsbezeigung geschaut wird, verbirgt sich jenes Cemâl, und jene kleine Ernährung wiederum wird den Ursachen, dem Zufall und der Natur übertragen, verliert ganz und gar ihren Wert, sogar ihr Wesen.

Zum Beispiel auch von einer furchtbaren Krankheit Heilung zu finden: Wenn aus der Sicht der Einheitsbezeigung geschaut wird, ist auf einmal dabei, allen Leidenden in dem „Erde“ genannten größten Krankenhaus aus der „Schöpfung“ genannten größten Apotheke durch ihre Heilmittel und Abhilfen huldvoll Heilung zu geben, das Cemâl des Mitleids des Absolut Erbarmungsvollen und die Schönheiten Seines Erbarmens umfassend und prachtvoll zu sehen. Wenn nicht aus der Sicht der Einheitsbezeigung geschaut wird, wird auch jenes kleine, aber wissend und sehend erfolgende bewusste Heilen den Eigenschaften der leblosen Mittel, der blinden Kraft und der bewusstlosen Natur zugeschrieben; es verliert ganz und gar seine Besonderheit, Weisheit und Bedeutung.

Ich erkläre eine Feinheit eines Salawâtes, die im Zusammenhang mit dieser Stelle einfiel, folgenderweise:

Es ist wegen der Wichtigkeit des

(1) اَللّٰهُمَّ صَلِّ عَلٰى سَيِّدِنَا مُحَمَّدٍ وَعَلٰى اٰلِ سَيِّدِنَا مُحَمَّدٍ بِعَدَدِ كُلِّ دَاءٍ
وَدَوَاءٍ وَبَارِكْ وَسَلِّمْ عَلَيْهِ وَعَلَيْهِمْ كَثِيرًا كَثِيرًا ۞

– welcher ein Salawât ist, der zum Schluss der Lobpreisungen des Gebets bei den Şafiîten sehr gebräuchlich und berühmt ist: weil die Erschaffungs-Weisheit des Menschen und das Geheimnis seiner Umfassendheit die ist, zu jeder Zeit, zu jeder Minute zu seinem Schöpfer Zuflucht zu nehmen, zu flehen, Ihn zu lobpreisen und Ihm zu danken, und weil die stärksten und wirksamsten Antriebe, die den Menschen anregend zum „Hofe" Gottes führen, die Krankheiten sind, zugleich die lieblichen Gaben wiederum, die den Menschen vollkommen begeistert zum Dank führen und im wahrsten Sinne dankbar machen und lobpreisen lassen, allen voran die Heilungen, Abhilfen und die Gesundheit sind, gewann dieser segensreiche Salawât Ehre und ist sinnvoll geworden.

---

(1) O mein Allah, schenke Barmherzigkeiten unserem Herrn Muhammed und den Angehörigen unseres Herrn Muhammed, entsprechend der Anzahl aller Krankheiten und Abhilfen, sowie Segen und Frieden über ihn und über sie in Hülle und Fülle.

Immer wenn ich manchmal بِعَدَدِ كُلِّ دَآءٍ وَدَوَآءٍ[1] sage, fühle ich –die Erdkugel in Form eines Krankenhauses– sehr offenkundig die Existenz, das umfassende liebevolle Mitleid und heilige und weite Erbarmen des Wahren Heilers, der die Abhilfen aller materiellen und geistigen Leiden und Bedürfnisse huldvoll gewährt.

Zum Beispiel auch einem Menschen, der den höchst furchtbaren geistigen Schmerz des Irrwegs fühlt, durch den Glauben die Rechtleitung zu schenken: Wenn aus der Sicht der Einheitsbezeigung betrachtet wird: Dabei, dass dieser unbedeutende, vergängliche und unfähige Mensch ein angeredeter Diener seines Angebeteten wird, der der Erschaffer und Sultan der ganzen Schöpfung ist, dass ihm mittels dieses Glaubens eine ewige Glückseligkeit und ein gigantischer, sehr weiter und prachtvoller beständiger Besitz und eine beständige Welt geschenkt wird, und wie ihn auch alle Gläubigen ihrem Rang entsprechend jene Güte erfahren zu lassen, wird auf einmal auf dem Gesicht und Antlitz dieses größten Hulderweises eine solche überzeitliche Schönheit und unvergängliche Cemâl eines Freigebigen und Wohltätigen Herrn sichtbar, die (schon) durch ein Glanzlicht von ihr alle Gläubigen für sich zum Freund und ihre Hervorragenden zum Verliebten macht... Wenn nicht aus der Sicht der Einheitsbezeigung betrachtet wird, überlässt er jenen kleinen Glauben entweder wie die anmaßenden und hochmütigen Mu'tezile sich selber, oder manchen Ursachen, sodass dieser, durch den Allbarmherzigen gegebene Brillant, dessen wahrer Preis und Wert das Paradies ist, zu einer Glasscherbe herabfällt und das Glanzlicht des heiligen Cemâls, für das er ein Spiegel ist, verliert.

---

[1] Entsprechend der Anzahl aller Krankheiten und Abhilfen.

Entsprechend diesen drei Beispielen also werden an den einzelnen Zuständen der Bestandteile an der Spitze der Ebene-der-Vielheit im Punkte der Einheitsbezeigung tausende Kategorien und hunderttausend Arten des Cemâls Gottes und der Vollkommenheit des Allumsorgers –weil sie sich bei ihnen konzentrieren– sichtbar, verständlich, gekannt, ihre Bestätigung erwiesen.

Weil also bei der Einheitsbezeigung die Cemâl und Vollkommenheit Gottes mit dem Herzen gesehen und mit der Seele gefühlt wird ist es, dass alle Gottesfreunde und Asfiya's ihre angenehmste Empfindung und süßeste geistige Nahrung in der Rezitation und Wiederholung des لَآ اِلٰهَ اِلَّا اللّٰهُ[1] finden, welches das Wort der Einheitsbezeigung ist.

Weil sich auch in dem Wort der Einheitsbezeigung die Gewaltigkeit der Größe, die Allgewalt des Allgepriesenen und die absolute Herrschaft der Allumsorgung des Samed bewahrheiten ist es, dass der Ehrwürdige Gesandte Aleyhissalâtü Wesselâm verfügt hat:

اَفْضَلُ مَا قُلْتُ اَنَا وَالنَّبِيُّونَ مِنْ قَبْلِى لَآ اِلٰهَ اِلَّا اللّٰهُ

– d. h.: „Das überlegenste und wertvollste Wort von mir und der Propheten, die vor mir gekommen sind, ist der Ausdruck لَآ اِلٰهَ اِلَّا اللّٰهُ[2]".

Ja, weil eine ganz kleine Wohltat, Gabe oder Nahrung wie z. B. eine Frucht, eine Blume oder ein Licht –während sie ein kleiner Spiegel sind– aus dem Geheimnis der Einheitsbezeigung auf einmal mit allen ihrer Artgenossen Schulter an Schulter geben und sich verbinden, wird jene Art zu einem großen Spiegel und zeigt eine Form des Cemâls Got-

[1] Es gibt kein Gott außer Allah.

[2] Es gibt kein Gott außer Allah.

tes, welches sich speziell bei jener Art manifestiert. Und durch eine vergängliche und vorübergehende Schönheit zeigt sie eine Art beständige ewige Schönheit auf. Und gemäß dem Geheimnis von

آن خيالاتى كه دام اوليا ست ❀ عكس مه‌رويان بوستان خدا ست[1], wie es Mevlânâ Celâleddin gesagt hat, wird sie zu einem Spiegel des Cemâls Gottes... Andernfalls, wenn das Geheimnis der Einheitsbezeigung nicht wäre, bliebe jene kleine Frucht für sich allein, würde weder jenes heilige Cemâl aufzeigen, noch jene erhabene Vollkommenheit. Und auch ein schwaches Glanzlicht in ihr würde erlöschen und entschwinden; sie würde geradezu umgekehrt und aus Diamant zum Glas werden.

Auch kommen durch das Geheimnis der Einheitsbezeigung bei den Lebewesen, welche die Früchte des Schöpfungs-Baums sind, eine Persönlichkeit Gottes, eine Allgegenwart des Allumsorgers und hinsichtlich der sieben Eigenschaften ein geistiges Antlitz des Allbarmherzigen, eine Konzentration der Namen und eine Erscheinung der Präzisierung und Personifikation des Herrn, der in der Anrede im اِيَّاكَ نَعْبُدُ وَاِيَّاكَ نَسْتَعِينُ[2] *angesprochen wird, zum Vorschein...* Andernfalls dehnen sich jene Persönlichkeit, jene Allgegenwart, jenes Antlitz, die Erscheinung jener Präzisierung aus und verbreiten, verstreuen und verbergen sich im Ausmaß der Schöpfung – nur sehen sie sehr große und umfassende Herzensaugen; denn Gewaltigkeit und Größe wird zum Schleier, nicht das Herz eines jeden vermag sie zu sehen.

---

[1] Die Phantasien, die zur Falle für die Gottesfreunde wurden, sind die Spiegelungen der Blumen des Gartens Gottes.

[2] Dir allein dienen wir, und Dich allein bitten wir um Hilfe.

Auch wird bei jenen kleinen Lebewesen sehr klar verständlich, dass ihr Künstler sie sieht, kennt, ihnen zuhört, sie nach Seinem Willen schafft. Geradezu wird hinter dem Künstlerischsein jenes Lebewesens eine geistige Personifikation und Präzisierung eines allmächtigen, frei wählenden, allhörenden, allwissenden und allsehenden Herrn sichtbar für den Glauben. Und insbesondere bei dem Erschaffensein des Menschen unter den Lebewesen kann man sehr offenkundig jene geistige Personifikation, jene heilige Präzisierung mit dem Geheimnis der Einheitsbezeigung, mit dem Glauben erschauen. Denn von den Bedeutungen wie Wissen, Macht, Leben, Hören und Sehen, welche die Fundamente jener Personifikation der Allgegenwart sind, gibt es sowohl ihre Muster beim Menschen – mit jenen Mustern weist er auf sie hin; denn z. B. sieht der Herr, der das Auge gibt, sowohl das Auge, als auch sieht Er das mit dem Auge Gesehene, was eine feine Bedeutung ist, gibt es danach. Ja, der Optikermeister, der eine Brille für deine Augen verfertigt, sieht, dass die Brille den Augen gut steht, macht es danach. Und der Herr, der die Ohren gibt, hört zweifellos das, was die Ohren hören, und macht und gibt sie danach. Möge man die übrigen Eigenschaften daran messen... Auch gibt es beim Menschen die Ornamente und Erscheinungen der Namen; durch sie bezeugt er jene heiligen Bedeutungen (die Namen)... Auch wird der Mensch mit seiner Schwäche, Unfähigkeit, Bedürftigkeit und seinem Unwissen auf eine andere Weise zum Spiegel und bezeugt wieder die Allmacht, das Wissen, den Willen u. dgl. m. die übrigen Eigenschaften des Herrn, der sich seiner Schwäche und Bedürftigkeit erbarmt und hilft.

Weil also an den Spitzen der Ebene-der-Vielheit und an ihren verstreutesten Bestandteilen durch das Geheimnis der Einheitsbezeigung tausendundeine Namen Gottes in den „Lebewesen" genannten winzigen Briefen sich konzentrieren und klar zu lesen sind, vervielfältigt der Allweise Künstler die

Exemplare der Lebewesen sehr. Und insbesondere bei den Gruppen der Kleinen der Lebewesen vervielfältigt Er sehr zahlreich ihre Exemplare und verbreitet sie nach allen Gegenden.

Was mich zu der Wahrheit dieser ersten Frucht gebracht und geführt hat, war ein empfundenes Gefühl von mir; folgenderweise:

Einmal berührten wegen meiner großen Rührung und wegen des großen Mitgefühls und Mitleidempfindens die Zustände der Lebewesen, unter ihnen vor allem der Bewusstseinsbesitzer, insbesondere der Menschen und insbesondere der Unterdrückten und Leidtragenden äußerst mein Mitgefühl, mein Mitleid und mein Herz. Ich sagte im Herzen: „Die Leiden dieser unfähigen und schwachen Hilflosen werden durch diese monotonen Gesetze, die in der Schöpfung herrschen, nicht beachtet; es hören sie auch nicht die Elemente und Geschehnisse, die überflutend und taub sind. Gibt es niemanden, der sich diesen ihren zerrütteten Zuständen erbarmt und sich um ihre individuellen Umstände kümmert?" So wehklagte meine Seele aus sehr Tiefem. Auch schrie mein Herz aus ganzer Kraft: „Gibt es für diese sehr schönen Diener, sehr wertvollen Güter und sehr ersehnenden und dankbaren Freunde nicht einen Herrn, Besitzer und wahren Freund, der sich um ihre Umstände kümmert, sich ihrer annimmt und sie beschützt?"

Nun also ist die genügende, ausreichende, beruhigende und überzeugende Antwort auf den Hilferuf meiner Seele und den Wehgeschrei meines Herzens (die folgende): Ich habe durch das Geheimnis des Kur'âns und das Licht des Glaubens erkannt, dass der Allgewaltige Herr, der Allbarmherzig und Erbarmungsvoll ist, auf das Geheimnis der Einheitsbezeigung hin für jene Seine lieblichen Diener, die unter den Bedrängnissen der allgemeinen Gesetze und den Angriffen der Geschehnisse weinen und klagen, über die Gesetze hinaus besondere Hulderweise, spezielle Hilfen und direkt für alle eine persönliche Allumsorgung hat, alle Dinge selber persönlich betreut, die Leiden aller selber hört und der wahre Herr, Besitzer und Beschützer aller Dinge (Er) ist. Anstelle jener endlosen Verzweiflung habe ich eine grenzenlose Freude empfunden.

Und ein jedes Lebewesen hat aufgrund seiner Zugehörigkeit und Dienstbarkeit zu solch einem Allgewaltigen Besitzer in meinen Augen eine tausendefache Bedeutung und Wert erlangt. Denn da nun jeder mit der Ehre seines Herrn und dem Rang und Ruhm der Person, der er zugehört, sich rühmt und eine Wertschätzung erlangt, kann gewiss –in Form der Erkennung dieser Zugehörigkeit und Dienstbarkeit durch das Licht des Glaubens– eine Ameise einen Pharao mit der Kraft dieser Zugehörigkeit besiegen, als auch sich mit der Ehre dieser Zugehörigkeit so sehr rühmen wie tausende gottvergessene Pharaonen, die sich als Herr ihrer selbst und als herrenlos denken, sich mit ihren Ahnen und mit dem Besitz Ägyptens rühmen und deren jener Stolz an der Grabestür erlischt. Und auch die Fliege kann gegen den Stolz Nimrods, welcher sich beim Todesrausch zur Qual und Scham ändert, die Ehre ihrer eigenen Zugehörigkeit zeigen und die seine zunichte machen.

Also besagt der Vers إِنَّ الشِّرْكَ لَظُلْمٌ عَظِيمٌ[1] und bringt zum Ausdruck, dass in der Beigesellung ein grenzenloses und sehr großes Unrecht liegt. Die Beigesellung ist solch ein Vergehen, welches ein Angriff auf das Recht, die Ehre und die Würde eines jeden Geschöpfes ist; nur die Hölle vermag es zu erledigen.

---

[1] Wahrlich, die Beigesellung ist ein gewaltiges Verbrechen.

ZWEITE FRUCHT DER EINHEITSBEZEUGUNG

So wie die erste Frucht sich auf den Heiligsten Herrn bezieht –Erschaffer der Schöpfung–, so bezieht sich die zweite Frucht wiederum auf das Wesen und den Charakter der Schöpfung.

Ja, durch das Geheimnis der Einheit verwirklichen sich die Vollkommenheiten der Schöpfung, werden die erhabenen Aufgaben der Existierenden erkannt, nehmen die Resultate der Erschaffung der Geschöpfe endgültige Form an, werden die Werte der Kunstwerke begriffen, kommen die Absichten Gottes bei dieser Schöpfung zum Vorschein, stellt sich die Weisheit und das Geheimnis der Schaffung der Lebewesen und Bewusstseinsbesitzer heraus, werden hinter den wütenden, bitteren Gesichtern der überwältigenden Stürme bei diesen ungeheuren Wandlungen die lächelnden, schönen Gesichter der Barmherzigkeit und Weisheit sichtbar, und weiß man, dass die Existierenden, die in der Vergänglichkeit und Vernichtung entschwinden, viele Körper wie z. B. ihr Resultat, ihre Identität, ihr Wesen, ihre Seele und ihre Lobpreisungen an ihrer Stelle in der Welt der Bezeugung lassen und danach gehen. Und es erfolgt einzig und allein durch das Geheimnis der Einheitsbezeugung, dass man begreift, dass die Schöpfung von einem Ende zum andern ein bedeutungsvolles Buch des Samed ist, die Existierenden von der Erde bis zum „Thron“ eine höchst wundervolle Zusammenstellung von Briefen des Allgepriesenen, alle Gruppen der Geschöpfe eine höchst geordnete und prächtige Armee des Allumsorgers und alle Stämme der Kunstwerke von der Mikrobe, Ameise bis hin zum Nashorn, zu den Adlern und Planeten äußerst auftragsliebende Diener des Überzeitlichen Sultans,.. dass alle Dinge hinsichtlich des Spiegelwerdens und der Zugehörigkeit einen tausendefach höheren Wert annehmen als ihr persönlicher Wert,.. und dass sich jemandem die Bedeutungen der ungelösten geheimnisvollen Fragen öffnen: „Woher kommt der Fluss der Existierenden und die Schar der Geschöpfe, wohin werden sie gehen, und wozu sind sie gekommen, was tun sie?“... Andernfalls werden diese genannten hohen Vollkommenheiten der Schöpfung erlöschen und jene ihre erhabenen und heiligen Wahrheiten in ihr Gegenteil umschlagen.

Weil also das Verbrechen der Beigesellung und des Unglaubens ein Angriff auf alle Vollkommenheiten, erhabenen Rechte und heiligen Wahrheiten der Schöpfung ist, ist es, dass über die Beigeseller und Ungläubigen die Schöpfung wütend wird, die Himmel und die Erde sich erzürnen und für deren Vernichtung die Elemente sich zusammenschließen und die Beigeseller wie z. B. das Volk von Noah (Aleyhisselâm), Âd, Semûd und Pharao ersticken und ertränken. Gemäß dem Geheimnis des Verses تَكَادُ تَمَيَّزُ مِنَ الْغَيْظِ[1] wird sogar die Hölle auf die Beigeseller und Ungläubigen derart wütend und entbrennt heftig, dass sie zum Grade des Zerreißens gelangt. Ja, die Beigesellung ist eine große Beleidigung der Schöpfung und ein gewaltiger Angriff gegen sie. Und durch Leugnung der heiligen Aufgaben der Schöpfung und der Weisheiten der Erschaffung bricht sie deren Ehre. Als Muster werden wir unter tausenden Beispielen auf ein einziges Beispiel hinweisen.

Zum Beispiel wird die Schöpfung durch das Geheimnis der Einheit wie zu einem solch großen und körperlichen Engel: obwohl er eine Erstaunlichkeit der Geschöpfe ist, welche hunderttausende Köpfe wie die Anzahl der Arten der Existierenden hat, an jedem Kopf mit hunderttausenden Mündern an der Zahl der Individuen in jener Art, und in jedem Mund mit hunderttausenden Zungen an der Menge der Ausrüstungen, Teile, Glieder und Zellen jenes Individuums seinen

---

[1] Fast möchte sie bersten vor Wut.

Künstler heiligend lobpreist, İsrâfîl-ähnlich bei der Dienstbarkeit Besitzer eines erhabenen Rangs ist,.. ebenso: obwohl sie durch das Geheimnis der Einheitsbezeigung ein Acker ist, der für die Welten und Wohnstätten des Jenseits viele Erträge hervorbringt,.. eine Fabrik, die für die Ebenen der Stätte der Glückseligkeit mit vielen ihren Produkten –wie z. B. die menschlichen Taten– notwendige Dinge beschafft,.. und eine Kamera mit einem Kino mit hunderttausend Flächen, die ständig arbeitet, um in der Welt der Beständigkeit, insbesondere den Betrachtern im Hohen Paradies, von der Welt entnommene ewige Bilder zu zeigen,.. kehrt die Beigesellung jedoch diesen sehr erstaunlichen und ganz gehorsamen lebendigen und körperlichen Engel in die Gestalt einer verwahrlosten nutzlosen Zusammenstellung um, welche unter dem Chaos der starren, seelenlosen, vergänglichen, auftragslosen, erlöschenden, sinnlosen Geschehnisse, in den Stürmen der Umwandlungen und in der Finsternis der Nichtexistenz sich herumwälzt,.. ebenso (kehrt sie) diese sehr außergewöhnliche und vollkommen geordnete nutzvolle Fabrik als ertraglos, ergebnislos, unbeschäftigt, untätig, ganz durcheinander in die (Gestalt) eines Spielzeugs unbewusster Zufälle, Spielplatzes der tauben Natur und der blinden Kraft, Trauerhauses aller Bewusstseinsbesitzer und Schlachthauses und Trauerplatzes aller Lebewesen um.

Nun also; gemäß dem Geheimnis

إِنَّ الشِّرْكَ لَظُلْمٌ عَظِيمٌ[1]: Obwohl die Beigesellung eine einzige schlechte Tat ist, wie sehr wird sie doch Ursache für viele und große Verbrechen, sodass sie eine endlose Strafe in der Hölle verdienen lässt. Wie dem auch sei... Weil in der „Sirac'in-Nur" die Erklärungen und Zeugnisse dieser zweiten

[1] Wahrlich, die Beigesellung ist ein gewaltiges Verbrechen.

Frucht mehrfach dargelegt wurden, haben wir diese lange Sache kurz belassen.

Was mich zu dieser zweiten Frucht geführt und gebracht hat, war ein erstaunliches Gefühl und eine außerordentliche Empfindung; folgenderweise:

Als ich einmal im Frühling spazieren ging, sah ich: Der Zustand, dass auf der Erde in einem Verlauf und Fluss, welcher hunderttausende Exemplare der Größten Auferstehung und Verteilung zeigt, die Schar nach Schar vorbeiziehenden Existierenden, vor allem die belebten Geschöpfe, insbesondere die ganz kleinen Lebewesen sich für kurze Zeit zeigen und unmittelbar darauf verschwinden, sowie die Tafeln des Todes und Entschwindens in ständiger ungeheurer Aktivität erschienen mir sehr trauervoll und ließen mich vor tiefer Rührung weinen. Immer wenn ich das Sterben dieser schönen Tierchen sah, bemitleidete mein Herz: „Oh, wie traurig! Ach, welch Unglück!"; und so fühlte ich unter diesen Ach's und Weh's aus Tiefstem ein Wehgeschrei der Seele. Und ein zu solchem Ende führendes Leben wiederum fand ich eine Qual, schlimmer als der Tod.

Auch die Lebewesen in der Pflanzen- und Tierwelt, die äußerst schön, lieblich und in sehr wertvoller Kunst sind, öffnen für eine Minute ihre Augen, schauen auf diesen Ausflugsort der Schöpfung und gehen in derselben Minute zugrunde. Immer wenn ich diesen Zustand betrachtete, schmerzte es sehr mein Herz; mit Weinen möchte es sich beschweren: „Warum kommen sie und gehen ohne zu verbleiben?" So stellte mein Herz furchtbare Fragen an das Schicksal; und immer wenn ich sah, dass diese lieblichen Kunstwerke, die solcherweise nutz-, zweck- und ergebnislos schnell vernichtet werden, zuerst vor unseren Augen mit so viel Sorgfalt, Aufmerksamkeit, Kunst, Ausrüstung, Allumsorgung und Betreuung auf wertvolle Weise geschaffen, dann wie äußerst bedeutungslose Fetzen zerrissen und in die Finsternisse der Nichtigkeit geworfen werden, wehklagten und schrien alle meine Feinsinne und Gefühle, welche von Vollkommenheiten entzückt, den Lieblichkeiten ergeben und in wertvolle Dinge verliebt sind: „Warum wird sich ihnen nicht erbarmt? Ist es nicht schade um sie? Woher ist diese Vergänglichkeit und Vernichtung bei diesem schwindelerregenden Kreislauf gekommen und hat diese Hilflosen heimgesucht?"...

In dem Augenblick, als auf diese Weise wegen seiner schmerzvollen Umstände auf dem äußeren Antlitz des Schicksals des Lebens furchtbare Widersprüche gegen die Vorbestimmung begannen, kam auf einmal mit dem Licht des Kur'âns, dem Geheimnis des Glaubens und der Güte des Allbarmherzigen die Einheitsbezeigung zu meiner Hilfe, belichtete jene Finsternisse, änderte meine Ach's, Weh's und mein Weinen zu Freuden und meine „Wie traurig"-Sagungen zu „Maşâallah, Bârekallah"s, ließ mich „Elhamdülillâhi alâ Nur'il-îmân" [1] sagen. Denn durch das Geheimnis der Einheit habe ich erkannt, dass ein jedes Geschöpf, insbesondere ein jedes Lebewesen aus dem Geheimnis der Einheitsbezeigung viele große Resultate und allgemeine Nutzen hat.

Unter anderem: Ein jedes Lebewesen, z. B. diese schmuckvolle Blume und dieses süß-herstellende Insekt, ist ein solch bedeutsames, göttliches, gereimtes Lobgedichtchen, dass ihn unzählige Bewusstseinsbesitzer mit vollem Genuss studieren. Und es ist ein solch wertvolles Wunder der Allmacht und ein Verkündungsschreiben der Weisheit, dass es die Kunst seines Künstlers vor unzähligen Würdigern attraktiv vorführt. Ebenso ist es ein sehr hohes Resultat seiner Erschaffung, vor dem Blick der Bezeugung des Allgewaltigen Fortgestalters zu erscheinen und diesen zu erlangen, der (nämlich) Seine eigene Kunst selbst betrachten, das Cemâl

[1] „Alles Lob und Dank sei Allah für das Licht des Glaubens."

Seiner eigenen Erschaffung selber sehen und sich die Schönheiten der Erscheinungen Seiner eigenen Namen in Spiegelchen selber anschauen möchte. Auch ist ebenso sein fünf-aspektiger Dienst –wie im „vierundzwanzigsten Brief“ dargelegt– für das Sich-Zeigen der Allumsorgung und für das Deutlichwerden der Vollkommenheiten Gottes, welche die endlose Aktivität in der Schöpfung erfordern, eine erhabene Aufgabe seiner Erschaffung.

Und außer, dass es solche Nutzen und Resultate zeitigt, habe ich es auch in der Art gesehen, dass es in dieser Welt der Bezeugung an seiner Stelle, wenn es ein Seelenbesitzer ist, seine Seele, und in unzähligen Gedächtnissen und anderen Tafeln der Aufbewahrung seine Gestalt und Identität, in seinen Samenkörnern und Eierchen die Gesetze seines Wesens und in gewisser Art sein künftiges Leben, und in der Welt des Verborgenen und im Bereich der Namen die von ihm gespiegelten Vollkommenheiten und Schönheiten hinterlässt, mit äußerlichem Sterben in der Bedeutung einer freudigen Abberufung hinter den Schleier eines Entschwindens tretet und sich nur vor weltlichen Augen versteckt, habe (sodann) „Ah, Elhamdülillâh!“ gesagt.

Ja, diese Cemâls und Schönheiten, die auf allen Ebenen der Schöpfung und bei ihren gesamten Arten zu sehen sind, nach überall hin Wurzel schlagen, sehr grundlegend, sehr ansehnlich, fehlerlos und höchst glanzvoll sind, zeigen, dass der vorherige, von der Beigesellung bedingte Zustand, welcher sehr hässlich und hart und höchst widerwärtig und zerrüttet ist, zweifellos unmöglich und nur gedacht ist. Denn hinter dem Schleier solch einer sehr grundlegenden Schönheit kann sich eine derart furchtbare Hässlichkeit nicht verbergen und befinden. Wenn sie sich befände, würde jenes wahre Cemâl unwahr, unrichtig, ohne Sinn und nur gewähnt sein. Das bedeutet, an der Beigesellung ist nichts Wahres, ihr Weg ist gesperrt, endet im Sumpf; ihre Geltung ist undenkbar, unmöglich.

Weil diese erwähnte gefühlsmäßige Glaubenswahrheit detailliert und mit sicheren Beweisargumenten in mehreren Abhandlungen der „Sirac'in-Nur" dargelegt wird, begnügen wir uns hier mit diesem ganz kurzen Hinweis.

DRITTE FRUCHT

Sie bezieht sich auf die Bewusstseinsbesitzer, insbesondere auf den Menschen.

Ja, durch das Geheimnis der Einheit kann der Mensch unter allen Geschöpfen ein Besitzer großer Vollendetheit, die wertvollste Frucht der Schöpfung, der zarteste und hervorragendste der Geschöpfe, der meist glückliche und beglückte der Lebewesen und der Angeredete und Freund des Erschaffers der Schöpfung werden. Sogar sind alle menschlichen Vollkommenheiten und alle hohen Absichten des Menschen an die Einheitsbezeigung geknüpft und kommen durch das Geheimnis der Einheit zustande. Andernfalls, wenn Einheit nicht bestünde, würde der Mensch zum unglücklichsten der Geschöpfe, zum niedersten der Existierenden, zum meist bedauernswerten der Lebewesen und zum traurigsten, qual- und kummervollsten der Bewusstseinsbesitzer werden. Denn während der Mensch eine grenzenlose Unfähigkeit und unzählige Feinde, sowie grenzenlose Bedürftigkeit und unzählige Bedürfnisse hat, ist sein Wesen mit solch vielen und verschiedenen Apparaten und Gefühlen ausgerüstet, dass er hunderttausend verschiedene Leiden empfindet und auf hunderttausende Weisen Genüsse erlebt und verlangt. Und er hat solche Absichten und Wünsche, dass ein Herr, der nicht gleichzeitig über die gesamte Schöpfung herrscht, jene Wünsche nicht erfüllen kann.

Zum Beispiel gibt es beim Menschen einen enorm starken Wunsch nach Beständigkeit. Dieses Ziel des Menschen kann solch ein Herr gewähren, der die gesamte Schöpfung wie ein

Schloss verwaltet. Er muss in leichter Weise wie die Tür eines Zimmers zu schließen und die Tür einer anderen Räumlichkeit zu öffnen, es vermögen, die Tür der Welt zu schließen und die Tür des Jenseits zu öffnen.

Der Mensch hat wie diesen Wunsch nach Beständigkeit tausende sich in Richtung der Ewigkeit erstreckende und in (alle) Gegenden der Schöpfung ausweitende ablehnende wie bejahende Wünsche, sodass der Herr, der durch deren Bewilligung die Unfähigkeit und Bedürftigkeit des Menschen heilt –welche seine zwei furchtbaren Wunden sind– nur der Allgewaltige Herr sein kann, der mit dem Geheimnis der Einheit die gesamte Schöpfung in Seiner Hand hält.

Auch hat der Mensch solche, die Geborgenheit und Ruhe seines Herzens betreffende ganz feine, verborgene und kleine Begehren und solche, der Beständigkeit und Glückseligkeit seiner Seele dienlichen großen, umfänglichen und universellen Absichten, dass diese ein solcher Herr gewähren kann, der die feinsten und ungesehenen Schleier des Herzens sieht, nicht gleichgültig bleibt, und seine unauffälligsten und unvernehmbaren äußerst verborgenen Stimmen hört, nicht unbeantwortet lässt; ebenso muss Er so mächtig sein, dass Er die Himmel und die Erde wie zwei gehorsame Soldaten Seinen Befehlen gefügig macht und umfassende Dienste verrichten lässt.

Auch bekommen alle Apparate und Gefühle des Menschen durch das Geheimnis der Einheit einen enorm hohen Wert und verfallen durch Beigesellung und Unglauben in höchstem Grade.

Zum Beispiel: Das wertvollste Apparat des Menschen ist der Verstand. Wenn es gemäß dem Geheimnis der Einheitsbezeigung ist, wird dieser Verstand zu seinem brillantenen Schlüssel, der (für ihn) sowohl göttliche heilige Schätze, als auch tausende Schätze der Schöpfung öffnet. Wenn er in

Beigesellung und Unglauben fällt, wird dieser Verstand zu einem unheilvollen und plagenden Unglückswerkzeug, welches die schmerzvollen Trauer der vergangenen Zeit und die grauenvollen Ängste der künftigen Zeit um den Menschen ansammelt.

Zum Beispiel auch das Mitleid, welches ein sehr feiner und lieblicher Charakter des Menschen ist: wenn das Geheimnis der Einheitsbezeigung ihm nicht zu Hilfe eilt, wird es zu einem dermaßen furchtbaren Brennen, einer Trennung, Rührung und einem Unglück, dass es den Menschen auf eine unglücklichste Stufe hinunterbringt. Eine gottvergessene Mutter, die ihr einziges liebliches Kind ewig verliert, fühlt dieses Brennen gänzlich.

Zum Beispiel auch die Liebe, welche eine sehr genussvolle, angenehme und wertvolle Empfindung des Menschen ist: wenn das Geheimnis der Einheitsbezeigung hilft, vergrößert sie diesen winzigen Menschen so sehr wie die Schöpfung, gibt ihm eine Weite und macht ihn zu einem feinen Sultan der Geschöpfe. Wenn sie in Beigesellung und Unglauben fällt –Allah bewahre–, wird sie zu solch einem Unglück, dass sie durch die ewigen Trennungen seiner unzähligen Lieblinge, die ständig in Tod und Vernichtung zugrunde gehen, dem Menschen jede Minute das schwache Herz zerreißt; doch verbotene Vergnügungen, die gottvergessen machen, lassen es vorübergehend wie eine Narkose scheinbar nicht fühlen.

Wenn du also von diesen drei Beispielen auf die hunderten Apparate und Empfindungen des Menschen schließt, wirst du verstehen, wie sehr die Einheit und Einheitsbezeigung menschliche Vollendetheit veranlasst.

Weil auch diese dritte Frucht vielleicht in zwanzig Abhandlungen der „Sirac'in-Nur“ sehr schön detailliert und beweisend erklärt wird, begnügen wir uns hier mit einem kurzen Hinweis.

Was mich zu dieser Frucht geführt und gebracht hat, war eine folgende Empfindung:

Ich war einmal auf einem hohen Berg. Durch ein seelisches Erwachen, das die Gottvergessenheit vertrieb, zeigte sich mir das Grab mit seiner ganzen Bedeutung, der Tod mit all seiner Blöße und die Vernichtung und Vergänglichkeit mit ihren zu Tränen rührenden Tafeln. Wie bei jedem auch widersetzte sich die anerschaffene Liebe zur Beständigkeit in meiner Veranlagung auf einmal der Vernichtung und geriet in Erregung. Und entgegen dem Ableben und Zugrundegehen der Vollendeten, berühmten Propheten, Gottesfreunde und Asfiya's, mit denen ich durch Liebe und Würdigung eine sehr große Verbundenheit habe, lehnten sich das Mitgefühl und Mitleid in meinem Wesen auf gegen das Grab und brausten auf. Und ich schaute hilfesuchend nach sechs Richtungen; ich fand keinen Trost, keine Hilfe. Denn ich habe die Richtung der Vergangenheit als einen größten Friedhof, die Zukunft als eine Finsternis, die obere Seite als eine Furcht, auf der unteren, rechten und linken schmerzvolle und traurige Zustände und die Angriffe zahlloser schädlicher Dinge gesehen.

Mit einem Mal kam das Geheimnis der Einheitsbezeigung mir zu Hilfe, zog den Schleier auf, zeigte das Gesicht des wahren Sachverhalts und sagte „Schau!".

Ich schaute zuerst auf das Gesicht des Todes, der mich sehr beängstigte. Ich sah: der Tod ist für die Gläubigen eine Abberufung –die Todesstunde ein Abberufungs-Schein–, er ist ein Ortswechsel, die Einleitung und Tür eines beständigen Lebens, ein Heraustreten aus dem Kerker der Welt und ein Fliegen zum Gartenland der Paradiese, ein Warten auf den Eintritt in die Gegenwart des Allbarmherzigen, um den Lohn für seinen Dienst zu bekommen, und er ist eine Einladung, um in die Stätte der Glückseligkeit zu gehen. Weil ich dies klar erkannt habe, begann ich, das Sterben und den Tod zu lieben.

Dann schaute ich auf die Vernichtung und Vergänglichkeit. Ich sah: wie Kinoleinwände und gleich den Bläschen, die gegen die Sonne fließen, ist sie eine Ersetzung der Artgenossen, ein Sich-Erneuern,.. und um die wunderschönen und lieblichen Erscheinungen der Schönen Namen zu erneuern, ein Kommen aus der Welt des Verborgenen und eine aufgabenvolle Reise und Betrachtung in der Welt der Bezeugung,.. ein weisheitsvolles Sich-Zeigen des Cemâls der Allumsorgung,.. und ein Spiegelwerden der Existierenden für die Immerwährende Schönheit; dies habe ich mit Bestimmtheit erkannt.

Dann schaute ich zu den sechs Richtungen und sah: wegen des Geheimnisses der Einheitsbezeigung sind sie so glanzvoll, dass sie in Bewunderung versetzen. Ich sah, dass die vergangene Zeit nicht ein größter Friedhof ist, sondern sich in die Zukunft umändert und tausende lichtvolle Gesellschaften, Zusammenkünfte von Freunden und tausende glanzvolle Panoramen darstellt. Und dergleichen schaute ich wie bei diesen zwei Dingen auf die wahren Gesichter tausender Dinge und sah, dass sie keine andere Wirkung und Lage hervorriefen als Freude und Dank.

Diese meine Empfindung und Gefühl bei dieser dritten Frucht habe ich vielleicht in vierzig Abhandlungen der „Sirac'in-Nur" mit Beweisen in gewissem Grade dargelegt. Und insbesondere in den „dreizehn Zuversichten" der „Abhandlung für Bejahrte", welche das „sechsundzwanzigste Glanzlicht" ist, wurde es dermaßen sicher und schön erklärt, dass eine bessere Erklärung nicht möglich ist. Deshalb habe ich diese recht lange Sache in diesem Abschnitt überaus kurz gehalten.

Zweiter Abschnitt

Die Beweise, welche die Einheitsbezeigung, Einsheit und Einheit absolut erfordern, notwendig machen und bedingen und die Beigesellung und Teilhaberschaft nicht akzeptieren und erlauben, sind unzählig. Weil unter ihnen hunderte, sogar tausende Argumente in der Risale-i Nur ausführlich bewiesen werden, wird hier auf (nur) drei der Erforderer kurz hingewiesen.

DER ERSTE: *Auf Bezeugung der weisheitsvollen Handlungen und sehend durchgeführten Verwaltungen, die in dieser Schöpfung augenscheinlich zu sehen sind, werden diese Kunstwerke durch die grenzenlosen Eigenschaften und Namen und die endlos absolute Allwissenheit und Allmacht eines Allweisen Herrschers, eines Vollkommenen Großen geschaffen und hervorgebracht.*

Ja, mit sicherer Intuition wird aus diesen Werken verstanden und sicher erkannt, sogar gesehen, dass dieser Künstler sowohl eine Herrschaft und Gebieterschaft im Grade allgemeiner Allumsorgung, als auch eine Größe und Gewaltigkeit im Grade absoluter Aufrechterhaltung, eine Vollkommenheit und Bedürfnislosigkeit im Grade absoluter Gottheit, und eine uneinschränkbare, grenzenlose und endlose Aktivität und Sultanat besitzt. Herrschaft, Größe, Vollkommenheit, Bedürfnislosigkeit, Absolutheit, Umfassung, Endlosigkeit und Grenzenlosigkeit aber erfordern die Einheit und sind der Teilhaberschaft zuwider.

Was nun das Zeugnis der Herrschaft und Gebieterschaft für die Einheit anbetrifft, wurde es an vielen Stellen der Ri-

sale-i Nur höchst sicher bewiesen. Eine kernhafte Zusammenfassung dessen ist das Folgende:

Das Charakteristikum und Erfordernis der Herrschaft ist die Unabhängigkeit, Alleinigkeit und die Zurückweisung des Eingriffs anderer. Damit sogar auch die Menschen, die wegen Schwäche auf Beihilfe erschaffungsmäßig angewiesen sind, hinsichtlich (nur) eines Schattens jener Herrschaft den Eingriff anderer zurückweisen und ihre Unabhängigkeit bewahren, kommen in einem Land zwei Padişah's, in einer Provinz zwei Gouverneure, in einem Bezirk zwei Leiter, sogar in einem Viertel zwei Vorsteher nicht vor. Wenn sie vorkämen, würde ein Chaos entstehen, ein Durcheinander beginnen und die Ordnung zerstört. Wenn nun ein Schatten der Herrschaft bei den schwachen und hilfsbedürftigen Menschen dermaßen den Eingriff anderer und die Teilhaberschaft zurückweist und nicht akzeptiert, wird zweifellos bei einem über Schwäche erhabenen Absolut Allmächtigen eine Herrschaft in Form der Allumsorgung in keiner Hinsicht die Mitwirkung und den Eingriff anderer akzeptieren. Vielmehr weist sie sie mit enormer Härte zurück und verweist diejenigen, die sich die Teilhaberschaft einbilden und daran glauben, sehr heftig aus Seiner erhabenen Gegenwart. Nun also rühren die Darlegungen des Allweisen Kur'âns mit höchster Härte und Heftigkeit gegen die Beigeseller von dieser erwähnten Wahrheit her.

Was aber das Zeugnis der Größe, Gewaltigkeit und Allgewalt für die Einheit betrifft, wurde auch dieses in der Risale-i Nur mit seinen glänzenden Beweisen dargelegt. Hier wird auf eine äußerst kurze Bedeutung davon hingewiesen.

Zum Beispiel: So wie die Gewaltigkeit der Helle der Sonne und die Größe ihres Lichtes für andere schwache Helligkeiten in ihrer Nähe –schleierlos– in keiner Hinsicht eine Notwendigkeit und Wirkung lässt, so lässt auch die Gewaltigkeit und Größe der Allmacht Gottes keiner anderen

Kraft und Macht eine Notwendigkeit, verleiht ihnen genauso keine Schaffung, keine wahre Wirkung. Und dass Er insbesondere die Lebewesen und Bewusstseinsbesitzer, welche der Konzentrations- und Mittelpunkt aller Absichten des Allumsorgers in der Schöpfung sind, anderen überlässt, ist unmöglich. Ebenso die Zustände, Früchte und Resultate bei den einzelnen Angelegenheiten der Lebewesen, welche die Stellen und Ausgangspunkte sind, an denen die Zwecke bei der Erschaffung des Menschen und bei der Schaffung unzähliger Arten von Gaben zum Vorschein kommen: es ist in keiner Hinsicht möglich, sie anderen Händen zu überlassen... Zum Beispiel: dass ein Lebewesen für eine kleine Genesung, oder für eine Nahrung oder Rechtleitung jemand anderem als dem Allerhabenen Hak wahrhaft dankbar ist und jemand anderen verehrend lobt und preist, verletzt die Gewaltigkeit der Allumsorgung, stört die Größe der Gottheit und lässt die Würde der absoluten Angebetetheit verletzen, beeinträchtigt Seine Allgewalt.

Was aber den Hinweis der Vollkommenheit auf das Geheimnis der Einheit anbetrifft, wurde er wiederum in der Risale-i Nur mit seinen glanzvollen Beweisen dargelegt. Eine äußerst kurz gefasste Bedeutung davon ist das Folgende:

Die Erschaffung der Himmel und der Erde verlangt offenkundig eine absolute Allmacht in höchster Vollkommenheit. Sogar erfordern auch die erstaunlichen Apparate jedes Lebewesens eine Allmacht in absoluter Vollkommenheit. Und die Vollkommenheit bei einer absoluten Allmacht wiederum, welche über Schwäche erhaben und von Einschränkung frei ist, erfordert zweifellos die Einheit. Andernfalls müsste Seiner Vollkommenheit ein Mangel und Seiner Absolutheit eine Einschränkung anhaften, Seiner Endlosigkeit ein Ende gesetzt, eine stärkste Allmacht in eine schwächste Unfähigkeit gestürzt und einer grenzenlosen Allmacht –während sie grenzenlos ist– durch ein Endliches ein Ende gesetzt werden. Das aber ist in fünf Hinsichten eine Unmöglichkeit über Unmöglichkeit.

Was aber das Zeugnis der Absolutheit, Umfassung und Endlosigkeit für die Einheit anbetrifft, wurde auch dieses in den Abhandlungen der „Sirac'in-Nur" ausführlich vorgebracht. Eine kurz gefasste Bedeutung davon ist das Folgende:

Da nun eine jede Handlung in der Schöpfung dadurch, dass ihr eigenes Werk sich in die Umgebung einnehmend verbreitet, die Umfassung jeder Handlung, ihre Absolutheit, Grenzenlosigkeit und Uneingeschränktheit zeigt,.. und da nun die Teilhaberschaft und Beigesellung jene Umfassung unter Begrenzung, jene Absolutheit unter Einschränkung und jene Grenzenlosigkeit unter Grenze nimmt und die Wahrheit der Absolutheit und den Charakter der Umfassung zerstört,.. ist dann zweifellos die Beigesellung bei jenen Handlungen, welche absolut und umfassend sind, undenkbar und unmöglich. Ja, der Charakter der Absolutheit ist der Beigesellung zuwider. Denn wenn die Bedeutung der Absolutheit sogar auch bei etwas Endlichem, Materiellem und Begrenztem vorhanden ist, verstreut und verbreitet sie sich trotzdem umgebend und frei nach allen Seiten. Zum Beispiel: Wenn die Luft, das Licht, die Helligkeit, die Wärme, sogar das Wasser die Absolutheit erfahren, breiten sie sich nach allen Seiten aus. Da nun die Hinsicht der Absolutheit, auch wenn sie sich beim Beschränkten befindet, Materielles und Begrenztes solcherweise umgebend macht,.. verleiht dann zweifellos eine umfassende wahre Absolutheit solchen sowohl endlosen, als auch über die Materie erhabenen, grenzenlosen und von Mangel freien Eigenschaften eine solche Verbreitung und Umfassung, dass es für die Beigesellung und Teilhaberschaft in keiner Hinsicht eine Möglichkeit oder Eventualität geben kann.

Kurz: Sowohl die Herrschaft jeder der tausenden in der Schöpfung zu sehenden allgemeinen Handlungen und der hunderten Namen Gottes, deren Erscheinungen zu sehen sind, als auch ihre Größe, Vollkommenheit, Umfassung, Absolutheit und Endlosigkeit, sind jeweils äußerst starke Beweise der Einheit und Einheitsbezeigung.

Auch so wie ja eine außergewöhnliche Kraft –um in Aktion zu treten– sich auszuweiten verlangt und andere Kräfte zerstreut, so ist auch bei den Werken jeder Handlung der Allumsorgung und jeder Erscheinung der Namen der Gottheit dermaßen außergewöhnliche Kräfte von ihnen zu sehen, dass wenn die allgemeine Weisheit und absolute Allgerechtigkeit nicht gewesen wären und nicht gestoppt hätten, eine jede sich auf die gesamten Existierenden ausgeweitet hätte.

Zum Beispiel eine Kraft, die den Pappelbaum auf der ganzen Erde erschafft und betreut: ist es überhaupt möglich, dass sie die an die Pappel angrenzenden kleinen Individuen der Bäume wie der Walnuss, des Apfels und der Aprikose, welche sich neben ihr und unter ihren Individuen verstreut und gemischt haben, nicht in ihre umfassende Kraft und Betreuung nimmt –welche jene Pappelart vollständig gleichzeitig beherrschen–, dass sie sich nicht auf sie ausweitet, sondern von anderen Kräften wegnehmen lässt.

Ja, man spürt eine solche, bei jeder Art von Geschöpfen, sogar bei jedem Individuum verfügende Kraft und Allmacht, die sich in einem Wesen zeigt, welches die ganze Schöpfung einzunehmen, alle Dinge zu beherrschen und alle Existierenden unter ihre Herrschaft zu bringen vermag. Zweifellos wird eine solche Kraft in keiner Hinsicht die Teilhaberschaft akzeptieren und der Beigesellung Platz geben.

Auch so wie ja für den Besitzer eines fruchttragenden Baums die Hinsicht und Sache bei jenem Baum, worauf er am meisten Wert legt und Interesse zeigt, die Früchte jenes Baums, die Erträge an den Spitzen seiner Äste und seine

Kerne als Saatgut sind, welche in den Herzen jener Früchte und selbst ihre Herzen sind – und sein Besitzer wird, wenn er Verstand hat, die Früchte an jenen Ästen anderen nicht für immer als Besitz übergeben und umsonst sein Besitzrecht zerstören...

Genauso wird auch (der Schöpfer) die Elemente, welche die Äste dieses „Schöpfung" genannten Baums sind, die Pflanzen und Tiere, welche sich an den Spitzen der Elemente befinden und wie ihre Blüten und Blätter sind, die Menschen, welche die Früchte an der obersten Stelle jener Blätter und Blüten sind, ihre Dienstbarkeiten und Danksagungen, welche die wichtigsten Früchte, Erträge und Erschaffungsresultate jener Früchte sind, und insbesondere ihre Herzen, welche die inhaltsreichsten Kerne jener Früchte sind, und ihre „Helfer des Herzens" genannten Gedächtnisse in keiner Hinsicht von anderen Kräften wegnehmen lassen, durch Wegnehmen-Lassen die Herrschaft Seiner Allumsorgung brechen und durch ihr Brechen Seine Angebetetheit zerstören.

Auch weil bei den Teilen, die sich an den höchsten Stellen des Bereichs der „Möglichkeiten" und der Vielheit befinden, sogar an den Teilen der Zustände und Beschaffenheiten jener Teile sich die Absichten der Allumsorgung konzentrieren, und sie die Ausgangspunkte der Dankempfindungen, Danksagungen und Verehrungen sind, welche der Angebetetheit dargereicht werden und den Angebeteten anbelangen, wird Er sie zweifellos nicht anderen Händen übergeben, durch Übergeben Seine Weisheit nicht aufheben und durch Aufheben Seiner Weisheit nicht Seine Gottheit außer Kraft setzen. Denn die wichtigsten Absichten des Allumsorgers bei der Schaffung der Existierenden sind es, sich den Bewusstseinsbesitzern bekannt und beliebt zu machen, sich loben und preisen zu lassen und ihre Dankbarkeiten zu gewinnen.

Aus diesem feinen Geheimnis ist es: um zu zeigen, dass solche die Danksagung, Verehrung, Dankbarkeit, Liebe,

Verherrlichung und Dienstbarkeit herbeiführenden kleinen wie umfassenden Handlungen und Gaben an den höchsten Enden des Bereichs-der-Vielheit –wie z. B. Nahrung, Genesung, insbesondere die Rechtleitung und der Glaube– unmittelbar das Werk, die Huld, die Gabe, das Geschenk und die Handlung des Erschaffers der Schöpfung und des Sultans der gesamten Existierenden sind (Anm.), schreibt der Unnachahmliche Kur'ân wiederholt die Nahrung, Rechtleitung und Genesung dem Wesensnotwendig Existierenden Herrn zu, sagt, dass es „Ihm eigen und auf Ihn begrenzt" ist, sie zu schenken, und weist äußerst hart den Eingriff anderer zurück... Ja, derjenige, der die Gabe des Glaubens gibt, welche eine ewige Stätte der Glückseligkeit erlangen lässt: es kann zweifellos und auf jeden Fall die Gabe eines Allgewaltigen Herrn sein, der jene Stätte der Glückseligkeit erschafft und den Glauben zum Schlüssel für sie macht. Ein anderer kann nicht zum Geber einer so großen Gabe werden, somit das größte Fenster der Angebetetheit schließen und ihren wichtigsten Anlass wegnehmen und entwenden.

Kurz: Die kleinsten Zustände und Früchte an den höchsten Enden des Erschaffungs-Baums bezeigen und bezeugen in zwei Hinsichten die Einheitsbezeigung und Einheit.

Die erste: Weil die Absichten der Allumsorgung bei der Schöpfung sich bei ihnen vereinigen, Ihre Ziele sich bei ihnen konzentrieren und die Manifestationen, Erscheinungen und Präzisierungen der meisten der Schönen Namen und die Resultate und Nutzen der Erschaffung der Existierenden bei ihnen zusammenkommen, sagt eine jede von ihnen in Anbetracht dieser Konzentration: Ich bin der Besitz, die Hand-

---

(Anm.): Wie z. B. إِنَّ اللّٰهَ هُوَ الرَّزَّاقُ ذُو الْقُوَّةِ الْمَتِينُ (Wahrlich, Allah allein ist der Versorger, der Starke, der Feste.)

lung und das Werk des Herrn, der die gesamte Schöpfung erschafft.

Die zweite Hinsicht aber: Die Tatsache, dass das Herz jener kleinen Frucht, sowie das Gedächtnis des Menschen –im Hadîs „Helfer des Herzens" genannt– eine Art kurzes Inhaltsverzeichnis der meisten Arten, eine Landkarte von ihnen als kleines Muster, ein geistiger Kern des Schöpfungs-Baums und ein feinster Spiegel der meisten Namen Gottes sind, ebenso dass alle Herzen und Gedächtnisse –welche die Artgenossen jenes Herzens und Gedächtnisses und in ihrer Prägung einheitlich sind– sich umgebend auf dem Antlitz der Schöpfung verbreiten, ist zweifellos durch einen Herrn bedingt, der die gesamte Schöpfung unter Seiner Verfügung hält, und sie sagen: „Ich bin nur Sein Werk und Seine Kunst".

Kurz: So wie eine Frucht in Anbetracht ihres Nutzens auf den Herrn des ganzen Baums schaut, hinsichtlich ihres Kerns auf die Teile, Glieder und das Wesen jenes ganzen Baums blickt und hinsichtlich der Prägung auf ihrem Antlitz, welche bei all ihren Artgenossen gleich ist, die gesamten Früchte jenes Baums betrachtet und sagt: „Wir sind gleich, aus gleicher Hand heraus, sind der Besitz eines einzigen Herrn. Und derjenige, der einen von uns geschaffen hat: Er ist es zweifellos, der uns alle schafft",.. so auch die Lebewesen an den Enden des Bereichs-der-Vielheit: hinsichtlich der Prägung auf dem Antlitz der Lebewesen –insbesondere des Menschen–, des Verzeichnisseins ihres Herzens und des Resultat- und Fruchtseins ihres Wesens schauen sie unmittelbar zu dem Herrn, der die gesamte Schöpfung in der Hand Seiner Allumsorgung hält, und bezeugen Seine Einheit.

ZWEITER ERFORDERER DER EINSHEIT: *Es ist, dass sich in der Einheit eine Leichtigkeit und Einfachheit im Grade der Zwangsläufigkeit und in der Beigesellung eine Schwierigkeit und Mühen im Grade der Unmöglichkeit befinden.*

Diese Wahrheit aber wurde in vielen Abhandlungen der „Sirac'in-Nur" –gemäß der Bezeichnung von İmam-ı Ali Radiyallahü anh–, insbesondere im „zwanzigsten Brief" ausführlich und in der „vierten Feinheit" des „dreißigsten Glanzlichtes (Lem'a)" kurz gefasst äußerst sicher und glanzvoll bewiesen und erklärt; und es wurde mit sehr starken Beweisen aufgezeigt:

Wenn alle Dinge einem einzigen Herrn zuerkannt werden, wird die Schaffung und Betreuung dieser Schöpfung so einfach wie ein Baum, die Erschaffung und Erbauung eines Baums so leicht wie eine Frucht, die Neuschöpfung und Verwaltung eines Frühlings so bequem wie eine Blume und die Allumsorgung und Betreuung einer Art mit unzähligen Individuen so mühelos wie ein Individuum.

Wenn sie auf dem Weg der Beigesellung den Ursachen und der Natur zugeschrieben werden, wird die Hervorbringung eines Individuums so schwierig wie eine Art, sogar wie Arten, die Hervorbringung eines Kerns so wie ein Baum, sogar wie hundert Bäume, und die Hervorbringung, Erbauung, Belebung, Verwaltung, Allumsorgung und Betreuung eines Baums so wie die Schöpfung, sogar noch schwieriger.

Da nun in der „Sirac'in-Nur" der wahre Sachverhalt so bewiesen wurde, und da wir nun augenscheinlich vor unseren Augen sehen, dass es trotz höchster Kunst und höchstem Wert eine grenzenlose Fülle gibt,.. und ein jedes Lebewesen, obwohl es jeweils eine überaus wundervolle, erstaunliche und viele Apparate besitzende faszinierende Maschine ist, (dennoch) in absoluter Freigebigkeit, mit einer erstaunlichen

Geschwindigkeit wie ein Streichholz anzuzünden, höchst einfach, leicht und mühelos zustande kommt,.. zeigt dies dann gewiss zwangsläufig und offenkundig auf, dass jene Fülle und Leichtigkeit von der Einheit herrührt und daher, dass es das Werk eines einzigen Herrn ist.

Andernfalls bestünden nicht nur keine Billigkeit, Fülle, Schnelle, Leichtigkeit und kein Wert, sondern, es wäre auch eine jetzt für fünf Para gekaufte Frucht nicht für fünfhundert Lira gekauft worden, wäre sogar in nicht auffindbarem Grade selten gewesen. Und lebende Dinge, deren Existenz und Schaffung jetzt so einfach und bequem ist wie das Aufdrehen der Uhr und wie die ordnungsmäßigen Maschinen, die auf Knopfdruck laufen, würden im Grade der Unmöglichkeit schwierig und mühselig werden; und manche Tiere, die an einem Tag, in einer Stunde, oder in einer Minute mit all ihren Apparaten und Lebensbedingungen ins Dasein kommen, würden in einem Jahr, sogar in einer Epoche, sogar überhaupt nicht kommen.

An hundert Stellen der „Sirac'in-Nur" wurde mit einer Sicherheit, dass es selbst einen hartnäckigsten Leugner zum Schweigen bringt, bewiesen: Wenn alle Dinge einem einzigen Allgegenwärtigen Alleinbesitzenden Herrn zuerkannt werden, werden sie so leicht, schnell und preiswert wie ein einziges Ding. Wenn auch den Ursachen und der Natur ein Anteil gegeben wird, wird die Hervorbringung eines einzigen Dinges so schwierig, spät, bedeutungslos und teuer wie alle Dinge (zusammen).

Wenn du die Beweise dieser Wahrheit sehen willst und auf den „zwanzigsten" und „dreiunddreißigsten Brief", auf das „zweiundzwanzigste" und „zweiunddreißigste Wort", auf das „dreiundzwanzigste Glanzlicht" über die Natur und das „dreißigste" über den größten Namen, und insbesondere auf die „vierte und sechste Feinheit" des „dreißigsten Glanzlichtes" über den Namen Einziger und den Namen Aufrechter-

halter schaust, wirst du sehen, dass diese Wahrheit in der Sicherheit bewiesen wurde, wie zwei mal zwei vier ist.

Hier wird auf einen unter jenen hunderten Beweisen hingewiesen; folgenderweise:

Die Schaffung der Dinge geschieht entweder aus der Nichtexistenz, oder sie werden in Form der Zusammenstellung von den übrigen Elementen und Existierenden gesammelt.

Wenn sie einem einzigen Herrn zuerkannt wird, wird dieser Herr auf jeden Fall eine alle Dinge umfassende Allwissenheit und alle Dinge umgebende Allmacht haben. Und auf diese Weise *den Dingen*, deren Gestalten und Wissens-Existenzen in Seinem Wissen vorhanden sind, *eine „hervorgetretene" Existenz zu verleihen und von einer äußerlichen Nichtexistenz herauszuholen:* auf höchst einfache Weise wie ein Streichholz anzuzünden, oder wie auf einen, mit unsichtbarer Schrift geschriebenen Text, um ihn dem Auge zu zeigen, ein aufzeigendes Material zu legen und zu streichen, oder wie die Handlung, die Gestalt im Spiegel der Kamera auf ein Blatt zu übertragen, werden die Dinge, deren Pläne, Programme und geistige Quanten im Wissen des Künstlers vorhanden sind, durch Ihn auf den Befehl „Kün Feyekûn" aus der äußerlichen Nichtexistenz in die „hervorgetretene" Existenz herausgeholt.

Wenn sie in Form des Erbauens und Zusammenstellens erfolgt, und Er nicht aus dem Nichts und der Nichtexistenz schaffen, sondern in Form des Sammelns von den Elementen und von der Umgebung entstehen ließe: wiederum so, wie die zur Ruhepause nach allen Gegenden verstreuten Individuen eines Bataillons sich auf ein Signal hin sammeln und einen geordneten Zustand einnehmen, und zur Erleichterung jener In-Marsch-Setzung und zur Bewahrung jenes Zustands die ganze Armee gleichsam als die Kraft, das Gesetz und das Auge ihres Kommandeurs gilt,.. genauso auch die Atome unter dem Kommando des Sultans der Schöpfung: mit Seinen Vorbestimmungs- und Wissens-Regeln und mit den Gesetzen Seiner umgebenden Allmacht –und die übrigen Existierenden wiederum, welche sie antreffen, als Erleichterer, wie die Kraft, das Gesetz und die Bediensteten jenes Sultans– werden jene Atome geführt, und kommen her. Um den Körper eines Lebewesens zu bilden, treten sie ein in ein bestimmtes Quantum –gleichsam jeweils eine geistige Gussform des Wissens und der Allmacht– und bleiben stehen.

Wenn die Dinge jeweils verschiedenen Händen, den Ursachen und Dingen wie der Natur überlassen würden, könnte dann mit Übereinkunft aller Verständigen keine einzige Ursache in irgendeiner Hinsicht aus dem Nichts und der Nichtexistenz zustande bringen. Denn weil jene Ursachen kein umfassendes Wissen, keine umgebende Macht haben, würde jene Nichtexistenz nicht nur eine äußerliche und „hervorgetretene" Nichtexistenz sein, sondern eine absolute Nichtexistenz. Absolute Nichtexistenz aber kann in keiner Hinsicht Ursprung für das Dasein werden... In diesem Fall müssten sie auf jeden Fall zusammenstellen. Doch könnten jene bestimmten Atome bei der Art des Erbauens und Zusammenstellens mit tausenden Schwierigkeiten erst kommen, nachdem der Leib und Körper einer Fliege oder Blume von der ganzen Erde gesammelt und durch ein feines Sieb gefiltert wird. Und auch nachdem sie gekommen sind, wäre, um in jenem Körper einen geordneten Zustand zu bewahren ohne verstreut zu werden, eine materielle und natürliche Gussform –weil sie geistige, sowie Wissens-Gussformen nicht haben–, wären sogar Gussformen an der Zahl ihrer Glieder notwendig, damit jene kommenden Atome diesen Körper des Lebewesens bilden könnten.

Das bedeutet: sowohl befinden sich bei der Zurückführung aller Dinge auf einen einzigen Herrn eine Leichtigkeit im Grade der Zwangsläufigkeit und Notwendigkeit, und bei ihrer Zurückführung auf verschiedene Ursachen Schwierigkeiten im Grade der Unmöglichkeit und Undenkbarkeit, als auch werden sie, wenn alles dem Allgegenwärtigen Alleinbesitzenden Herrn zugeschrieben wird, bei äußerster Billigkeit höchst wertvoll, außerordentlich kunstvoll, sehr bedeutsam und äußerst stark... Wenn sie auf dem Weg der Beigesellung verschiedenen Ursachen und der Natur überlassen würden, würden sie bei höchster Teuerung äußerst bedeutungslos, kunstlos, sinnlos und schwach werden.

Denn so wie ja ein Mann, weil er aufgrund des Wehrdienstes zu einem Oberbefehlshaber in Zugehörigkeit tritt und sich stützt, und weil er sowohl eine geistige Kraft, dass eine Armee hinter ihm –wenn es nötig würde– konzentriert werden kann, als auch dadurch, dass die Kraft jenes Kommandeurs und Heeres zu seiner Reservekraft wird, eine von seiner persönlichen Kraft tausendefach größere materielle Macht,.. als auch –weil er nicht gezwungen ist, die Quellen und das Arsenal jener erheblichen Kraft selber zu tragen, da sie die Armee trägt– eine Fähigkeit erlangt, außerordentliche Werke verrichten zu können, vermag dann jener einzige Soldat einen feindlichen Marschall gefangen zu nehmen, eine Stadt umsiedeln zu lassen und eine Festung zu unterwerfen; und sein Werk wird erstaunlich und wertvoll... Wenn er den Wehrdienst verließe und für sich allein bliebe, würde er jene erstaunliche geistige Kraft, außerordentliche Macht und wunderhafte Fähigkeit auf einmal verlieren und könnte nur wie eine gewöhnliche Zivilperson seiner persönlichen Kraft entsprechend kleine, wertlose, unbedeutende Arbeiten verrichten; und auch sein Werk würde dementsprechend kleiner werden.

Genauso auch: Weil auf dem Weg der Einheitsbezeigung alle Dinge zum Allmächtigen Allgewaltigen in Zugehörigkeit treten und sich stützen, vermag eine Ameise einen Pharao, eine Fliege einen Nimrod und eine Bakterie einen Tyrannen zu besiegen, trägt genauso ein nagelkleiner Kern einen berggroßen Baum auf seiner Schulter und wird zu einer Fabrik als die Quelle und Kammer all der Ausrüstungen und Apparate jenes Baums, kann ebenso ein jedes Atom durch jenes In-Zugehörigkeit-Treten und Sich-Stützen unzählige Aufgaben versehen, nämlich in dem Dienst tätig zu sein, die Körper und Gestalten zu bilden, welche in hunderttausend Künsten und Weisen sind. Und die Werke, welche jene ganz kleinen Bediensteten und diese winzigen Soldaten erfahren, werden höchst perfekt, kunst- und wertvoll. Denn der Herr, der jene Werke vollbringt, ist ein Allgewaltiger Allmächtiger; Er hat sie in ihre Hände gegeben und sie zum Schleier gemacht[1].

Wenn sie auf dem Weg der Beigesellung den Ursachen überlassen würden, bliebe dem Werk der Ameise „keine so große Bedeutung wie die Ameise" und der Kunst des Atoms „kein so großer Wert wie ein Atom"; und so wie alle Dinge geistig verfielen, würden sie auch materiell dermaßen verfallen, dass die riesige Welt niemand für fünf Para gekauft hätte.

Da nun die Wahrheit so ist, und da nun alle Dinge in endlosem Grade sowohl wertvoll, als auch kunstvoll, bedeutungsvoll und stark in Erscheinung treten –wir sehen es mit eigenen Augen–, gibt es dann zweifellos keinen anderen Weg als den Weg der Einheit und kann es nicht geben. Wenn es ihn gäbe, müsste man die gesamten Existierenden umändern, die Welt in die Nichtexistenz entleeren und von neu-

---

[1] *(Anm. d. Ü.)*: Das heißt, die Ursachen sind nur Schleier vor Seiner Allmacht, die als die eigentlich Wirkende alle Dinge unmittelbar selber schafft.

em, (diesmal) mit bedeutungslosem Unrat füllen, auf dass sich ein Weg für die Beigesellung öffnen könnte.

Also hast du die Kurzfassung eines einzigen Arguments unter hunderten Argumenten gehört, welche in der Risale-i Nur über die Einheitsbezeigung dargelegt und erklärt werden – nach Bezeichnung von İmam-ı Ali (R.A.) (in der) „Sirac'in-Nur" und „Sirac'is-Sürc"; die übrigen kannst du zum Vergleich heranziehen.

DRITTER ERFORDERER DER EINHEITSBEZEIGUNG: *Sowohl ist die Erschaffung bei allen Dingen, insbesondere bei den belebten Kunstwerken überaus kunstvoll, als auch: weil ein Kern für eine Frucht, eine Frucht für einen Baum, ein Baum für eine Art und eine Art für einen Kosmos ein kleines Exemplar, verkleinertes Abbild, verkürztes Inhaltsverzeichnis, eine bündige Landkarte, einen geistigen Kern, jeweils einen, mit den Regeln des Wissens und den Waagen der Weisheit von der Schöpfung gesiebten, gemolkenen und gesammelten zusammenstellenden Punkt und jeweils einen Tropfen als Grundstoff darstellt, ist der Herr, der einen von ihnen schafft, auf jeden Fall derselbe Herr, der die gesamte Schöpfung schafft. Ja, der Herr, der einen Melonenkern erschafft, ist offenkundig derjenige, der die Melone erschafft – ein anderer als Er kann es nicht sein, das ist undenkbar und unmöglich.*

Ja, wir schauen und sehen: Ein jedes Atom im Blut versieht so ordnungsmäßige und viele Aufgaben, dass es den Sternen nicht nachsteht. Und ein jedes rote und weiße Körperchen im Blut versieht hinsichtlich der Beschützung und Ernährung solche Arbeiten für den Körper, dass es noch perfekter ist als die hervorragendsten Nahrungsbeamten und Schutzsoldaten. Und eine jede der Zellen im Körper erfährt dermaßen wohlgeordnete Behandlungen, Zufuhren und

Verbräuche, dass sie noch perfekter verwaltet wird als ein perfekter Körper und ein Schloss. Und ein jedes der Individuen der Tiere und Pflanzen trägt solch eine Prägung auf seinem Antlitz und solch eine Maschine in sich und an seiner Brust, dass nur ein Herr jene Prägung auf dem Antlitz und jene Maschine an der Brust erbauen kann, der alle Tiere und Pflanzen schafft. Und eine jede Art der Lebewesen hat sich dermaßen auf der Erde ordnungsmäßig verbreitet und sich mit den übrigen Arten in-Beziehung-stehend vermischt, dass niemand jene einzige Art schaffen und verwalten kann, der nicht alle jene Arten gleichzeitig schafft, verwaltet, betreut und allumsorgt und nicht einen sehr ornamentierten und kunstvollen lebendigen Teppich weben und schaffen kann, welcher das Antlitz der Erde bedeckt und mit vierhunderttausend pflanzlichen und tierischen Webeinschlagsfäden gewebt ist.

Wenn man diesen noch andere Dinge gleichsetzt, erweist sich, dass die Zusammenstellung der Schöpfung ein hinsichtlich der Erschaffung und Hervorbringung die Teilung nicht akzeptierendes Ganzes ist, und ein Gesamtes, dessen Aufteilung hinsichtlich der Betreuung und Allumsorgung unmöglich ist.

Dieser dritte Erforderer wurde in vielen Abhandlungen der „Sirac'in-Nur", insbesondere im ersten Kapitel des „zweiunddreißigsten Wortes" so sicher und glänzend erklärt und bewiesen, dass den Spiegelungen der Sonne gleich, in dem Spiegel aller Dinge ein Beweis der Einheit Gestalt annimmt und sich ein Zeugnis der Einheitsbezeigung widerspiegelt. Wir haben hier, uns mit jener Erklärung begnügend, diese lange Sache kurz gehalten.

* * *

Dritter Abschnitt

Dieser Abschnitt wird drei umfassende Anzeichen der Einheitsbezeigung kurz gefasst darlegen.

Die Beweise, Anzeichen und Zeugnisse, welche die Bewahrheitung und Existenz der Einheit aufzeigen, sind unüberschaubar. Weil unter ihnen tausende Argumente in der „Sirac'in-Nur" ausführlich dargelegt werden, wurde sich in diesem „dritten Abschnitt" mit der kurz gefassten Darlegung von nur drei umfassenden Zeugnissen begnügt.

Erstes Anzeichen und Zeugnis – *wobei das Wort* وَحْدَهُ[1] *dessen Resultat ist:*

Bei allem gibt es eine Einheit; Einheit aber zeigt einen Einzigen (Alleinbesitzer) und weist auf Ihn hin. Ja, ein Werk, das einzig ist, kommt offenkundig durch einen einzigen Künstler zum Vorschein; eins kommt zweifellos von Einem. Weil sich bei allem eine Einheit befindet, zeigt es zweifellos, dass es das Werk und die Kunst eines einzigen Herrn ist. Ja, diese Schöpfung ist wie eine Rosenknospe, die in die Schleier von tausend Einheiten eingehüllt ist. Sogar ist sie ein einziger größter Mensch, der mit Einheiten entsprechend der Anzahl der Namen und allgemeinen Handlungen Gottes bekleidet ist. Sogar ist sie ein Tûba-Baum der Erschaffung, an dessen Äste Ein- und Gleichheiten entsprechend der Zahl der Geschöpfarten angehängt sind.

---

[1] Er ist Einzig (Alleinbesitzend).

Ja, die Lenkung der Schöpfung ist eins, ihre Betreuung ist eins, ihre Herrschaft ist eins, ihre Prägung ist eins,.. eins eins eins, bis zu tausendundeine Einheiten... Während auch die Namen und Handlungen, die diese Schöpfung verwalten, eins sind, umfasst eine jede die Schöpfung oder ihren größten Teil; d. h., die in ihr tätige Weisheit von ihr ist eins, ihre Gnade ist eins, ihre Anordnung ist eins, ihre Ernährung ist eins, die den Bedürftigen zu Hilfe eilende Barmherzigkeit ist eins, der Regen, der ein Süßtränker jener Barmherzigkeit ist, ist eins, u. dgl. eins eins eins, bis zu tausendundeine Einheiten... Auch ist die Sonne als der Ofen dieser Schöpfung eins, der Mond als ihre Lampe eins, das Feuer als ihr Koch eins, die Berge als ihr Material-Depot und ihr schatzvoller Mast eins, ihr Wasserträger und Wasserbeauftragter eins, ihr Schwamm, der die Gärten bewässert, eins, u. dgl. eins eins eins, bis zu tausendundeine Einheiten...

Nun also; so viele Gleich- und Einheiten der Schöpfung sind ein glänzendes Zeugnis, welches sonnenklar auf einen einzigen Allgegenwärtigen Alleinbesitzer hinweist und Ihn aufzeigt... Und dass ein jedes der Elemente und Arten der Schöpfung eins ist und sie zugleich das Erdenantlitz umfassen, ineinander eintreten und sich in-Beziehung-stehend, sogar behilflich vereinigen, ist zweifellos ein klares Anzeichen dafür, dass ihr Herr, Besitzer und Künstler einer ist.

Zweites Anzeichen und Zeugnis – *es resultiert das Wort* لَا شَرِيكَ لَهُ[(1)]*:*

Es ist, dass in der gesamten Schöpfung bei allen Dingen von den Atomen bis zu den Sternen eine fehlerlose vollkommenste Ordnung, schönste Regelmäßigkeit ohne Mangel und gerechte Ausgewogenheit ohne Unrecht vorhanden ist.

---

(1) Er hat keine Teilhaber.

Ja, vollkommene Ordnung und eine Regelmäßigkeit der Ausgewogenheit kann nur durch Einheit erfolgen. Wenn sich verschiedene Hände in eine einzige Sache einmischen, bringen sie sie durcheinander.

Komm, schau auf die Pracht dieser Ordnung, welche diese Schöpfung zu solch einem höchst perfekten Schloss gemacht hat, dessen ein jeder Stein so kunstvoll ist wie ein Schloss,.. und welche sie hat solch eine höchst prächtige Stadt werden lassen, deren grenzenlose Zufuhren, Verbräuche, endlose wertvolle Güter und Nahrungen hinter einem Schleier des Verborgenen mit vollkommener Ordnung, zur rechten Zeit, von unverhofften Stellen herauskommen. Und sie hat sie zu solch einem höchst bedeutsamen wundervollen Buch gemacht, dessen jeder Buchstabe so viele Bedeutungen wie hundert Zeilen, jede Zeile wie hundert Seiten, jede Seite wie hundert Kapitel und jedes Kapitel wie hundert Bücher ausdrückt. Auch sind alle seine Kapitel, Seiten, Zeilen, Wörter und Buchstaben aufeinander ausgerichtet, weisen aufeinander hin.

Komm auch und schau auf die Vollkommenheit dieser Anordnung in diesem erstaunlichen System, wie diese riesige Schöpfung so rein und sauber ist wie eine völlig saubere zivilisierte Stadt, sogar ein schönes Schloss, auf dessen Sauberkeit sehr geachtet wird, sogar eine Paradiesjungfrau, die übereinander siebzig schmuckvolle Paradiesgewänder trägt, sogar eine Rosenknospe, die in siebzig feinen schmuckvollen Schleiern eingehüllt ist.

Komm auch und schau auf die vollkommene Gerechtigkeit dieser Ausgewogenheit innerhalb dieser Ordnung und Sauberkeit, wie die ganz kleinen und feinen Geschöpfe und Mikroorganismen, die erst nach tausendfacher Vergrößerung zu sehen sind, und Gestirne und Sonnen, die tausendfach größer sind als die Erdkugel, mit dem Gewicht und Maß jener Ausgewogenheit und jener Waage gewogen und alle die für sie nötigen Dinge vollständig gegeben werden. Und vor jener Ausgewogenheit der Gerechtigkeit stehen jene winzigen Geschöpfe zusammen mit jenen außerordentlich großen Kunstwerken Schulter an Schulter – während es doch unter jenen Großen solche gibt, die wenn sie für eine Sekunde ihr Gleichgewicht verlören, eine Wirkung haben könnten, dass sie das Gleichgewicht der Welt zerstören und einen Weltuntergang herbeiführen können.

Komm auch und schau auf diese außerordentlich verlockende Cemâl und Schönheit innerhalb dieser Ordnung, Sauberkeit und Ausgewogenheit: wie sie dieser riesigen Schöpfung die Form eines äußerst schönen Festes gegeben hat, einer äußerst schmuckvollen Ausstellung und eines Frühlings, dessen Blumen neu entfaltet sind,.. und wie sie diesen Frühling zu einem äußerst schönen Blumentopf und Rosenbündel gemacht hat, sodass sie jedem Frühling die Gestalt einer, auf der Erde Saison für Saison sich entfaltenden, mit hunderttausenden Ornamenten geschmückten prachtvollen Blume gegeben hat; und sie hat eine jede Blume in diesem Frühling mit allerlei Zierden verschönert. Ja, durch die schönen Erscheinungen der Schönen Namen, welche Schönheiten und Cemâl's in endlosem Grade haben, hat eine jede Art der Schöpfung, sogar jedes Individuum, ihrer Fähigkeit entsprechend solch eine Schönheit erfahren, dass das „Zeugnis des Islam" İmam-ı Gazâlî gesagt hat: لَيْسَ فِى الْاِمْكَانِ اَبْدَعُ مِمَّا كَانَ Das heißt: „Etwas faszinierenderes und schöneres als diese Schöpfung ist nicht möglich".

Also ist diese umfassende und verlockende Schönheit, diese allgemeine und erstaunliche Sauberkeit, diese umgebende, weitreichende und sehr genaue Ausgewogenheit und diese ausgedehnte und in jeder Hinsicht wundervolle Ordnung und Regelmäßigkeit ein solches Zeugnis und Anzeichen für die Einheit und Einheitsbezeigung, dass es noch glänzender ist als am hellichten Tag der Hinweis des Lichtes für die Sonne.

Eine sehr kurz gefasste und starke Antwort auf eine sehr wichtige zweiaspektige Frage, die sich auf diesen Abschnitt bezieht:

Erster Aspekt der Frage: *In diesem Abschnitt sagst Du: Die Schöpfung ist umgeben von Schönheit, Cemâl, Lieblichkeit und Gerechtigkeit. Was willst Du aber zu so vielen Hässlichkeiten, Unglücksfällen, Krankheiten, Plagen und Todesfällen vor unseren Augen sagen?*

Antwort: Auch eine Hässlichkeit, die viele Schönheiten resultiert oder zeigt, ist indirekt eine Schönheit. Und das Verschwinden und Nicht-Erscheinen einer Hässlichkeit, was das Nicht-Erscheinen und Sich-Verbergen vieler Schönheiten verursacht, ist nicht nur ein-, sondern mehrfach hässlich. Wenn keine Hässlichkeit vorhanden wäre –einem Maßstab gleich–, würde z. B. die Realität der Schönheit nur eine Art werden, sehr viele ihrer Stufen würden verborgen bleiben. Aber durch die Einwirkung der Hässlichkeit entfalten sich ihre Stufen. So wie ja durch die Existenz der Kälte die Stufen der Wärme und durch das Vorhandensein der Dunkelheit die Stufen des Lichts in Erscheinung treten, treten genauso auch durch das Vorhandensein von kleinen Schlechtigkeiten, Schäden, Unglücksfällen und Hässlichkeiten umfassende gute Dinge, umfassende Nutzen, umfassende Gaben und umfassende Schönheiten in Erscheinung.

Also ist die Schaffung des Hässlichen nicht hässlich, sondern schön; denn die meisten der Resultate sind schön. Ja, ein fauler Mensch (z. B.), der vom Regen Schaden erleidet, lässt dessen gute Resultate, welche dem Regen den Namen „Barmherzigkeit“ verleihen lassen, nicht von der Geltung verlieren, kann die „Barmherzigkeit“ nicht zur „Mühe“ umändern.

Was aber das Vergehen, Entschwinden und Sterben anbelangt, wurde im „vierundzwanzigsten Brief" mit sehr starken und sicheren Argumenten bewiesen, dass sie der allgemeinen Barmherzigkeit, ausgedehnten Schönheit und den umfassenden guten Dingen nicht zuwider, vielmehr ihre Erfordernisse sind. Weil sogar auch der Teufel den Wetteifer und die Bemühung veranlasst, welche die Feder der geistigen Fortschritte der Menschen sind, ist auch die Schaffung jener Art nützlich und in dieser Hinsicht schön. Und es ist sogar, weil der Ungläubige durch den Unglauben die Rechte der gesamten Schöpfung angreift und ihre Ehre beleidigt, schön, ihm die Höllenstrafe zu geben. Weil diese zwei Punkte in anderen Abhandlungen genau detailliert wurden, begnügen wir uns hier mit einem kurzen Hinweis.

Zweiter Aspekt der Frage (Anm.): *Nun gut, in allgemeiner Hinsicht können wir diese Antwort über den Teufel und den Ungläubigen akzeptieren. Aber wie geschieht es denn, dass der Absolut Bedürfnislose Herr, der Absolut Cemîl, Absolut Erbarmungsvoll und absolut gut ist, hilflose Individuen und Personen dem Unglück, der Schlechtigkeit und Hässlichkeit aussetzt?*

Antwort: Wie viele gute Dinge, Schönheiten und Gaben es auch gibt: sie kommen unmittelbar aus dem Schatz der Barmherzigkeit jenes Absoluten Erbarmers und Cemîl, und aus Seinen besonderen Wohltaten. Und weil Unglücksfälle und Schlechtigkeiten wiederum nur kleine Folgen unter vielen Resultaten der allgemeinen und umfassenden Gesetze der Allumsorgungs-Herrschaft sind –welche „Gewohnheiten Gottes" bezeichnet werden und die Repräsentanten der allbeherrschenden Willen sind–,.. weil sie nur kleine Erforder-

(Anm.): Die Antwort dieses zweiten Aspekts ist sehr wichtig; sie beseitigt viele Zweifel.

nisse des Ablaufs jener Gesetze sind, erschafft Er zweifellos auch jene schlechte, kleine Folge, um jene Gesetze zu bewahren und zu befolgen, welche umfassenden Nutzen beitragen. Doch eilt Er gegen jene kleinen leidvollen Folgen mit eigenen Hilfen als Allbarmherziger und besonderen Wohltaten als Allumsorger zu den Wehklagen der leidtragenden Individuen und zu den Hilferufen der unglücksbetroffenen Personen. Und um für die unbeschränkten und grenzenlosen Erscheinungen der Schönen Namen grenzenlosen und unbeschränkten Raum zu geben –indem Er zeigt, dass Er ein Frei Handelnder ist, dass jede Angelegenheit jeden Dinges von Seinem Willen abhängt und auch Seine allgemeinen Gesetze ständig Seinem Willen und Seiner Wahl unterworfen sind, und dass ein Allumsorgender Erbarmer die Individuen, welche durch die Bedrückung jener Gesetze wehklagen, hört und durch Seine Wohltat zu ihrer Hilfe eilt–, hat Er durch die Ausnahmen jener umfassenden Regeln der „Gewohnheiten Gottes" und jener allgemeinen Gesetze, sowie durch ihre schlechten kleinen Folgen die Türen zu besonderen Wohltaten und besonderen Beliebtmachungen, d. h. zu besonderen Manifestationen durch Beliebtmachen geöffnet.

Weil dieses zweite Anzeichen der Einheitsbezeigung vielleicht an hundert Stellen der „Sirac'in-Nur" dargelegt wird, haben wir uns hier mit einem ganz kleinen Hinweis begnügt.

Drittes Zeugnis und Anzeichen: *Es sind die mit* لَهُ الْمُلْكُ وَلَهُ الْحَمْدُ[1] *hingewiesenen unüberschaubaren Prägungen der Einheitsbezeigung.*

Ja, auf dem Antlitz eines jeden Dinges –ob einzeln oder ganzheitlich, von den Atomen bis hin zu den Planeten– gibt

---

[1] Sein ist das Königreich und Sein alles Lob und Dank.

es solch eine Prägung, dass so wie die Erscheinung der Sonne die Sonne aufzeigt, auch jener Prägungs-Spiegel auf die „Überzeitliche und Ewige Sonne" hinweist und Seine Einheit bezeugt.

Weil sehr viele jener zahllosen Prägungen in der „Sirac'in-Nur" ausführlich dargelegt werden, werden wir hier nur drei von ihnen durch einen kurzen Hinweis betrachten; folgenderweise:

So wie *auf das Antlitz der gesamten Schöpfung* eine weite Prägung der Einheit aufgesetzt wird, welche zusammengesetzt ist aus der, durch die Arten zueinander gezeigten Hilfe, Unterstützung, Ähnlichkeit, Ineinanderwirkung,.. sowie ähnlich jener Prägung der Einheitsbezeigung, die Er auch *auf das Antlitz der Erde* aufsetzt, indem die jeweils unterschiedlichen Nahrungen, Waffen, Kleidungen, Anweisungen und Abberufungen einer aus vierhunderttausend Tier- und Pflanzengruppen zusammengesetzten Armee des Allgepriesenen mit höchster Ordnung, ohne einen durcheinander zu bringen, zur rechten Zeit gewährt wird,.. als auch gleich der Prägung der Einsheit, die Er auch *auf das Antlitz des Menschen* in der Weise aufsetzt, dass ein jedes Gesicht gegenüber allen Gesichtern jeweils ein Unterscheidungsmerkmal hat,.. ist auch *auf dem Antlitz jedes Kunstwerks* –ob einzeln oder ganzheitlich– jeweils eine Prägung der Einheitsbezeigung, *und am Haupt jedes Geschöpfes* –ob groß oder klein, wenig oder viel– jeweils ein Siegel der Allgegenwart zu sehen.

Und vor allem die Prägungen der lebendigen Geschöpfe sind sehr glanzvoll. Vielmehr ist ein jedes Lebewesen auch selbst jeweils eine Prägung der Einheitsbezeigung, jeweils ein Siegel der Einheit, jeweils ein Stempel der Allgegenwart, jeweils ein Namenszug des Samediyet.

Ja, eine jede Blume, jede Frucht, jedes Blatt, jede Pflanze und ein jedes Tier ist jeweils solch ein Stempel der Allgegenwart und Siegel des Samediyet, dass sie einem jeden Baum die Form jeweils eines Briefes des Allumsorgers, jeder Geschöpf-Gruppe die jeweils eines Buches des Allbarmherzigen und jedem Garten die jeweils eines Erlasses des Allgepriesenen gegeben haben,.. dass auf jenen Baum-Brief Stempel an der Anzahl seiner Blüten, Unterschriften an der Zahl seiner Früchte und Namenszüge an der Menge seiner Blätter gesetzt wurden, auf jenem Art- und Gruppen-Buch wiederum –um seinen Schreiber zu zeigen und mitzuteilen– Siegel an der Anzahl ihrer Individuen gedrückt, sowie auf jenem Garten-Erlass, um seinen Sultan bekannt zu machen und zu beschreiben, Prägungen an der Zahl der Pflanzen, Bäume und Tiere in jenem Garten aufgesetzt.

Sogar gibt es am Anfang, am Ende, am Äußeren und im Inneren eines jeden Baumes vier Prägungen der Einheitsbezeigung, auf welche die Namen هُوَ الْاَوَّلُ وَالْاٰخِرُ وَالظَّاهِرُ وَالْبَاطِنُ[1] *hinweisen.*

So wie mit dem Namen „der Anfang" hingewiesen wird: Der Kern (Anm.), der der eigentliche Ursprung jedes frucht-

---

[1] Er ist der Anfang, das Ende, das Äußere und das Innere. (Seine Namen umfassen und durchdringen alle Zeiten, alle Räume und alle Dinge).

(Anm.): Man kann sagen, dass dieser seit alters her als Sprichwort in aller Munde und in der Sprache der Menschen umlaufende Spruch „von Kern aus meistern" (çekirdekten yetişme) ein außerordentlicher verborgener Hinweis auf den Verfasser dieser Abhandlung ist. Denn: Die Person, welche Diener (Verfasser) der Risale-i Nur ist, hat mit dem Segen des Kur'âns bei dem Kern und der Blume zwei Stufen der Erkenntnis für die Einheitsbezeigung entdeckt, dadurch an derselben Stelle, welche die Materialisten ertränkte, Lebenswasser gefunden und hat „von Kern aus die Wahrheit und das Licht der Erkenntnis gemeistert"; so beruht die vielfa-

→

tragenden Baums ist, ist solch ein Kästchen, welches das Programm, das Inhaltsverzeichnis und den Plan jenes Baums,.. ist solch eine Werkbank, die dessen Apparate, Materialien und Formungen,.. und ist solch eine Maschine, die dessen anfängliche ganz zarte Zufuhren, feine Verbräuche und Regelungen in sich trägt.

Und so wie mit dem Namen „das Ende" hingewiesen wird: Das Ergebnis und die Frucht jedes Baums ist solch eine Beschreibung, die die Formen, Zustände und Eigenschaften jenes Baums,.. ist solch eine Erklärung, die seine Aufgaben, Nutzen und Besonderheiten,.. und ist solch ein Resümee, welches die Artgenossen, Nachkommenschaften und künftige Generation jenes Baums mit den Kernen, die sich im Herzen jener Frucht befinden, darlegt und unterrichtet.

Und so wie mit dem Namen „das Äußere" hingewiesen wird: Die Gestalt und Form, welche jeder Baum sich aufsetzt, ist solch ein kunstvolles und ornamentiertes Gewand und Kleid, welches genau der Statur jenes Baums entsprechend – mit seinen Ästen, Zweigen, Gliedern und Teilen– angesetzt, zugeschnitten und verziert wurde. Und sie ist so exakt, maßgerecht und bedeutsam, dass sie den Baum in die Form eines Buches, Briefes und Lobgedichts gebracht hat.

Und so wie mit dem Namen „das Innere" hingewiesen wird: Die in allen Bäumen arbeitende Werkbank ist solch eine Fabrik, die alle Teile und Glieder jenes Baums formt, seine Verwaltung und Betreuung mit äußerst genauem Maß abmisst, genauso alle Stoffe und Nahrungen, welche für seine einzelnen Glieder nötig sind, unter höchst vollkommener Ordnung hinführt, verteilt und zustellt, wobei zugleich jene erstaunliche Fabrik in Betrieb ist mit einer den Verstand ver-

---

che Wiederholung dieser zwei Dinge in der Risale-i Nur auf dieser Weisheit.

blüffenden Schnelle wie der Blitz, einer Leichtigkeit wie die Uhr aufzudrehen und einer Einheit und Gemeinsamkeit wie einer Armee „Marsch!" zu sagen.

Kurz: Der Anfang jedes Baums ist solch ein Kästchen und Programm,.. sein Ende solch eine Beschreibung und ein Exemplar,.. sein Äußeres solch ein kunstvolles Gewand und ornamentiertes Kleid.. und sein Inneres solch eine Fabrik und Werkbank, und diese vier Hinsichten sind so aufeinander ausgerichtet, und aus der Gesamtheit der vier zeigt sich solch eine größte Prägung, sogar ein Größter Name, dass zweifellos außer einem Allgegenwärtigen Alleinbesitzenden Künstler, der die gesamte Schöpfung verwaltet, ein anderer jene Taten nicht vollbringen kann.

Und wie beim Baum trägt auch der Anfang, das Ende, das Äußere und das Innere jedes Lebewesens jeweils eine Prägung der Einheitsbezeigung, ein Siegel der Einheit, einen Stempel der Allgegenwart und einen Namenszug der Einsheit.

Nun also, analog zu dem Baum in diesen drei Beispielen ist auch der Frühling ein Baum mit vielen Blüten: Die Samenkörner, Kerne und Wurzeln, welche der Hand des Herbstes anvertraut werden, tragen die Prägung des Namens „der Anfang",.. die Früchte, Getreide und Gemüse, welche auf den Schoß des Sommers fallen und seinen Schoß füllen, das Siegel des Namens „das Ende",.. die seidenbrokatgleichen Gewänder und die mit hunderttausend Ornamenten verschönerten anerschaffenen Kleider, welche der Frühling wie eine Paradiesjungfrau übereinander trägt, den Stempel des Namens „das Äußere",.. und die im Frühling und im Innern der Erde arbeitenden Fabriken des Samed, kochenden großen Kessel des Allbarmherzigen und die Speisen zubereitenden Küchen des Allumsorgers den Namenszug des Namens „der Innere".

Sogar ist auch eine jede Art –z. B. das Menschengeschlecht– ein Baum: Seine Wurzel und sein Kern in der Vergangenheit und seine Früchte und Ergebnisse in der Zukunft befindlich, herrschen innerhalb des Lebens des Geschlechts und des Fortbestehens der Art höchst wohlgeregelte Gesetze, trägt genauso auch sein gegenwärtiger Zustand eine Prägung der Einheitsbezeigung unter Geltung der Prinzipien des persönlichen Lebens und des sozialen Lebens, sowie –unter scheinbaren Unordnungen– ein verborgenes, ordnungsmäßiges Siegel der Einheit, und –hinter den verworrenen menschlichen Zuständen– einen Stempel der Einsheit unter Geltung der „Lebens-Bestimmungen“ genannten Gesetze der Vorbestimmung und ihrer Ausführung.

Schlusswort

Beim Geheimnis der Einheitsbezeigung ist dies jeweils ein ganz kurzer Hinweis –mit jeweils einem Wort– auf die übrigen Glaubensgrundsätze.

O gottvergessener Mensch! Komm denk einmal nach und halte die „drei Früchte, drei Erforderer und drei Zeugnisse", welche in den drei Abschnitten dieser Abhandlung dargelegt wurden, vor Augen und schau: ein Allmächtiger, Allweiser, Erbarmungsvoller, Allwissender Künstler, der in dieser Schöpfung verwaltet und sogar eine unbedeutendste Genesung und kleinste Danksagung beachtet, eine geringste Kunst wie den Fliegenflügel anderen nicht überlässt, nicht gibt und nicht gleichgültig bleibt, einem einfachsten Samenkern so viele Aufgaben und Weisheiten anhängt wie ein Baum, und der Seine eigene Allbarmherzigkeit, Erbarmung und Allweisheit durch jede Seine Kunst zu verstehen gibt und sich bei jedem Anlass bekannt und durch jede Gabe beliebt macht: ist es überhaupt möglich und in irgendeiner Hinsicht denkbar, dass (solch ein Künstler) vor den, die Schöpfung geistig umgebenden **Schönheiten der Wahrheit Muhammed's** (A.S.M.), **der Lobpreisungen Ahmed's** (A.S.M.) **und der Lichter des Islam** gleichgültig bleibt!

Und **das Gesandtentum Ahmed's** (A.S.M.), welches alle Seine Kunstwerke vergoldet, alle Seine Geschöpfe erfreut, die Schöpfung erleuchtet, die Himmel und die Erde in Begeisterung versetzt und die Hälfte der Erdkugel und ein Fünftel des Menschengeschlechts vierzehn Jahrhunderte ohne Unterbrechung unter seine materielle und geistige Herrschaft nimmt und ständig jene seine prachtvolle Herrschaft auf Rechnung und im Namen des Erschaffers der Schöpfung ausübt: ist es in irgendeiner Hinsicht möglich, dass (ein solches Gesandtentum) nicht ein wichtigster Zweck, Glanz und Spiegel jenes Künstlers sein sollte,.. und dass auch **die Propheten**, die wie Muhammed (A.S.M.) für dieselbe Wahrheit gedient haben, nicht die Gesandten, Freunde und Bediensteten jenes Künstlers sein sollten! Um Gottes willen, entsprechend der Anzahl der Wunder der Propheten nein und wieder nein!...

Ist es auch in irgendeiner Hinsicht möglich, dass ein Allweiser Erbarmungsvoller Schöpfer, der einem unbedeutendsten Ding wie einem Ast und Zweig hundert Weisheiten und Früchte anhängt und Seine Allumsorgung durch Seine außerordentlichen Weisheiten und durch Seine allgemeine Allbarmherzigkeit bekannt und beliebt macht, nicht **die Auferstehung** bringt –welche für Seine Allmacht so einfach ist wie ein Frühling–, nicht **eine Stätte der Glückseligkeit, einen Ort der Beständigkeit** eröffnet und somit alle Seine Weisheiten und Allbarmherzigkeiten, sogar Seine Allumsorgungen und Vollkommenheiten leugnet, leugnen lässt und alle Seine geliebten Geschöpfe, die Er sehr liebt, auf ewig vernichtet! Um Gottes willen, hunderttausend Mal nein!.. Jenes Absolute Cemâl ist vor solch einer absoluten Hässlichkeit hunderttausendefach rein und heilig.

Eine lange Anmerkung

Eine Frage im Zusammenhang mit der Auferstehung:

Die wiederholten Erlasse im Kur'ân

إِنْ كَانَتْ اِلَّا صَيْحَةً وَاحِدَةً [1] und وَمَٓا اَمْرُ السَّاعَةِ اِلَّا كَلَمْحِ الْبَصَرِ [2]

zeigen, dass die Größte Auferstehung auf einmal (und) zeitlos erfolgt. Der beschränkte Verstand aber verlangt ein sichtbares Beispiel, das dazu dienlich ist, diese höchst erstaunliche und beispiellose Angelegenheit mit Verständnis anzuerkennen.

Antwort: *Bei der Auferstehung gibt es das Kommen der Seelen zu den Körpern, außerdem die Belebung der Körper, sowie die Erbauung der Körper; es sind „drei Angelegenheiten".*

ERSTE ANGELEGENHEIT: Ein Beispiel für das Kommen der Seelen zu ihren Körpern aber ist es, dass die Mannschaften einer höchst geordneten Armee, während sie zur Ruhe nach überall hin zerstreut sind, auf den hohen Laut eines Signals zusammenkommen. Ja, so wie das „Sûr" İsrâfil's, welches sein Signalhorn ist, der Trompete der Armee nicht nachsteht, sind auch die Seelen, die, während sie in der Gegend der Ewigkeiten und in der Welt der Atome waren, die von der Richtung der Überzeitlichkeit kommende

---

[1] Es wird nur ein einziger lauter Ruf sein.

[2] Die Verwirklichung der Auferstehung ist nur wie ein Augenzucken.

Anrede أَلَسْتُ بِرَبِّكُمْ[1] gehört und mit قَالُوا بَلَى[2] geantwortet haben, zweifellos tausendefach noch gefügiger, geordneter und gehorsamer als die Soldaten der Armee. Dass sogar auch die gesamten Atome eine Armee des Allgepriesenen und Seine beauftragten Soldaten sind –und nicht nur die Seelen–, hat das „dreißigste Wort" mit sicheren Belegen bewiesen.

ZWEITE ANGELEGENHEIT: Ein Beispiel für die Belebung der Körper aber: So wie in einer sehr großen Stadt, in einer belebten Nacht hunderttausend Lampen von einer einzigen Zentrale aus geradezu zeitlos in einem Moment aufbelebt und belichtet werden, ist es auch auf der ganzen Erdkugel möglich, von einer einzigen Zentrale aus hundert Millionen Lampen Licht zu geben. Da nun ein Geschöpf des Allerhabenen Hak wie die Elektrizität, ein Diener und Lichtspender von Ihm in einem Seiner Gästehäuser, durch die von seinem Schöpfer erhaltene Unterweisung in Erziehung und Ordnung diese Eigenschaft erfährt, kann die Größte Auferstehung zweifellos im Rahmen der wohlgeregelten Gesetze der Weisheit Gottes, welche tausende Seiner lichterfüllten Diener wie die Elektrizität vertreten, zustande kommen.

DRITTE ANGELEGENHEIT, nämlich Beispiel für die sofortige Erbauung der Körper ist: Dass im Frühling innerhalb ein paar Tagen alle die Blätter der ganzen Bäume, welche tausendfach zahlreicher sind als die Gesamtheit der Menschen, wie dieselben des vorherigen Frühlings auf einmal auf vollkommene Weise erbaut werden,.. dass die ganzen Blüten, Früchte und Blätter wieder der ganzen Bäume

---

[1] „Bin Ich nicht euer Herr?"

[2] (Sie sagten:) „Doch, mit Sicherheit!"

gleich der Erträgnisse des vergangenen Frühlings blitzschnell geschaffen werden,.. dass ebenso unzählige Samenkörnchen, Kerne und Wurzeln, welche der Anfang jenes Frühlings sind, mit einem Mal gemeinsam erwachen, sicht entfalten und belebt werden,.. dass die Leichen der ganzen Bäume, gleichsam als stehende Tote aus Knochen, auf einen Befehl plötzlich die „Auferstehung nach dem Tode" erfahren und „verteilt" werden,.. dass die zahllosen Individuen der Gruppen ganz kleiner Tiere höchst kunstvoll belebt werden,.. dass insbesondere die Völkerschaften der Fliegen auferstehen, und dass insbesondere die Völkerschaft (gerade) vor meinen Augen, welche dadurch, dass sie ständig ihr Gesicht, ihre Augen und Flügel reinigt, uns an die (rituelle) Waschung und an die Reinheit erinnert, und welche unser Gesicht streichelt, (dass sie) –obgleich ihre Individuen, die (allein schon) in einem Jahr verteilt werden, mehr als die gesamten Individuen der Menschen seit der Zeit Adams sind– in jedem Frühling mit den übrigen Völkerschaften zusammen innerhalb ein paar Tagen erbaut und belebt werden,.. (all das) ist zweifellos für die Erbauung der Körper der Menschen am Jüngsten Tag nicht ein Beispiel, sondern sind tausende Beispiele.

Ja, weil die Welt eine Stätte der Weisheit und das Jenseits eine Stätte der Allmacht ist, wurde es auf der Welt durch das Bedingen vieler Namen wie z. B. Allweiser, Allregulierer, Allbetreuer und Allumsorger das Erfordernis der Weisheit des Allumsorgers, dass auf der Welt die Schaffung der Dinge in gewissem Grade allmählich und mit der Zeit erfolgt. Weil im Jenseits aber mehr die Allmacht und Allbarmherzigkeit in Erscheinung treten als die Weisheit, werden die Dinge sofort erbaut, ohne eine Notwendigkeit zu lassen nach Materie, Dauer, Zeit und Warten. Darauf hinweisend, dass die hier an einem Tag und in einem Jahr ausgeführten Dinge im Jenseits sofort in einem Augenblick erbaut werden, verfügt der Unnachahmliche Kur'ân

[1] وَمَٓا اَمْرُ السَّاعَةِ اِلَّا كَلَمْحِ الْبَصَرِ اَوْ هُوَ اَقْرَبُ

Wenn du das Kommen der Auferstehung so sicher verstehen willst wie das Kommen des nächsten Frühlings, schau dir mit Aufmerksamkeit das „zehnte Wort" und „neunundzwanzigste Wort" über die Auferstehung an und erkenne. Wenn du an sie nicht so glaubst wie das Kommen des Frühlings, kannst du herkommen und mich zurechtweisen!..

VIERTE ANGELEGENHEIT aber – das Sterben der Welt und der Anbruch des Weltuntergangs: Wenn auf einmal ein Planet oder Komet auf Befehl des Allumsorgers gegen unseren Globus, unser Gästehaus stößt, kann er diese unsere Wohnstätte zerstören – so wie ein in zehn Jahren erbautes Schloss innerhalb einer Minute zerstört wird…

Die kurz gefasste Darstellung dieser vier Angelegenheiten der Auferstehung genügt vorläufig. Wir kommen wieder zum Thema.

Ist es auch überhaupt möglich, dass der **Unnachahmliche Kur'ân**, der der sprachperfekte Übersetzer aller wahrhaftigen und erhabenen Wahrheiten der Schöpfung, die wundervolle Sprache aller Vollkommenheiten des Erschaffers der Schöpfung und die erstaunliche Zusammenstellung all Seiner Absichten ist, nicht das Wort jenes Schöpfers sein sollte! Um Gottes willen, entsprechend der Anzahl der Geheimnisse seiner Verse nein!..

Ist es auch überhaupt möglich, dass ein Allweiser Künstler alle Seine belebten und bewusstseinbesitzenden Kunstwerke zwar miteinander sprechen, mit tausenden Formen ihrer

[1] Die Verwirklichung der Auferstehung ist nur wie ein Augenzucken, sogar noch kürzer.

Sprachen miteinander reden lässt und ihre Worte und Stimmen kennt, hört und mit Seinen Handlungen und Gaben offenkundig antwortet, aber selber nicht reden sollte und könnte! Ist dies überhaupt möglich und hat es überhaupt eine Eventualität!..

Da Er nun offenkundig sprechen wird, und da nun ein gänzlich verständiger Angeredeter Seines Sprechens ganz zu Anfang der Mensch ist, sind dann zweifellos **die berühmten heiligen Bücher –allen voran der Kur'ân–** Seine Reden.

Ist es auch überhaupt möglich, dass ein Allweiser Künstler, der um sich selbst bekannt und beliebt zu machen, sich loben und verherrlichen zu lassen, und der, um durch Erfreuen und Zufriedenstellen der Lebewesen mit (allerlei) Arten Seiner Wohltaten ihre Dankempfindungen und Danksagungen zu einem wichtigen Anlass für Seine Allumsorgung zu machen, die riesige Schöpfung mit ihren Arten und Bestandteilen für die Lebewesen zu einem gefügigen Diener, einer Wohn-, Ausstellungs- und Festmahlsstätte macht, dann dermaßen die Vervielfältigung der Exemplare der verschiedensten, tausenden Arten der Lebewesen verlangt, dass Er (z. B.) manche der Blätter der „Früchtelosen" wie der Pappel und Ulme für ein Bataillon von Fliegen, d. h. für die in der Luft rezitierenden Lebewesen, sowohl zur Wiege, als auch zum Mutterleib, sowie zum Depot ihrer Nahrungen macht, (ist es überhaupt möglich, dass ein solcher Allweiser Künstler) diese schmuckvollen Himmel und lichtvollen Sterne ohne Besitzer, ohne Leben, ohne Seele, ohne Bewohner, leer, öde, nutzlos, d. h. ohne **Engel**, ohne **Seelenwesen** lässt! Um Gottes willen, entsprechend der Anzahl der Engel und Seelenwesen nein und wieder nein!..

Ist es auch überhaupt möglich, dass ein Allbetreuender Allweiser Künstler zwar die Anfänge und Enden einer unbedeutendsten Pflanze, eines kleinsten Baums mit vollkommener Ordnung ihre Lebensbestimmungen in ihren Kernen und

Früchten mit dem Stift der Vorbestimmung schreibt, zugleich den riesigen Frühling wie einen einzigen Baum seine Anfänge und Ergebnisse mit vollkommener Sonderung und Ordnung schreibt, und auch gegen unbedeutendsten Dingen nicht gleichgültig bleibt,.. aber die sehr wichtigen Taten und Handlungen des Menschen, der das Resultat der Schöpfung, Statthalter der Erde und der Aufseher und Offizier der Geschöpf-Arten ist, nicht schreiben, nicht in den **Bereich Seiner Vorbestimmung** nehmen und gegen ihnen gleichgültig bleiben sollte! Um Gottes willen, entsprechend der Anzahl der Taten der Menschen, welche (am Jüngsten Tag) gewogen werden, nein und wieder nein!..

Kurz: die Schöpfung sagt mit all ihren Wahrheiten laut rufend:

(1) آمَنْتُ بِاللّٰهِ وَمَلٰئِكَتِهِ وَكُتُبِهِ وَرُسُلِهِ وَبِالْيَوْمِ الْاٰخِرِ وَبِالْقَدَرِ خَيْرِهِ وَشَرِّهِ
مِنَ اللّٰهِ تَعَالٰى وَالْبَعْثُ بَعْدَ الْمَوْتِ حَقٌّ اَشْهَدُ اَنْ لَا اِلٰهَ اِلَّا اللّٰهُ وَاَشْهَدُ اَنَّ مُحَمَّدًا
رَسُولُ اللّٰهِ صَلَّى اللّٰهُ عَلَيْهِ وَعَلٰى اٰلِهِ وَصَحْبِهِ وَاِخْوَانِهِ وَسَلَّمَ اٰمِينَ

---

(1) Ich glaube an Allah, an Seine Engel, an Seine Bücher, an Seine Gesandten, an den Jüngsten Tag, an die Vorbestimmung – dass all ihr Gutes wie Schlechtes von Allah kommt; die Auferstehung nach dem Tode ist wahr; ich bezeuge, dass es kein Gott gibt außer Allah, und ich bezeuge, dass Muhammed der Gesandte Allahs ist; Allah schenke ihm und seinen Angehörigen und Gefährten, und seinen Mitbrüdern (den Propheten) Barmherzigkeiten und Frieden, âmîn.

EIN EINHEITSBEZEUGENDES BITTGEBET UND SEIN VORWORT

In Anbetracht dessen, dass an der Stelle, wo Seine Erhabenheit İmam-ı Ali Radiyallahu Anh und Kerremallahu Vechehu in seinem Lobgedicht des Celcelûtiye wunderhaft von der Risale-i Nur berichtet, er die Risale-i Nur mit den Namen „Sirac'in-Nur" und „Sirac'is-Sürc" benennt und somit den drei Namen der Risale-i Nur zwei Namen hinzufügt,.. und im Zusammenhang der Wiederholung des Namens „Sirac'in-Nur" in dieser Abhandlung unterbreiten wir am Ende dieser Abhandlung ein sehr bedeutendes Bittgebet von İmam-ı Ali Radiyallahu Anh –zwei Stufen erweiternd–, mit seiner erhabenen Sprache, und indem wir unsere Worte uns als seine Worte vorstellend gebrauchen, das folgende Bittgebet dem „Hofe" des Allgegenwärtigen Alleinbesitzers:

BITTGEBET

اَللّٰهُمَّ اِنَّهُ لَيْسَ فِى السَّمٰوَاتِ دَوْرَاتٌ وَنُجُومٌ مُحَرَّكَاتٌ سَيَّارَاتٌ وَلَا فِى الْجَوِّ
سَحَابَاتٌ وَبُرُوقٌ مُسَبِّحَاتٌ وَرَعَدَاتٌ ۞ وَلَا فِى الْاَرْضِ عَمَرَاتٌ وَحَيَوَانَاتٌ
وَعَجَائِبُ مَصْنُوعَاتٍ ۞ وَلَا فِى الْبِحَارِ قَطَرَاتٌ وَسَمَكَاتٌ وَغَرَائِبُ مَخْلُوقَاتٍ
۞ وَلَا فِى الْجِبَالِ حَجَرَاتٌ وَنَبَاتَاتٌ وَمُدَّخَرَاتُ مَعْدَنِيَّاتٍ ۞ وَلَا فِى الْاَشْجَارِ
وَرَقَاتٌ وَزَهَرَاتٌ مُزَيَّنَاتٌ وَثَمَرَاتٌ ۞ وَلَا فِى الْاَجْسَامِ حَرَكَاتٌ وَآلَاتٌ
وَمُنَظَّمَاتُ جِهَازَاتٍ ۞ وَلَا فِى الْقُلُوبِ خَطَرَاتٌ وَاِلْهَامَاتٌ وَمُنَوَّرَاتُ
اِعْتِقَادَاتٍ اِلَّا وَهِىَ كُلُّهَا عَلٰى وُجُوبِ وُجُودِكَ شَاهِدَاتٌ وَعَلٰى وَحْدَانِيَّتِكَ

دَالَّاتٌ وَفِى مُلْكِكَ مُسَخَّرَاتٌ فَبِالْقُدْرَةِ الَّتِى سَخَّرْتَ بِهَا الْاَرَضِينَ وَالسَّمٰوَاتِ
سَخِّرْ لِى نَفْسِى وَسَخِّرْ لِى مَطْلُوبِى وَسَخِّرْ لِرَسَائِلِ النُّورِ لِخِدْمَةِ الْقُرْاٰنِ وَالْاِيمَانِ
قُلُوبَ عِبَادِكَ وَقُلُوبَ الْمَخْلُوقَاتِ الرُّوحَانِيَّاتِ مِنَ الْعُلْوِيَّاتِ وَالسُّفْلِيَّاتِ
يَا سَمِيعُ يَا قَرِيبُ يَا مُجِيبَ الدَّعَوَاتِ وَالْحَمْدُ لِلّٰهِ رَبِّ الْعَالَمِينَ ۞

سُبْحَانَكَ لَا عِلْمَ لَنَا اِلَّا مَا عَلَّمْتَنَا اِنَّكَ اَنْتَ الْعَلِيمُ الْحَكِيمُ [1]

* * *

[1] O mein Allah! In den Himmeln gibt es unter den Rotationen, den treibenden gefügigen Gestirnen,.. in der Atmosphäre unter den Wolken, den preisenden Blitzen und Donnern,.. auf der Erde unter den Stäuben, den Lebewesen und den erstaunlichen Kunstwerken,.. in den Meeren unter den Tropfen, den Fischen und den außergewöhnlichen Geschöpfen,.. an den Bergen unter den Steinen, den Pflanzen und den aufgespeicherten Mineralien,.. an den Bäumen unter den Blättern, schmuckvollen Blüten und den Früchten,.. an den Körpern unter den Bewegungen, Organen und wohlgeregelten Apparaten,.. und in den Herzen unter den Einfällen, Eingebungen und lichtvollen Glauben keinen einzigen, der kein Zeuge der Wesensnotwendigkeit Deiner Existenz und kein Beweis Deiner Einsheit ist, und der nicht in Deinem Besitz (Dir) gefügig wäre. Mit dieser Deiner Allmacht also, mit der Du die Erden und die Himmel gefügig machst, mache mein Nefs mir gefügig, erfülle mir meine Wünsche, mache für die Risale-i Nur, für den Kur'ân- und Glaubensdienst die Herzen Deiner Diener gefügig, sowie die Herzen der beseelten Geschöpfe in den Höhen und im Niedern – o Allhörender, o Naher, o Erwiderer der Bittgebete! Und alles Lob und Dank gebührt Allah, dem Herrn aller Welten. * Gepriesen seist Du. Wir haben kein Wissen außer dem, was Du uns gelehrt hast; wahrlich, Du bist der Allwissende, der Allweise.

Zweites Kapitel des „Größten Zeichens”

Es handelt über Beweise der Einheitsbezeigung

Der Gast im Diesseits, der auf die Welt wegen des Glaubens geschickt wurde, und der in der ganzen Schöpfung gedanklich gereist ist, alle Dinge nach seinem Schöpfer gefragt, überall seinen Allumsorger gesucht und im Grade der vollerlebten Gewissheit seinen Herrn im Punkte der Wesensnotwendigkeit der Existenz gefunden hat, sagte zu seinem Verstand: „Komm, wir werden, um die Einheits-Beweise unseres Wesensnotwendig Existierenden Schöpfers zu betrachten, gemeinsam wieder auf eine Reise gehen.”

Sie gingen gemeinsam... Auf der ersten Station sahen sie, dass vier heilige Wahrheiten, welche die Schöpfung umgeben, die Einheit im Grade der Klarheit erfordern und notwendig machen.

ERSTE WAHRHEIT: Es ist die absolute Gottheit.

Ja, die Tatsache, dass eine jede Gruppe des Menschengeschlechts wie angeboren sich mit jeweils einer Art von Gottesdienst beschäftigt,.. dass die anerschaffenen Dienste der übrigen Lebewesen, sogar auch der unbelebten Dinge, wie jeweils eine Art von Gottesdienst sind,.. dass eine jede der gesamten materiellen wie geistigen Gaben und Wohltaten in der Schöpfung durch eine Angebetetheit jeweils die Liebe und Danksagung veranlasst, was den Lobpreis und Gottesdienst verrichten lässt,.. und dass die ganzen Infiltrationen aus dem Verborgenen und geistigen Manifestationen wie die Offenbarungen und Eingebungen die Angebetetheit eines einzigen Gottes bekannt machen, beweist zweifellos und offenkundig das Herrschen und die Bewahrheitung einer absoluten Gottheit.

Da es nun eine solche Wahrheit der Gottheit gibt, kann sie zweifellos die Mitwirkung (anderer) nicht akzeptieren. Denn, diejenigen, die die Gottheit, d. h. die Angebetetheit mit Dank und Gottesdienst erwidern, sind an den äußersten Enden des Schöpfungs-Baums seine bewusstseinbesitzenden Früchte; und dass andere jene Bewusstseinsbesitzer erfreuen und zu Dank verpflichten, somit ihre Gesichter zu sich wenden und ihnen ihren wahren Angebeteten vergessen lassen, den man schnell vergessen lassen kann, weil man Ihn nicht sieht, ist ein solcher Gegensatz zum Wesen der Gottheit und zu ihren heiligen Absichten, dass sie dies in keiner Hinsicht erlaubt. Dass der Kur'ân vielfach und heftig die Teilhaberschaft zurückweist und den Beigesellern mit der Hölle droht, rührt von dieser Hinsicht her.

ZWEITE WAHRHEIT: Es ist die absolute Allumsorgung.

Ja, eine allgemeine Verwaltung, die in der ganzen Schöpfung, vor allem bei den Lebewesen, insbesondere bei ihrer Aufzucht und Verpflegung, überall auf die gleiche Weise, in unverhoffter Form, gemeinsam, ineinander, weisheits- und erbarmungsvoll durch eine verborgene Hand erfolgt, ist zweifellos die Infiltration und das Licht einer absoluten Allumsorgung; sie ist ein sicherer Beweis ihres Zu-Tage-Tretens.

Da es nun eine absolute Allumsorgung gibt, wird sie zweifellos die Teilhaberschaft und Mitwirkung (anderer) nicht akzeptieren. Denn, weil die wichtigsten Ziele und Absichten jener Allumsorgung wie z. B. Ihr Cemâl zu bezeigen, Ihre Vollkommenheiten bekannt zu machen, Ihre wertvollen Künste vorzuführen und Ihre verborgenen Fähigkeiten zu zeigen, sich bei den Lebewesen und einzelnen Dingen konzentrieren und (bei ihnen) zusammentreten, würde eine Teilhaberschaft, die (sogar) in ein kleinstes Ding und Lebewesen von sich aus eingreift, jene Absichten zerstören und jene Ziele vereiteln. Und weil diese (Teilhaberschaft) die Gesichter der Bewusstseinsbesitzer von jenen Zielen und von dem Beabsichtiger dieser Ziele ab- und den Ursachen zuwendet, und weil dieser Zustand der Wesenheit der Allumsorgung ganz und gar zuwider und feindselig ist, wird eine solche absolute Allumsorgung zweifellos die Teilhaberschaft in keiner Hinsicht erlauben.

Dass der Kur'ân vielfach heiligt, preist und mit seinen Versen, Wörtern, sogar mit seinen Buchstaben und Teilen beständig zur Einheitsbezeugung rechtweist, rührt von diesem großen Geheimnis her...

DRITTE WAHRHEIT: Es sind die Vollkommenheiten.

Ja, es ist sehr offenkundig, dass die ganzen erhabenen Weisheiten dieser Schöpfung, ihre erstaunlichen Schönheiten, allgerechten Gesetze und weisheitsvollen Zwecke die Existenz der Wahrheit der Vollkommenheiten klar beweisen und insbesondere die Vollkommenheiten des Schöpfers bezeugen, der diese Schöpfung aus dem Nichts hervorbringt und in jeder Hinsicht wunderbar und cemâl-voll lenkt, sowie die Vollkommenheiten des Menschen (bezeugen), der der bewusstseinbesitzende Spiegel jenes Schöpfers ist.

Da es nun die Wahrheit der Vollkommenheiten gibt,.. da nun die Vollkommenheiten des Schöpfers, der die Schöpfung in Vollkommenheiten hervorbringt, gewiss sind,.. und da nun die Vollkommenheiten des Menschen, der die wichtigste Frucht der Schöpfung, der Statthalter der Erde und das bedeutendste Kunstwerk und Liebling des Schöpfers ist, wahr und wahrhaftig sind,.. dann kann zweifellos die Teilhaberschaft nicht möglich sein und ist unwahr, welche nämlich dieser mit Vollkommenheiten und Weisheiten ausgestatteten Schöpfung, die wir selber sehen, die Gestalt eines in der Vergänglichkeit und Vernichtung sich Wälzenden gibt, und eines ergebnislosen Spielzeugs des Zufalls, Spielorts der Natur, grausamen Schlachthauses der Lebewesen und einer furchtbaren Trauerstätte der Bewusstseinsbesitzer,.. welche den Menschen, durch dessen Werke seine Vollkommenheiten zu erkennen sind, auf die tiefe Stufe eines hilflosesten, verstörtesten und niedrigsten Tieres versetzt,.. und welche das Resultat der Aktivität und der Stetigen Erschaffung des Schöpfers entwertet, indem sie die Vollkommenheiten des Schöpfers verhüllt und verbirgt, der doch auf die Bezeugung alles Existierenden hin, die die Spiegel Seiner Vollkommenheiten sind, grenzenlose heilige Vollkommenheiten besitzt.

Weil es in dem, über drei Früchte der Einheitsbezeigung handelnden „ersten Abschnitt" der Abhandlung „zweiter Lichtstrahl" (Şuâ) mit handfesten und sicheren Nachweisen bewiesen und erklärt wird, dass die Teilhaberschaft diesen Vollkommenheiten Gottes, des Menschen und der Schöpfung zuwider ist und (dass sie) diese Vollkommenheiten zerstört, überlassen wir es ihm und fassen uns hier kurz.

VIERTE WAHRHEIT: Es ist die Herrschaft.

Ja, wer diese Schöpfung mit weitreichender Aufmerksamkeit betrachtet, wird die Schöpfung in der Bedeutung eines höchst prachtvollen und sehr tatkräftigen Landes, sogar einer, in ihrer Verwaltung höchst weisheitsvollen und in ihrer Herrschaft sehr mächtigen Stadt sehen und alle Dinge und alle Arten mit jeweils einer Aufgabe gefügig beschäftigt finden. Gemäß dem Gleichnis des Verses وَلِلّٰهِ جُنُودُ السَّمٰوَاتِ وَالْاَرْضِ [1], welches den Militärdienst zu verstehen gibt: Bei den Armeen des Allumsorgers –mit dem Heer der Atome, den Divisionen der Pflanzen und den Bataillonen der Tiere angefangen, bis hin zum Heer der Gestirne,.. bei jenen winzigen Bediensteten und bei diesen sehr großen Soldaten– beweist die Wirksamkeit von herrschaftsförmigen Erschaffungs-Befehlen, gebieterischen Bestimmungen und königlichen Gesetzen offenkundig die Existenz einer absoluten Herrschaft und einer universellen Lenkung.

Da es nun eine absolute Herrschaft gibt; kann zweifellos an der Teilhaberschaft nichts Wahres sein. Denn, wenn sich gemäß der sicheren Wahrheit des Verses لَوْ كَانَ فِيهِمَا اٰلِهَةٌ اِلَّا اللّٰهُ لَفَسَدَتَا [2] mehrere Hände absolutistisch in eine Sache einmischen, bringen sie sie durcheinander. Wenn sich in einem Land zwei Padişah's, sogar in einem Bezirk zwei Vorsteher befänden, würde die Ordnung zerstört und die Führung völlig durcheinander geraten. Doch gibt es von dem Flügel einer Fliege bis hin zu den Lämpchen der Himmel und von den Körperzellen bis hin zu den Sternbildern

---

[1] Und Allahs sind die Heerscharen der Himmel und der Erde.

[2] Gäbe es in ihnen (Himmel und Erde) Götter außer Allah, gewiss wären beide dem Unheil verfallen.

der Planeten eine solche Ordnung, dass (sogar) ein stäubchenkleiner Eingriff der Teilhaberschaft nicht sein kann.

Auch ist die Herrschaft ein Rang der Ehre; Rivalen zu akzeptieren, würde die Ehre jener Herrschaft brechen. Ja, dass der Mensch, der wegen seiner Unfähigkeit vieler Helfer bedarf, für seine kleine, äußerliche und vorübergehende Herrschaft seinen Bruder und sein Kind verbrecherisch tötet, zeigt auf, dass die Herrschaft einen Rivalen nicht akzeptiert. Wenn ein solcher Unfähiger für eine solche kleine Herrschaft dieserart handelt, kann es zweifellos in keiner Hinsicht möglich sein, dass ein Absolut Allmächtiger, der der Herr der gesamten Schöpfung ist, andere an Seiner heiligen Herrschaft, welche Seine wahre und universelle Allumsorgung und Gottheit bewirkt, teilhaben lässt und Teilhaber erlaubt.

Weil diese Wahrheit im „zweiten Abschnitt” des „zweiten Lichtstrahls”, sowie an vielen Stellen der Risale-i Nur mit handfesten Nachweisen bewiesen wird, überlassen wir es ihnen.

Nachdem also unser Reisende diese vier Wahrheiten sah, erkannte er die Einheit Gottes im Grade des Augenscheins, glänzte sein Glaube auf und sagte er aus ganzer Kraft لَا إِلٰهَ إِلَّا اللّٰهُ وَحْدَهُ لَا شَرِيكَ لَهُ[1].

Und als ein kurzer Hinweis auf die Unterweisung, die er von dieser Station erhielt, wurde *im „zweiten Kapitel”* des *„ersten Abschnitts”* gesagt:

لَا إِلٰهَ إِلَّا اللّٰهُ الْوَاحِدُ الْاَحَدُ الَّذِى دَلَّ عَلٰى وَحْدَانِيَّتِهِ وَ وُجُوبِ
وُجُودِهِ مُشَاهَدَةُ عَظَمَةِ حَقِيقَةِ تَبَارُزِ الْاُلُوهِيَّةِ الْمُطْلَقَةِ وَ

---

[1] Es gibt kein Gott außer Allah; Er ist Alleinbesitzend, hat keine Teilhaber.

كَذَا مُشَاهَدَةُ عَظَمَةِ اِحَاطَةِ حَقِيقَةِ تَظَاهُرِ الرُّبُوبِيَّةِ الْمُطْلَقَةِ
الْمُقْتَضِيَةِ لِلْوَحْدَةِ وَكَذَا ... مُشَاهَدَةُ عَظَمَةِ اِحَاطَةِ حَقِيقَةِ
الْكَمَالَاتِ النَّاشِيَةِ مِنَ الْوَحْدَةِ .. وَكَذَا مُشَاهَدَةُ عَظَمَةِ اِحَاطَةِ
حَقِيقَةِ الْحَاكِمِيَّةِ الْمُطْلَقَةِ الْمَانِعَةِ وَالْمُنَافِيَةِ لِلشِّرْكَةِ

Dann sagte jener rastlose Gast seinem Herzen: Dass die Gläubigen, insbesondere die Ordensleute jederzeit wiederholt لَا اِلٰهَ اِلَّا هُوَ[1] *sprechen, die Einheitsbezeugung rezitieren und ausrufen, zeigt auf, dass die Einheitsbezeugung sehr viele Stufen hat... Auch ist die Einheitsbezeugung eine sehr wichtige, sehr reizvolle und sehr erhabene heilige Aufgabe, eine anerschaffene Pflicht und ein glaubensbezogener Gottesdienst... In diesem Fall komm: um noch eine Stufe zu finden, sollten wir noch die Tür einer anderen Station dieser Lehrstätte öffnen. Denn, die wahre Eiheitsbezeugung, die wir suchen, ist nicht eine Erkenntnis, die lediglich aus der geistigen Vorstellung besteht; vielmehr ist sie eine „Wissen" genannte Bestätigung, die in der Logik anstelle der Vorstellung und viel wertvoller als eine vorgestellte Erkenntnis, und Resultat des Beweises ist... Und die wahre Einheitsbezeugung ist ein solches Urteil, Bestätigen, Begreifen und Anerkennen, dass man durch ein jedes Ding seinen Allumsorger finden kann, bei jedem Ding einen, zu seinem Schöpfer führenden Weg sieht und gar nichts seine Vergegenwärtigung (Gottes) verhindert. Andernfalls wäre es, um seinen Allumsorger zu finden, jedes Mal notwendig, den Schleier der Schöpfung zu zerreißen und aufzuziehen.*

---

[1] Es gibt kein Gott außer Ihm.

Indem er sagte: „In diesem Fall: Los, vorwärts!”, klopfte er an die Tür der Größe und Gewaltigkeit, trat ein in die Station der Handlungen und Werke und in die Welt der Hervorbringung und Neuschöpfung und sah: Es wirken „fünf umfassende Wahrheiten”, welche die Schöpfung umgeben haben; sie beweisen offenkundig die Einheitsbezeigung.

DIE ERSTE: Es ist die Wahrheit der Größe und Gewaltigkeit.

Weil diese Wahrheit im „zweiten Abschnitt” des „zweiten Lichtstrahls” und an mehreren Stellen der Risale-i Nur mit Beweisen erklärt wird, sagen wir hier nur wie folgt:

Derselbe Herr, der die Gestirne, welche in einer Distanz sind, auf der sie tausende von Jahren voneinander entfernt sind, im selben Moment auf die gleiche Weise schafft und verwaltet,.. der die zahllosen Individuen derselben Blume(-nart), die sich im Osten, Westen, Süden und Norden der Erde befindet, in derselben Zeit in gleicher Form erschafft und formt,.. ebenso هُوَ الَّذِى خَلَقَ السَّمٰوَاتِ وَالْاَرْضَ فِى سِتَّةِ اَيَّامٍ[1], d. h. der ein vergangenes, verborgenes und sehr erstaunliches Geschehnis wie die Himmel und die Erde in sechs „Tagen” [2] zu erschaffen, durch ein gegenwärtiges, sichtbares Geschehnis beweist und –in der Weise, als eine wie jenes (Geschehnis) erstaunliche Nachbildung, auf der Erde im Frühling mehr als hunderttausend Beispiele der Größten Auferste-

---

[1] Er ist es, der die Himmel und die Erde in sechs Tagen erschuf.

[2] *(Anm. d. Ü.)*: Damit sind nicht unsere bekannten „Tage”, sondern „Schöpfungstage” gemeint; nähere Erklärungen dazu können Sie im „Nachtrag von Barla” nachlesen.

hung zu zeigen– mehr als zweihunderttausend Pflanzengruppen und Tiervölker innerhalb von fünf bis sechs Wochen erbaut und in vollkommener Ordnung und Ausgewogenheit, ohne Verwechslung, Mängel und Fehler, gemeinsam, ineinander verwaltet, allumsorgt, verpflegt, sondert und ausschmückt,.. der ebenso gemäß der klaren Darlegung des Verses يُولِجُ الَّيْلَ فِي النَّهَارِ وَيُولِجُ النَّهَارَ فِي الَّيْلِ [1] die Erde dreht und die Seiten der Nacht und des Tages schafft, wendet, mit den täglichen Geschehnissen voll schreibt und verändert: derselbe Herr kennt zu gleicher Zeit auch (sogar) die verborgensten und kleinsten Einfälle der Herzen und lenkt sie mit Seinem Willen.

Und weil eine jede der genannten Handlungen eine einzige Handlung ist, ist zwangsläufig auch ihr Ausführender ein einziger Alleinbesitzer. Und ihr Allgewaltiger Ausführender, der allmächtig ist, hat offenkundig eine solche Größe und Gewaltigkeit, dass sie an keinem Ort, bei keinem Ding, in keiner Hinsicht irgendeine einzige Möglichkeit oder Eventualität irgendeiner Teilhaberschaft lässt; sie entwurzelt sie völlig.

Da es nun eine solche Größe und Gewaltigkeit einer Allmacht gibt, und da nun jene Größe grenzenlos vollkommen ist und (alles) umfasst, ist es zweifellos in keiner Hinsicht möglich, dass sie einer Teilhaberschaft Raum gibt und erlaubt, welche nämlich jener Allmacht eine Unfähigkeit oder Bedürftigkeit, jener Größe eine Unzulänglichkeit, jener Vollkommenheit einen Mangel, jenem Umfassen eine Begrenzung und jener Endlosigkeit ein Ende gibt – kein einziger

---

[1] Er lässt die Nacht in den Tag und den Tag in die Nacht übergehen.

Verstand, der nicht seine Veranlagung zerstört hat, würde dies akzeptieren.

Nun also ist die Beigesellung, da sie die Größe verletzt, die Ehre der Allgewalt kränkt und ihre Gewaltigkeit angreift, ein solches Verbrechen, dass der Unnachahmliche Kur'ân mit großer Drohung verfügt, dass sie absolut nicht verzeihlich ist: إِنَّ اللّٰهَ لَا يَغْفِرُ اَنْ يُشْرَكَ بِهِ وَيَغْفِرُ مَا دُونَ ذٰلِكَ[1]

ZWEITE WAHRHEIT: Es ist, dass die Handlungen des Allumsorgers, deren Verwaltungen in der Schöpfung zu sehen sind, absolut sind, (alles) umfassen und in grenzenloser Weise erscheinen.

Und das, was jene Handlungen beschränkt und begrenzt, ist nur die Weisheit und der Wille (Gottes) und die (Un-)Fähigkeit der Erscheinungsorte. Und der ziellose Zufall, die unbewusste Natur, blinde Kräfte, unbelebte Ursachen und unbeschränkte, sich nach überall hin zerstreuende und durcheinander bringende Elemente können sich in jene höchst maßgerechten, weisheitsvollen, sehend vollzogenen, lebendigen, wohl ausgeführten und soliden Handlungen nicht einmischen, werden vielmehr mit dem Befehl, dem Willen und der Kraft des Allgewaltigen Handelnden als ein äußerlicher Schleier der Allmacht eingesetzt.

Unter unzähligen Beispielen drei Beispiele dafür: *Wir erklären „drei Feinheiten” unter unzähligen Feinheiten der drei Handlungen, auf die drei aufeinander folgende Verse auf einer Seite der Sure En-Nahl hinweisen.*

---

[1] Wahrlich, Allah wird es nicht vergeben, dass Ihm zur Seite gestellt wird (jemand oder etwas); doch das, was geringer ist als dies, vergibt Er...

Die erste:

(1) وَاَوْحٰى رَبُّكَ اِلَى النَّحْلِ اَنِ اتَّخِذٖى مِنَ الْجِبَالِ بُيُوتًا... اِلٰى اٰخِرِ الْاٰيَةِ

Ja, die Biene ist erschaffungs- und aufgabenmäßig ein solches Wunder der Allmacht, dass die große Sure En-Nahl mit ihrem Namen benannt wurde. Denn, in dem winzigen Kopf jener ganz kleinen „Honig-Maschine" das perfekte Programm ihres bedeutenden Dienstes zu schreiben, in ihrem ganz kleinen Magen die süßeste der Speisen zu legen und zuzubereiten, in ihrem Bajonettchen das Gift, welches die Eigenschaft hat, lebende Glieder zu zerstören und abzutöten, so zu platzieren, dass es jenem ihrem Glied und ihrem Körper keinen Schaden zufügt, erfolgt mit grenzenloser Sorgfalt und Wissenheit, mit höchster Weisheit und Wille und mit genauer Ordnung und Ausgewogenheit; deshalb können zweifellos Dinge wie die Natur und der Zufall, welche unbewusst, ordnungslos und unausgewogen sind, nicht eingreifen und sich nicht einmischen.

Dass nun diese in drei Hinsichten wunderhafte Kunst Gottes und Handlung des Allumsorgers auf der ganzen Erde, bei zahllosen Bienen mit derselben Weisheit, mit derselben Sorgfalt, mit demselben Maß, zu gleicher Zeit, auf die gleiche Weise erscheint und umfasst, beweist offenkundig die Einheit.

Zweiter Vers: Der Vers

(2) وَاِنَّ لَكُمْ فِى الْاَنْعَامِ لَعِبْرَةً نُسْقٖيكُمْ مِمَّا فٖى بُطُونِهٖ مِنْ بَيْنِ فَرْثٍ وَدَمٍ لَبَنًا خَالِصًا سَائِغًا لِلشَّارِبٖينَ

---

(1) Und dein Herr hat der Biene eingegeben: „Baue dir Häuser in den Bergen..." (usw.)

(2) Wahrlich, auch am Vieh habt ihr eine Lehre. Wir geben euch aus dem, was in ihren Leibern ist –zwischen Exkrementen und →

ist ein sehr lehrreicher Erlass. Ja, in den Eutern der Muttertiere, welche Milch-Fabriken sind –allen voran bei den Kühen, Kamelen, Ziegen und Schafen–, ohne zwischen Blut und Exkrementen zu beschmutzen und zu trüben, und von diesen ganz und gar verschieden, eine reine, saubere, klare, nahrhafte, angenehme und weiße Milch zu legen, sowie für ihre Jungen eine von jener Milch noch lieblichere, reizendere, süßere, wertvolle und opferbereite Liebe und Güte in ihren Herzen zu legen, erfordert zweifellos in solchem Maße eine Barmherzigkeit, eine Weisheit, ein Wissen, eine Macht, eine Wahl und eine Sorgfalt, dass diese in keiner Hinsicht eine Handlung von stürmischen Zufällen, durcheinander bringenden Elementen und blinden Kräften sein können.

Dass nun diese derart höchst wunderhafte und weisheitsvolle Kunst des Allumsorgers und Handlung Gottes auf der ganzen Erde, in den Herzen und Eutern unzähliger Muttertiere von hunderttausenden Arten im gleichen Moment, auf die gleiche Weise, mit derselben Weisheit und mit derselben Sorgfalt erscheint, verwaltet, vollbringt und umfasst, beweist offenkundig die Einheit.

Dritter Vers:

(1) وَمِنْ ثَمَرَاتِ النَّخِيلِ وَالْأَعْنَابِ تَتَّخِذُونَ مِنْهُ سَكَرًا وَرِزْقًا حَسَنًا إِنَّ فِي ذَٰلِكَ لَآيَةً لِقَوْمٍ يَعْقِلُونَ

Dieser Vers lenkt die Aufmerksamkeit auf die Dattel und Traube und sagt: „Für diejenigen, die Verstand haben, gibt es bei diesen zwei Früchten im Hinblick auf die Einheitsbe-

---

Blut–, reine Milch zu trinken, welche denen, die sie trinken, angenehm ist.

(1) Und von den Früchten der Dattelpalmen und von den Trauben macht ihr euch sowohl Berauschendes, als auch gute Lebensmittel. Wahrlich, darin liegt ein Zeichen für die Leute, die Verstand haben.

zeigung ein großes Zeichen, einen Beweis, ein Zeugnis." Ja, diese zwei Früchte sind sowohl Nahrung und Kost, als auch Frucht und Süßigkeit, ebenso Ursprung vieler wohlschmeckender Speisen; zugleich sind diese Bäume, die auf wasserarmem Land und auf trockener Erde stehen, ein solches Wunder der Allmacht und Erstaunliches der Weisheit, eine solche Helwa-Süßwaren-Fabrik und eine Maschine für honighaltigen Saft und ein so genaues Maß, eine perfekte Ordnung und eine weisheitsvolle und sorgfältige Kunst, dass ein Mensch, der ein Fünkchen Verstand besitzt, gezwungen ist zu sagen: „Derjenige, der sie solcherweise hervorbringt, kann zweifellos (nur) der Herr sein, der diese Schöpfung erschaffen hat."

Denn, z. B.: an dem Zweig dieser fingerbreiten Rebe vor unseren Augen gibt es zwanzig Trauben, und an jeder Traube hunderte Beeren als Behälterchen von süßem Saft. Und der Außenseite jeder Beere eine sehr dünne, schöne, liebliche und farbige Umhüllung aufzusetzen, in ihrem feinen und weichen „Herzen" die hartschaligen und walnusshaften Kerne zu legen –gleichsam als ihr Gedächtnis, ihr Programm und ihre Lebensgeschichte–, in ihrem Inneren eine Süßspeise wie „Paradies-Helwa" und einen Nektar wie „Kewser-Wasser" zuzubereiten, und auf der ganzen Erde bei ihren zahllosen Artgenossen dieselbe Sorgfalt, dieselbe Weisheit, dieselbe Erstaunlichkeit der Kunst zu gleicher Zeit auf dieselbe Weise zu erschaffen, zeigt gewiss offenkundig auf, dass derjenige, der diese Tat vollbringt, der Erschaffer der Schöpfung ist. Und diese Handlung, die eine unendliche Macht und eine grenzenlose Weisheit erfordert, ist nur Seine Handlung.

Ja, in diese sehr genaue Ausgewogenheit, sehr meisterhafte Kunst und sehr weisheitsvolle Ordnung können sich blinde, umherschweifende, ordnungslose, unbewusste, ziellose, übergreifende und durcheinander bringende Kräfte, Naturen und Ursachen nicht einmischen, können nicht die Hand danach ausstrecken. Lediglich beim Behandeltwerden, Empfangen und Schleier-Sein werden sie auf Befehl des Allumsorgers eingesetzt.

Wie die, die Einheitsbezeigung beweisenden drei Feinheiten der drei Wahrheiten also, auf die diese drei Verse hinweisen, bezeugen die grenzenlosen Erscheinungen und Verwaltungen grenzenloser Handlungen des Allumsorgers übereinstimmend die Einheit eines einzigen Allgegenwärtigen, Alleinbesitzenden Allgewaltigen Herrn.

DRITTE WAHRHEIT: Es ist, dass die Existierenden, insbesondere die Pflanzen und Tiere, bei absoluter Schnelligkeit mit absoluter großer Anzahl und mit absoluter Ordnung,.. bei absoluter Leichtigkeit mit höchster Kunstschönheit, Geschicklichkeit, Makellosigkeit und Ordnung,.. und bei absoluter Fülle und absoluter Vermischung mit äußerst großem Wert und mit genauer Sonderung geschaffen werden.

Ja, trotz äußerst großer Anzahl (dennoch) höchste Schnelligkeit,.. ebenso: obwohl höchst künstlerisch und meisterhaft und mit Sorgfalt und Ordnung, dennoch äußerst leicht und bequem,.. sowie trotz größter Fülle und Vermischung sehr wertvoll und unterschiedlich zu schaffen –ohne beschmiert zu werden, zu beschmieren und zu trüben–, ist allein nur mit einer solchen Allmacht eines einzigen, alleinbesitzenden Herrn möglich, welcher nichts schwer fällt.

Und für jene Allmacht müssen die Gestirne so einfach, bequem und leicht sein wie die Atome, das Größte so wie das Kleinste, eine Art mit zahllosen Individuen so wie ein einziges Individuum, ein gewaltiges und umfassendes Ganzes so wie ein besonderer und geringer Teil, die Belebung und Wiedererweckung der riesigen Erde so wie ein Baum, und die Erbauung eines riesengroßen Baums (muss) so (einfach, bequem und leicht sein) wie ein nagelkleiner Kern – auf dass sie diese vor unseren Augen vollbrachten Handlungen durchführen kann.

Nun also: indem (erst) dieses bedeutende Geheimnis dieser Stufe der Einheitsbezeugung, dieser dritten Wahrheit und des Wortes der Einheitsbezeugung –d. h., dass ein sehr großes Ganzes (so leicht) wie ein ganz kleiner Teil wird, und dass sehr Vieles und sehr Weniges sich nicht unterscheidet–, ebenso diese ihre erstaunliche Weisheit, dieses ihr gewaltiges Mysterium, dieses ihr durch den Verstand nicht erfassbares Rätsel, die wichtigste Grundlage des Islam, eine sehr tiefgründige Quelle für den Glauben und ein sehr großes Fundament der Einheitsbezeugung (–indem erst sie–) dargelegt, gelöst und entdeckt werden, löst sich das Mysterium des Kur'âns und begreift man das verborgenste, unbekannte und die Philosophie vor seinem Verstehen unfähig lassende Rätsel der Erschaffung der Schöpfung.

Meinem Erbarmungsvollen Schöpfer sei hunderttausend Mal entsprechend der Anzahl der Buchstaben der Risalet'ün-Nur Dank und Lobpreis: die Risalet'ün-Nur hat dieses erstaunliche Mysterium und dieses außergewöhnliche Rätsel gelöst, entdeckt und bewiesen. Und insbesondere bei der Behandlung des وَهُوَ عَلٰى كُلِّ شَيْءٍ قَدِيرٌ[1] gegen Ende des „zwanzigsten Briefes", sowie bei der Behandlung „der Handelnde ist (dazu) imstande" des „neunundzwanzigsten Wortes" über die Auferstehung, und bei dem Beweis der Allmacht Gottes unter den اَللّٰهُ اَكْبَرُ[2]-Stufen des neunundzwanzigsten arabi-

---

(1) Und Er ist allmächtig.

(2) Allahu ekber.

schen Glanzlichtes” wurde es mit sicheren Argumenten bewiesen – in dem Grade, wie zwei mal zwei vier ist.

Deshalb habe ich –außer die Erklärung ihnen zu überlassen– es gewollt, gleichsam als eine Liste, die Grundlagen und Beweise, welche dieses Geheimnis lösen, kurz gefasst darzulegen und als dreizehn Stufen auf „dreizehn Geheimnisse” hinzuweisen. Das erste und zweite Geheimnis schrieb ich auf, doch haben bedauerlicherweise zwei starke Hindernisse, materiell wie geistig, mich vorläufig auf das Übrigbleibende verzichten lassen.

Erstes Geheimnis: Wenn etwas wesenseigen ist, kann sein Gegensatz diesem nicht widerfahren; denn es würde ein „Zusammenkommen zweier Gegensätze” bedeuten – und das ist unmöglich.

Aufgrund dieses Geheimnisses also: Da nun die Allmacht Gottes wesenseigen und das zwangsläufige Erfordernis des Heiligsten Herrn ist, ist es zweifellos nicht möglich, dass die Unfähigkeit, welche der Gegensatz jener Allmacht ist, jenem Allmächtigen Herrn widerfährt.

Und da nun das Vorhandensein von Stufen bei einer Sache durch das Eingreifen ihres Gegensatzes in ihr erfolgt –z. B.: die Stufen des Lichtes wie stark und schwach treten ein durch das Eingreifen der Finsternis, die Grade der Wärme wie hoch und gering durch die Einmischung der Kälte, und die Maße der Kraft wie groß und klein durch das Entgegenwirken und Verhindern des Widerstands–, dann gibt es zweifellos bei jener wesenseigenen Allmacht keine Stufen. Die gesamten Dinge schafft sie so (leicht) wie ein einziges Ding. Und da es nun bei jener wesenseigenen Allmacht keine Stufen gibt und Schwäche und Mangelhaftigkeit nicht sein können, kann zweifellos kein Hindernis ihr entgegenwirken und kein Schaffen ihr schwer fallen.

Und da ihr nun nichts schwer fällt, kann sie zweifellos die Größte Auferstehung so leicht schaffen wie einen Frühling, einen Frühling so einfach wie einen Baum, einen Baum so mühelos wie eine Blume, kann genauso eine Blume so kunstvoll erschaffen wie einen Baum, einen Baum so wunderhaft wie einen Frühling und einen Frühling so umfangreich und erstaunlich wie eine Auferstehung – und erschafft sie auch vor unseren Augen.

In der Risale-i Nur wurde es mit vielen sicheren und starken Argumenten bewiesen: Wenn die Einheit und Einheitsbezeigung nicht wären, würde eine Blume so wie ein Baum, sogar noch mühevoller werden, und ein Baum so wie ein Frühling, sogar noch schwieriger, würden sie zugleich wert- und kunstmäßig ganz und gar herabfallen; und ein Lebewesen, das jetzt innerhalb einer Minute hervorgebracht wird, würde erst in einem Jahr, ja sogar gar nicht hervorgebracht werden.

Aufgrund dieses erwähnten Geheimnisses ist es also: Diese Früchte, Blumen, Bäume und Tierchen, die trotz größter Fülle und Vielzahl äußerst wertvoll, und trotz höchster Schnelle und Leichtigkeit äußerst kunstvoll entstehen, treten wohlgeordnet hervor, treten ihren Dienst an, machen und beenden ihre Preisungen, betrauen ihre Samen an ihrer Stelle als Vertreter und gehen.

Zweites Geheimnis: So wie ja aus dem Geheimnis des Lichtcharakters, der Transparenz und des Gehorsams, und mit einer Erscheinung der wesenseigenen Allmacht eine einzige Sonne einem einzigen Spiegel einen lichterfüllten Widerschein verleiht, so kann sie auch unzähligen Spiegeln, glänzenden Dingen und Tropfen –aufgrund der weitreichenden Aktivität jener unbegrenzten Allmacht– ihren licht- und wärmeerfüllten genauen Widerschein auf Befehl Gottes leicht verleihen; wenig oder viel ist gleich, hat keinen Unterschied.

Und wenn (z. B.) ein einziges Wort ausgesprochen wird: so wie jenes einzige Wort aufgrund der grenzenlosen Ausgedehntheit der grenzenlosen Stetigen Erschaffung in das Ohr eines einzigen Menschen mühelos hereingeht, so geht es auch mit der Erlaubnis des Allumsorgers in den Kopf von einer Million Ohren mühelos hinein – ob tausende (Zu-)Hörer, oder ein einziger: es ist gleich, unterscheidet sich nicht.

Auch so wie ein einziges „Licht” wie das Auge, oder ein einziges lichthafte Seelenwesen wie z. B. Gabriel –aufgrund der vollkommenen Ausgedehntheit der Aktivität des Allumsorgers innerhalb der Manifestation der Allbarmherzigkeit– zu einer einzigen Stelle leicht schaut und geht und sich an einer einzigen Stelle befindet, so befinden sie sich auch und schauen und gehen mit der Allmacht Gottes leicht zu tausenden Stellen,.. wenig oder viel unterscheidet sich nicht.

Genauso auch: Weil die überzeitliche, wesenseigene Allmacht ein feinstes und reinstes „Licht” und das „Licht” aller Lichter ist,.. und weil das Wesen, die Wahrheit und Melekût-Seite der Dinge transparent und spiegelhaft glänzend sind,.. und weil alle Dinge, von den Atomen, Pflanzen, Lebewesen bis hin zu den Gestirnen, Sonnen und Monden der Wirkung jener wesenseigenen Allmacht gegenüber in höchstem Grade gehorsam und gefügig und den Befehlen jener überzeitlichen Allmacht grenzenlos folgsam und ergeben sind, schafft sie zweifellos zahllose Dinge so (leicht) wie ein einziges Ding und ist bei ihnen anwesend. Eine Sache verhindert nicht die andere; groß und klein, viel und wenig, einzelnes und gesamtes ist gleich, keines von ihnen fällt ihr schwer.

Auch so wie es ja im „zehnten” und „neunundzwanzigsten Wort” gesagt wird: (es ist) aufgrund des Geheimnisses der Ordnung, des Wiegens, des Gehorsams gegenüber der Bestimmung und des Befolgens der Befehle:

Ein Kind (z. B.) kann ein so großes Schiff wie hundert Häuser so (leicht) lenken und umherführen, wie es mit seinem Finger auch sein Spielzeug wendet.

Und so wie ein Kommandeur durch einen Marsch-Befehl einen einzigen Soldaten stürmen lässt, so kann er durch jenen einzigen Befehl auch (leicht) eine geordnete und gehorsame Armee zum Sturm führen.

Auch so wie wenn in den zwei Schalen einer sehr großen exakten Waage zwei Berge im Gleichgewicht stünden: so wie eine einzige Walnuss die eine Schale einer anderen Waage, auf deren zwei Schalen zwei Eier stehen, hochhebt und die andere hinunterbringt, so kann jene einzige Walnuss auch mit einem Gesetz der Weisheit (leicht) die eine Schale der anderen großen Waage mit dem Berg zusammen hoch an die Spitze des Berges und den anderen Berg in die Tiefe der Täler hinunterbringen.

Genauso auch: Weil sich in der unbeschränkten, grenzenlosen, „licht"haften, wesenseigenen und immerwährenden Allmacht des Allumsorgers –und mit ihr zusammen– eine grenzenlose Weisheit und höchst genaue Allgerechtigkeit Gottes befinden, welche der Ursprung, die Quelle, der Bewirker und der Ausgangspunkt aller Ordnungen, Systeme und Gleichgewichte sind,.. und weil alles und alle Dinge –ob Einzelnes oder Gesamtes, ob groß oder klein– der Wirkung jener Allmacht gefügig und ihrer Verwaltung folgsam sind, ist es zweifellos, dass sie leicht die Atome dreht und bewegt, genauso auch aus dem Geheimnis der Ordnung der Weisheit leicht die Gestirne lenkt und dreht.

Und so wie Er im Frühling auf einen Befehl leicht eine Fliege belebt, so erweckt Er auch mit demselben Befehl, mit derselben Leichtigkeit aus dem Geheimnis der Weisheit und Ausgewogenheit in Seiner Allmacht (all) die Gruppen aller

Insekten, alle Pflanzen und die Armeen der Tierchen auf und führt sie auf das Feld des Lebens.

Und wie einen Baum im Frühling aufzuerwecken und seinen „Knochen" Leben zu geben, so leicht wie jenen Baum belebt Er im Frühling mit jener weisheitsvollen, allgerechten absoluten Allmacht auch die riesige Erdkugel und Erden-Leiche und schafft die Beispiele von hunderttausend Arten von Auferstehungen.

Und so wie Er auf einen Erschaffungs-Befehl die Erdkugel auferweckt, so auch: gemäß der Verfügung

إِنْ كَانَتْ إِلَّا صَيْحَةً وَاحِدَةً فَإِذَا هُمْ جَمِيعٌ لَدَيْنَا مُحْضَرُونَ[1] d. h.: „Alle Menschen und Cinnen werden auf einen einzigen Ruf und Befehl vor Uns auf dem Platz der Auferstehung bereitstehen", ebenso gemäß Seinem Verfügen

وَمَا أَمْرُ السَّاعَةِ إِلَّا كَلَمْحِ الْبَصَرِ أَوْ هُوَ أَقْرَبُ[2] d. h., Er sagt: „Die Sache und Durchführung des Weltuntergangs und der Auferstehung ist so (leicht und kurz) wie das Auge zu schließen und sofort wiederzuöffnen, ist sogar noch kürzer", sowie gemäß dem Vers مَا خَلْقُكُمْ وَلَا بَعْثُكُمْ إِلَّا كَنَفْسٍ وَاحِدَةٍ[3] d. h.: „O ihr Menschen! Eure Schaffung und Belebung und eure Auferstehung und Verteilung ist so leicht wie die Belebung einer einzigen Person, es fällt Meiner Allmacht nicht schwer" –gemäß dem Geheimnis dieser drei Verse mit diesen Kurzbedeutungen–

[1] Es wird nur ein einziger lauter Ruf sein, und siehe, sie stehen alle sogleich vor Uns.

[2] Die Verwirklichung der Auferstehung ist nur wie ein Augenzucken, sogar noch kürzer.

[3] Eure Erschaffung und eure Auferstehung sind (für Ihn so leicht) wie die eines einzigen Wesens.

bringt Er mit demselben Befehl, mit derselben Leichtigkeit alle Menschen, Cinnen, Tiere, Seelenwesen und Engel auf den Platz der Größten Auferstehung und vor die Gewaltige 'Waage'; eine Sache behindert nicht die andere.

Vom dritten und vierten bis hin zum dreizehnten Geheimnis wurde es gegen meinen Wunsch auf eine spätere Zeit verschoben.

VIERTE WAHRHEIT: Es ist, dass die Existenz und das Auftreten der Existierenden in vielen ihren Hinsichten der Einheit wie z. B. in der Gemeinsamkeit, ineinanderliegenden Geschlossenheit, in dem Einander-Ähneln, darin, dass eines jeweils das verkleinerte Abbild bzw. das größere Muster des anderen ist, dass manche das Ganze und die Gesamtheit, andere ihre Teile und Individuen sind, dass sie einander in der Prägung der Fortgestaltung entsprechen, im Ornament der Kunst zueinander in Bezug stehen, dass sie einander helfen und gegenseitig ihre anerschaffenen Aufgaben vervollkommnen,.. (dass sie in vielen solchen Hinsichten) im Grade der Klarheit die Einheitsbezeigung ausrufen und beweisen, dass ihr Künstler alleinbesitzend ist und zeigen, dass die Schöpfung hinsichtlich der Allumsorgung ein die Aufteilung und das Sich-Teilen nicht akzeptierendes Ganzes und Gesamtes bedeutet.

Ja, z. B.: In jedem Frühling die zahllosen Individuen von vierhunderttausend Arten unter den Pflanzen und Tieren gemeinsam, ineinander, im gleichen Moment, auf die gleiche Weise, fehlerfrei, ohne Irrtum, mit vollkommener Weisheit und Kunstschönheit hervorzubringen, zu lenken und zu verpflegen,.. ebenso die zahllosen Individuen der Vögel zu erschaffen –von den Fliegen, welche ihre verkleinerten Abbilder, bis hin zu den Adlern, welche ihre größeren Muster sind–, ihnen die Apparate zu geben, die ihrer Reise und ihrem Leben helfen, sie im Luftraum umherreisen zu lassen, und Leben in den Himmel zu bringen, zugleich auf ihrem Antlitz wunderhaft jeweils eine Prägung der Kunst, in ihrem Körper vorsorglich jeweils ein Siegel der Weisheit, und in ihrem Wesen allumsorgend jeweils einen Namenszug der Allgegenwart zu setzen,.. ebenso die Nahrungsatome zur Hilfe der Körperzellen, die Pflanzen zur Hilfe der Tiere, die Tiere zur Unterstützung der Menschen, alle Muttertiere zum Beistand der schwachen Jungen weisheits- und erbarmungsvoll eilen zu lassen und zu schicken,.. ebenso von dem Bereich der Milchstraße, vom Sonnensystem und von den Elementen der Erde bis hin zu den Augenlidern, zu den Blättern der Rosenknospe, zu den Hüllblättern des Maiskolbens und zu den Kernen der Zuckermelone –wie ineinander liegende Kreise, gleichsam als Einzelteil und Gesamtheit– mit derselben Ordnung und Kunstschönheit, mit derselben Handlung und in vollkommener Weisheit zu lenken, beweist zweifellos im Grade der Klarheit:

Derjenige, der diese Handlungen vollzieht, ist alleinbesitzend, ein einziger –Er hat auf allen Dingen Prägungen–, Er ist sowohl in keinem Raum (mit Seiner Person), als auch in jedem Raum gegenwärtig (mit Seinen Namen, Eigenschaften und Handlungen),.. es ist ähnlich wie bei der Sonne: alle Dinge sind von Ihm entfernt, Er aber ist allen Dingen nahe,.. und so wie überaus große Dinge wie die Milchstraße und das Sonnensystem Ihm nicht schwer fallen, so können auch Körperchen im Blut und Einfälle im Herzen sich vor Ihm nicht verbergen und nicht außerhalb Seiner Verwaltung bleiben.

Auch sind alle Dinge –wie groß und zahlreich sie auch sein mögen, sie sind wie ein ganz kleines und geringes Ding (auch)– leicht für Ihn, sodass Er die Fliege in dem System des Adlers, den Kern nach dem Wesen des Baums, einen Baum in der Gestalt eines Gartens, einen Garten in der Kunst eines Frühlings, und einen Frühling in dem Zustand einer Auferstehung mit Leichtigkeit schafft. Und kunstmäßig sehr wertvolle Dinge gibt und schenkt Er uns für sehr Geringes. Der Preis, den Er verlangt, ist (nur) ein „Bismillâh" und ein „Elhamdülillâh"; d. h. der gefällige Preis jener sehr wertvollen Gaben ist es, zu Beginn „Bismillah-ir-Rahmân-ir-Rahîm" und an ihrem Ende „Elhamdülillâh" zu sagen.

Weil auch diese „vierte Wahrheit" in der Risale-i Nur erklärt und bewiesen wird, begnügen wir uns mit diesem ganz kurzen Hinweis.

Die von unserem Reisenden auf der zweiten Station betrachtete

FÜNFTE WAHRHEIT: Dass sich in der Gesamtheit der Schöpfung, bei ihren Grundpfeilern, ihren Bestandteilen und bei jedem ihrer Existierenden eine vollkommenste Ordnung vorfindet,.. dass die Dinge und Bediensteten, welche der Verwaltung und Führung jenes weiten Landes dienen und Bezug auf seine Gesamtheit haben, jeweils ein Einziges sind,.. dass die in jener prachtvollen Stadt und Ausstellungsstätte verwaltenden Namen und Handlungen ineinander und jeweils eins und einzig sind, das gleiche Wesen haben, überall derselbe Name und dieselbe Handlung vorhanden ist, sie zugleich alle Dinge oder die meisten Dinge umfassen und einschließen,.. und dass die Elemente und Arten, welche der Vorsorge, Aufbelebung und Erbauung jenes schmuckvollen Schlosses dienen, ineinander und jeweils eins sind, ein einziges Wesen haben, überall dasselbe Element und dieselbe Art vorhanden ist, sie zugleich das Antlitz der Erde

und ihren größten Teil durch Verbreitung umfassen,.. (all das) erfordert, beweist, bezeugt und zeigt gewiss offenkundig und zwangsläufig:

Der Künstler und Allbetreuer dieser Schöpfung, der Sultan und Allumsorger dieses Landes, und der Besitzer und Erbauer dieses Schlosses ist ein und derselbe, ist einzig, alleinbesitzend, allgegenwärtig; Seines Gleichen und Ähnlichen kann es nicht geben, Wesire und Helfer hat Er nicht; Teilhaber und Gegenkräfte von Ihm kann es nicht geben; Unfähigkeiten und Mängel hat Er nicht. Ja, die Ordnung ist eine vollständige Einheit, macht einen einzigen Stets Ordnenden notwendig, lässt die Teilhaberschaft, welche zur Auseinandersetzung führt, nicht zu...

Da nun von der Gesamtheit der Schöpfung, von der täglichen wie jährlichen Rotation der Erde bis hin zum Gesicht des Menschen, zum Sinnensystem in seinem Kopf und bis hin zum Umlauf und Fluss der weißen und roten Körperchen im Blut, bei jedem Ding –ob als Einzelnes oder Gesamtes– eine weisheitsvolle und sorgfältige Ordnung vorhanden ist, kann zweifellos außer einem Absolut Allmächtigen und einem Absolut Allweisen nichts (und niemand) mit Vorbedacht und Schöpferkraft die Hand nach irgendetwas ausstrecken und sich darin einmischen. Vielmehr werden sie zum Erscheinungsort (der Gottesnamen) und werden „behandelt”.

Und da nun ein Wohlordnen, insbesondere ein Verfolgen von Zwecken und ein In-Ordnung-Versetzen durch Berücksichtigen von Zweckmäßigkeiten nur durch Wissen und Weisheit erfolgt und mit Wille und Wahl vorgenommen wird,.. beweisen und bezeugen zweifellos und auf jeden Fall diese weisheitsvolle Ordnung und diese sichtbaren verschiedensten grenzenlosen Ordnungen der Geschöpfe im Grade der Klarheit: der Schöpfer und Allbetreuer dieser Existierenden ist ein einziger, ist aktiv und frei handelnd; alle Dinge entstehen durch Seine Allmacht, nehmen mit Seinem Willen jeweils eine bestimmte Haltung ein, und setzen sich mit Seiner Wahl eine wohlgeordnete Gestalt auf.

Da nun auch die heizofen-gemäße Lampe (die Sonne) dieses Gästehauses der Welt ein und dieselbe ist, sein tagesverzeichnis-gemäßes Lämpchen (der Mond) ein und dasselbe, sein barmherziger „Schwamm" (die Wolken) ein und derselbe, sein feuerhaltiger „Koch" ein und derselbe, sein lebensspendender „Saft" ein und derselbe, sein fürsorglicher Acker ein und derselbe, eins,.. eins,.. eins,.. bis hin zu vielem tausendundeinem Mal,.. dann bezeugen zweifellos diese vielen Eins offenkundig, dass der Künstler und Besitzer dieses Gästehauses ein und derselbe ist; auch ist Er höchst freigebig und gastfreundlich, sodass Er diese Seine hohen und großen Bediensteten zu Dienern für Seine lebenbesitzenden Reisenden macht und für ihre Rast arbeiten lässt.

Da nun auch die überall auf der Welt verwaltenden und ihre Ornamente und Erscheinungen zu sehenden Namen wie z. B. „Allweiser, Erbarmungsvoller, Formgeber, Allbetreuer, Belebender, Allumsorger", und Wirksamkeiten wie z. B. „Weisheit, Barmherzigkeit und Gnade", und Handlungen wie z. B. das „Formen, Lenken und Allumsorgen" ein und dieselben sind,.. überall derselbe Name, dieselbe Handlung, ineinander, sowie in grenzenlosem Grade und umfassend,.. auch vervollkommnen sie solcherweise ihre gegenseitigen Ornamente, dass jene Namen und Handlungen geradezu sich vereinigen und (z. B.) die Allmacht zur reinen Weisheit, und die Barmherzigkeit und Weisheit zur reinen Gnade und Leben(-digkeit) wird –z. B.: sobald bei einem Ding die Verwaltung des Namens Leben-Geber sichtbar wird, sieht man im gleichen Moment, überall, im selben Verfahren (auch) die Verwaltungen vieler (anderer) Namen wie z. B. Schöpfer, Formgeber und Ernährer–,.. zweifellos und gewiss bezeugt es dann offenkundig, dass der Träger jener umfassenden Namen und der Vollzieher der umgebenden Handlungen, welche sich überall in gleicher Form zeigen, ein und derselbe, einzig, alleinbesitzend und allgegenwärtig ist; wir glauben und bestätigen!

Da nun auch die Elemente, welche die Substanzen und Grundstoffe der Kunstwerke sind, umfassen, und eine jede Art unter den Geschöpfen, welche die Einheit aufzeigt und verschiedenste Prägungen trägt, einzig ist und zugleich sich auf die Erde verbreitet und sie besetzt,.. beweist es zweifellos mit Klarheit, dass jene Elemente –mit ihren Bestandteilen– und jene Arten –mit ihren Individuen– Eigentum und Besitz eines einzigen Herrn sind. Und sie sind die Kunstwerke und Bediensteten eines solchen Allmächtigen Alleinbesitzers, der jene gewaltigen, übergreifenden Elemente wie einen höchst gehorsamen Diener und jene sich nach überall auf die Welt verbreitenden Arten wie einen höchst disziplinierten Soldaten einsetzt.

Weil auch diese Wahrheit in der Risalet-ün-Nur bewiesen und erklärt wird, begnügen wir uns hier mit diesem kurzen Hinweis.

Mit der vergnügten Laune durch den Glaubens-Segen und Einheits-Genuss, welche unser Reisende von diesen „fünf Wahrheiten" bekommen hat, fasst er seine Beobachtungen kurz zusammen, bringt seine Gefühle zum Ausdruck und sagt seinem Herzen:

- Schau auf die farbigen Seiten des Schöpfungs-Buches:

- Siehe, was die goldene Feder der Macht geformt hat!

- Nicht ein dunkler Punkt ist verblieben für Besitzer von Auge und Herz;

- Als ob der Herr Seine Zeichen mit Licht niedergeschrieben hätte.

Wisse auch:

- *Es sind die Seiten des Schöpfungs-Buches: die grenzenlosen Weiten.*

- *Es sind die Zeilen der Geschehnisse der Welt: die unzähligen Werke.*

- *Geschrieben auf der Werkbank des "Lewh-i Mahfûz" der Wahrheit,*

- *ein körperliches bedeutsames Wort ist in der Schöpfung jedes Existierende.*

Höre auch zu:

[1] چو لا اله الا الله برابر ميزنند هر شى دمادم جويدند يا حق سراسر

كويدند يا حى

[2] نعم وفى كل شئ له آية تدل على انه واحد sagend hat mit seinem *Herzen auch sein Nefs bestätigt und gesagt: „Ja! In der Tat!"*

Nun also wurde als ein kurzer Hinweis auf die „fünf Wahrheiten der Einheitsbezeigung", welche der Welt-Gast und Schöpfungs-Reisende auf der zweiten Station gesehen hat, *im zweiten Kapitel des ersten Abschnitts bezüglich der zweiten Station* gesagt:

---

[1] Denn alle Dinge sagen gemeinsam "Es gibt kein Gott außer Allah"; immer wieder rezitieren sie "O Hak!", von Anfang bis Ende sagen sie "O Lebender!".

[2] Ja, in allen Dingen sind Zeichen von Ihm, dass Er alleinbesitzend ist.

لَا اِلٰهَ اِلَّا اللّٰهُ الْوَاجِدُ الْاَحَدُ الَّذِى دَلَّ عَلٰى وَحْدَتِهِ فِى وُجُوبِ وُجُودِهِ
مُشَاهَدَةُ حَقِيقَةِ الْكِبْرِيَاءِ وَالْعَظَمَةِ فِى الْكَمَالِ وَالْاِحَاطَةِ .. وَكَذَا
مُشَاهَدَةُ حَقِيقَةِ ظُهُورِ الْاَفْعَالِ بِالْاِطْلَاقِ وَعَدَمِ النِّهَايَةِ لَا تُقَيِّدُهَا
اِلَّا الْاِرَادَةُ وَالْحِكْمَةُ .. وَكَذَا مُشَاهَدَةُ حَقِيقَةِ اِيجَادِ الْمَوْجُودَاتِ
بِالْكَثْرَةِ الْمُطْلَقَةِ فِى السُّرْعَةِ الْمُطْلَقَةِ وَخَلْقُ الْمَخْلُوقَاتِ بِالسُّهُولَةِ
الْمُطْلَقَةِ فِى الْاِتْقَانِ الْمُطْلَقِ وَاِبْدَاعُ الْمَصْنُوعَاتِ بِالْمَبْذُولِيَّةِ الْمُطْلَقَةِ
فِى غَايَةِ حُسْنِ الصَّنْعَةِ وَغُلُوِّ الْقِيمَةِ .. وَكَذَا مُشَاهَدَةُ حَقِيقَةِ
وُجُودِ الْمَوْجُودَاتِ عَلٰى وَجْهِ الْكُلِّ وَالْكُلِّيَّةِ وَالْمَعِيَّةِ وَالْجَامِعِيَّةِ وَ
التَّدَاخُلِ وَالْمُنَاسَبَةِ .. وَكَذَا مُشَاهَدَةُ حَقِيقَةِ الْاِنْتِظَامَاتِ
الْعَامَّةِ الْمُنَافِيَةِ لِلشِّرْكَةِ .. وَكَذَا مُشَاهَدَةُ وَحْدَةِ مَدَارَاتِ تَدَابِيرِ
الْكَائِنَاتِ الدَّالَّةِ عَلٰى وَحْدَةِ صَانِعِهَا بِالْبَدَاهَةِ .. وَكَذَا وَحْدَةُ
الْاَسْمَاءِ وَالْاَفْعَالِ الْمُتَصَرِّفَةِ الْمُحِيطَةِ .. وَكَذَا وَحْدَةُ الْعَنَاصِرِ
وَالْاَنْوَاعِ الْمُنْتَشِرَةِ الْمُسْتَوْلِيَةِ عَلٰى وَجْهِ الْاَرْضِ

Während jener Schöpfungs-Reisende in den Epochen umherreiste, kam er dann an der Medrese des Erneuerers des zweiten Jahrtausends (n. d. H.), **İmam-ı Rabbânî Ahmed-i Farûkî** *vorbei, trat ein und hörte ihm zu.* **Während jener İmam Unterricht erteilte, sagte er:**

„Das wichtigste Resultat aller (mystischen) Orden ist das Zutagetreten der Glaubenswahrheiten” und „das klare Zutagetreten einer einzigen Glaubensfrage ist besser als tausend Huldwunder und geistige Genüsse”.

Auch sagte er: „Früher haben große Persönlichkeiten (vorher)gesagt: 'Von den Theologen und Gelehrten der Religionswissenschaft wird einer kommen und alle Glaubens- und Islamwahrheiten mit verstandesmäßigen Argumenten, mit ganzer Klarheit beweisen.' Ich wünschte, ich wäre es". In der Hoffnung, vielleicht dieser Mann zu sein (Anm.), lehrte er: „der Glaube und die Einheitsbezeugung sind die Grundlage und Quelle, das Licht und Leben aller menschlicher Vollendungen;.. das Prinzip تَفَكُّرُ سَاعَةٍ خَيْرٌ مِنْ عِبَادَةِ سَنَةٍ [(2)] *bezieht sich auf das glaubensbezogene Nachsinnen,.. und die Bedeutung des stillen Gedenkens im Nakşî-Orden ist es, dass es eine der Arten dieses sehr wertvollen Nachsinnes ist."*

Der Reisende hörte es gänzlich, wandte und sagte sich: *Da nun dieser heldenhafte İmam es so sagt,.. da nun die Zunahme der Glaubensstärke um ein Winziges wertvoller ist als ein Batman von Kenntnissen und Vorzüglichkeiten, und süßer als der Honig von hundert geistigen Genüssen,.. und da nun die Einwände und Zweifel von europäischen Philosophen, welche sich seit tausend Jahren gegen den Glauben und den Kur'ân angesammelt haben, einen Weg finden, um über die Gläubigen herzufallen, und die Glaubensgrundpfeiler erschüttern wollen, welche der Schlüssel, Anlass und Grundlage einer ewigen Glückseligkeit, eines beständigen Lebens und eines immerwährenden Paradieses sind,.. müssen wir zweifellos vor alles anderem unseren*

(Anm.): Die Zeit hat bewiesen, dass jener „Mann" nicht ein Mann, sondern die Risale-i Nur ist; die (geistigen) Entdecker haben die Risale-i Nur in der Gestalt ihres unbedeutenden Dolmetschers und Herausgebers (Verfassers) in ihren Entdeckungen beobachtet und „ein Mann" gesagt.

[(2)] Eine Stunde Nachsinnen ist (manchmal) besser als ein Jahr (freiwilliger Zusatz-)Gottesdienst.

Glauben vom Nachgeahmten zum Nachgeforschten werden lassen und ihn stärken.

In diesem Fall: los, vorwärts! Komm; mit dem Gedanken, diese jeweils bergesstarken neunundzwanzig Glaubensstufen, welche wir gefunden haben, auf dreiunddreißig Stufen zu erhöhen, welche die segenreiche Zahl der segensreichen Preisungen des (Ritual-)Gebets sind, müssen wir, um noch eine dritte Station dieser Lehrstätte zu sehen, mit dem Schlüssel des بِسْمِ اللّٰهِ الرَّحْمٰنِ الرَّحِيمِ[1] *an die Tür der Verwaltung und Versorgung des Allumsorgers in der Welt der Lebewesen klopfen und sie öffnen.*

So klopfte er gnadeerbittend an die Tür dieser dritten Station, welche ein erstaunlicher Versammlungsort und außergewöhnlicher Mittelpunkt ist, und öffnete sie mit بِسْمِ اللّٰهِ الْفَتَّاحِ[2]. **Es zeigte sich die dritte Station; er trat ein und sah: „vier gewaltige und umfassende Wahrheiten" beleuchten jene Station und zeigen sonnenklar die Einheitsbezeigung auf.**

ERSTE WAHRHEIT: Es ist die Wahrheit der Wohlentfaltung.

Das heißt, dass mit der Manifestation des Namens Wohlentfalter aus einer einfachen Substanz jeweils verschiedene, mannigfaltige, unzählige, wohlgeformte Gestalten gemeinsam, überall, im gleichen Moment, mit derselben Handlung entfaltet werden.

Ja, so wie die fortgestaltende Allmacht in dem Berg- und Gartenland der gesamten Schöpfung den unzähligen jeweils

---

[1] Im Namen Allahs, des Allbarmherzigen, des Erbarmers.

[2] Im Namen Allahs, des Allwohlentfalters (des Öffnenden).

verschiedenen Existierenden, wie Blumen, mit dem Namen Wohlentfalter jedem eine entsprechende wohlgestaltete Form und eine besondere Individualität entfaltet und gegeben hat, hat sie genauso auch, jedoch in noch wunderhafterer Weise, den vierhunderttausend Arten der Lebewesen im Erden-Garten –einer jeden– eine höchst kunst- und weisheitsvolle, maßgerechte und besondere Gestalt gegeben.

Gemäß der Aussage der Verse

(1) يَخْلُقُكُمْ فِي بُطُونِ أُمَّهَاتِكُمْ خَلْقًا مِنْ بَعْدِ خَلْقٍ فِي ظُلُمَاتٍ ثَلَاثٍ
ذَٰلِكُمُ اللَّهُ رَبُّكُمْ لَهُ الْمُلْكُ لَا إِلَٰهَ إِلَّا هُوَ فَأَنَّىٰ تُصْرَفُونَ ۝
إِنَّ اللَّهَ لَا يَخْفَىٰ عَلَيْهِ شَيْءٌ فِي الْأَرْضِ وَلَا فِي السَّمَاءِ ۝ هُوَ الَّذِي يُصَوِّرُكُمْ فِي
الْأَرْحَامِ كَيْفَ يَشَاءُ لَا إِلَٰهَ إِلَّا هُوَ الْعَزِيزُ الْحَكِيمُ ۝

ist der stärkste Beweis der Einheitsbezeigung und das meist erstaunende Wunder der Allmacht, dass Er die Gestalten entfaltet. Weil aufgrund dieser Weisheit die Wahrheit der Wohlentfaltung der Gestalten wiederholt –und auf verschiedene Weise– in der Risalet-ün Nur, und insbesondere auf der sechsten und siebten Stufe im „ersten Kapitel" des „zweiten Abschnitts" dieser Abhandlung bewiesen und erklärt wird, überlassen wir sie ihnen und sagen hier nur folgendes:

Auf Bezeugung und genauer Untersuchung der Botanik und Zoologie gibt es bei dieser Wohlentfaltung der Gestalten eine solche Umfassung, Umschließung und Kunst, dass au-

---

(1) Er erschafft euch in den Schößen eurer Mütter, Schöpfung nach Schöpfung, in drei Finsternissen. Das ist Allah, euer Herr; Sein ist das Reich. Es ist kein Gott außer Ihm. Wie lässt ihr euch also (von Ihm) abwenden? * Wahrlich, vor Allah bleibt nichts verborgen, weder auf der Erde noch im Himmel. * Er ist es, Der euch im Mutterschoß gestaltet, wie Er will. Es ist kein Gott außer Ihm, dem Hochüberlegenen, dem Allweisen.

ßer einem einzigen Allgegenwärtigen Alleinbesitzer und einem Absolut Allmächtigen, der bei allen Dingen alles zu sehen und zu schaffen vermag, nichts (und niemand) der Besitzer dieser in sich fassenden und umgebenden Handlung sein kann. Denn, diese Handlung der Wohlentfaltung der Gestalten macht innerhalb einer grenzenlosen Allmacht, welche sich überall und in jedem Augenblick befindet, eine grenzenlose Weisheit, Sorgfalt und Umfassung notwendig. Und solch eine Allmacht wiederum kann es nur bei einem einzigen Herrn geben, der die gesamte Schöpfung lenkt.

Ja, die Wohlentfaltung, die, wie es die erwähnten Verse verfügen, z. B. bedeutet, in drei Finsternissen in den Schößen aller Mütter die Gestalten der Menschen gesondert, maßgerecht, unterschiedlich, verziert und wohlgeformt, sowie ohne durcheinander zu geraten, falsch zu machen und zu verwechseln aus einfacher Substanz zu entfalten und zu schaffen,.. die Wahrheit dieser Wohlentfaltung der Gestalten, die auf der ganzen Erde mit derselben Allmacht, derselben Weisheit und derselben Kunst die gesamten Menschen, Tiere und Pflanzen umfasst, ist ein sehr starker Beweis der Einsheit. Denn, das Umfassen ist eine Einheit, lässt der Teilhaberschaft keinen Platz... *Und so wie die neunzehn Wahrheiten, welche im „ersten Kapitel” die Wesensnotwendigkeit der Existenz bezeugen, durch ihre Existenz die Existenz ihres Schöpfers beweisen, so bezeugen sie durch ihre Umfassung wiederum die Einheit (Gottes).*

Die von unserem Reisenden auf der dritten Station betrachtete

ZWEITE WAHRHEIT: Es ist die Wahrheit der Allbarmherzigkeit.

Das heißt –wir sehen es mit eigenen Augen–, es gibt jemanden, Er hat für uns das Antlitz der Erde mit tausenden Geschenken der Allbarmherzigkeit gefüllt, es zu einer Festmahlsstätte gemacht und zu einer Tafel, auf der hunderttausende jeweils verschiedene wohlschmeckende Speisen der Allbarmherzigkeit aufgereiht sind,.. Er hat das Innere der Erde zu einer Vorratskammer gemacht, welche tausende wertvolle Gaben des Erbarmens und der Weisheit fasst,.. und die Erde bei ihrem Jahresumlauf, gleichsam als ein Handelsschiff, wie (zu) eine(r) Art Schiff oder Zug, welcher jedes Jahr aus der Welt des Verborgenen die schönsten der hunderttausend Sorten der nötigen Dinge für die Menschen und für das Leben in sich genommen und aufgeladen hat,.. und den Frühling wiederum schickt Er uns gleichsam als ein Waggon, der unsere Nahrung und Kleidung trägt, lässt uns sehr erbarmungsvoll versorgen. Und damit wir von all jenen Geschenken und Gaben profitieren (können), hat Er uns wiederum hunderte und tausende Appetite, Bedürfnisse, Empfindungen, Gefühle und Sinne gegeben.

Ja, so wie es im „vierten", über den Vers des „Hasbünallahü" handelnden „Lichtstrahl" (Şuâ) erklärt und bewiesen wird, hat Er uns einen solchen Magen gegeben, welcher unzählige Speisen genießt. Und Er hat uns ein solches Leben geschenkt, welches mit seinen Empfindungen –einer Tafel von Gaben gleich– in der riesigen körperlichen Welt von ihren unzähligen Gaben profitiert. Und Er hat uns eine solche Menschlichkeit freundlichst gewährt, welche durch viele ihre Ausrüstungen wie z. B. der Verstand und das Herz sich an den unzähligen Geschenken der materiellen wie geistigen

Welt erfreut. Und Er hat uns solch einen Islam mitgeteilt, welcher von den unzähligen Schätzen der Welt des Verborgenen und der Welt der Bezeugung Licht bekommt. Und Er hat uns zu solch einem Glauben rechtgeleitet, welcher von den unbegrenzten Lichtern und Geschenken der Welten des Diesseits und des Jenseits beleuchtet wird und profitieren lässt.

Geradezu ist diese Schöpfung –seitens der Allbarmherzigkeit– ein Schloss, das mit unzähligen erlesenen, erstaunlichen und wertvollen Dingen geschmückt wurde; und die Schlüssel, die alle die unzähligen Truhen und Räumlichkeiten in jenem Schloss öffnen, wurden in die Hand des Menschen gegeben, und die Bedürfnisse und Gefühle, die von ihnen allen profitieren lassen, in seine Veranlagung gelegt.

Nun also ist eine Allbarmherzigkeit, die solcherweise das Diesseits, das Jenseits und alles einschließt, zweifellos die Erscheinung einer Allgegenwart innerhalb des Alleinbesitzens.

Das heißt: So wie das Licht der Sonne, dadurch, dass es all die Dinge vor ihr umfasst, ein Beispiel für das Alleinbesitzen ist, so ist auch ein jedes glänzende und transparente Ding –entsprechend seiner Fähigkeit–, dadurch, dass es sowohl das Licht der Sonne, als auch ihre Wärme, ihre sieben Farben in ihrem Licht und den Reflex ihres Abbilds in sich aufnimmt, ein Beispiel für die Allgegenwart, sodass zweifellos ein Mensch, der jenes umfassende Licht sieht, urteilt: „die Sonne der Erde ist ‘alleinbesitzend’, ist eine einzige”; und dieser Mensch, der in jedem glänzenden Ding, sogar in den Tropfen das licht- und wärmeerfüllte Abbild der Sonne sieht, weiß über die “Allgegenwart” der Sonne, d. h. über die Sonne selber: „sie befindet sich” –mit ihren Eigenschaften– „bei allen Dingen und in dem Spiegel des ‘Herzens’ aller Dinge”.

Genauso auch: So wie die Tatsache, dass auch die weite Allbarmherzigkeit des Cemîl Allbarmherzigen ähnlich dem Licht alle Dinge umfasst, das Alleinbesitzen jenes Allbarmherzigen, sowie den Umstand aufzeigt, dass Er in keiner Hinsicht Teilhaber hat,.. so beweist auch die Tatsache, dass an allen Dingen –besonders bei jedem Lebewesen und insbesondere beim Menschen– hinter dem Schleier jener umfassenden Allbarmherzigkeit die Lichter der meisten Namen jenes Allbarmherzigen, sowie eine Art Erscheinung Seiner Person vorhanden sind und Er jedem Individuum eine Lebens-Umfassendheit gibt, welche auf die ganze Schöpfung Bezug nehmen und zu ihr in Verbindung stehen lässt, (beweist) die Allgegenwart jenes Allbarmherzigen –dass Er bei allen Dingen gegenwärtig ist–, und dass Er es ist, der die gesamten Angelegenheiten aller Dinge schafft.

Ja, so wie durch das Alleinbesitzen und Umfassen dieser Allbarmherzigkeit der Allbarmherzige in der Gesamtheit der Schöpfung und auf dem Antlitz der Erde die Majestät Seiner Allgewalt aufzeigt, so auch: indem Er auf die Erscheinung der Allgegenwart hin bei jedem Lebewesen, insbesondere beim Menschen die Exemplare Seiner ganzen Gaben bei jenem Individuum zusammenstellt, sie an die Anlagen und Apparate jenes Lebewesens anbringt, ordnet und die gesamte Schöpfung –ohne sich aufzuteilen– jenem einzigen Individuum in gewisser Hinsicht genau wie sein Haus geben lässt, macht Er (so wiederum) die besondere Liebe und Güte Seines Cemâl's bekannt und gibt beim Menschen die Konzentration (all) der Arten Seiner Wohltaten zu verstehen.

Auch so wie ja in jedem der Kerne (z. B.) einer Honigmelone diese Honigmelone sich konzentriert,.. und der Herr, der jenen Kern schafft, ist zweifellos Er, der jene Honigmelone schafft, danach mit dem besonderen Maß Seines Wissens und mit dem, für sie bestimmten Gesetz Seiner Allweisheit jenen Kern von ihr melkt, ansammelt und eine körperliche

Form annehmen lässt. Und außer jenem einzigen und alleinbesitzenden Meister jener einzigen Honigmelone kann nichts (und niemand) jenen Kern schaffen; es ist unmöglich, dass es ihn schafft.

Genauso auch: weil mit der Erscheinung der Allbarmherzigkeit die Schöpfung gleichsam ein Baum bzw. ein Garten, die Erde eine Frucht bzw. eine Honigmelone, und ein Lebewesen bzw. der Mensch ein Kern bedeutet, muss zweifellos der Schöpfer und Allumsorger eines ganz kleinen Lebewesens der Erschaffer der gesamten Erde und der Schöpfung sein.

Kurz: So wie ja der Umstand, auf die Wahrheit der umfassenden Wohlentfaltung hin die wohlgeformten Gestalten der Existierenden aus einfacher Substanz zu schaffen und zu entfalten, die Einheit offenkundig beweist, so auch: indem die Wahrheit der alles umfassenden Allbarmherzigkeit alle zum Vorschein kommenden und das weltliche Leben beginnenden Lebewesen –insbesondere die neu ankommenden– mit vollkommener Ordnung versorgt, die für sie nötigen Dinge zu Hilfe bringt und kein einziges von ihnen vergisst, sowie dadurch, dass dieselbe Allbarmherzigkeit überall, in jedem Augenblick ein jedes Individuum erreicht, beweist sie offenkundig sowohl die Einheit, als auch innerhalb der Einheit die Allgegenwart.

Weil sich in der Risale-i Nur der Name Allweiser und der Name Erbarmer manifestieren und an vielen Stellen der Risale-i Nur die Feinheiten und Erscheinungen der Wahrheit der Allbarmherzigkeit erklärt und bewiesen werden, weisen wir an dieser Stelle mit diesem Tropfen auf jenes Meer hin und fassen diese sehr lange Sache kurz.

Die von unserem Reisenden auf der dritten Station betrachtete

DRITTE WAHRHEIT: Es ist die Wahrheit der Allbetreuung und Lenkung.

Das heißt, es ist die Wahrheit, die sehr gigantischen und schnellen Himmelskörper, die sehr übergreifenden und durcheinander bringenden Elemente und die sehr bedürftigen schwachen Geschöpfe der Erde mit vollkommener Ordnung und Ausgewogenheit zu lenken, einander behilflich zu machen, harmonisch zu verwalten und zu betreuen und diese riesige Schöpfung wie zu einem perfekten Land, zu einer prachtvollen Stadt und zu einem schmuckvollen Schloss zu machen.

Nun also werden wir die großen Bereiche dieser bezwingenden und barmherzigen Lenkung belassend lediglich eine im Frühling auf der Erde erfolgende einzige Seite und Phase jener Lenkung –weil die Risale-i Nur sie in ihren bedeutenden Abhandlungen wie z. B. im „zehnten Wort" erklärt und beweist, (nur) eine kurze Form von ihr– durch ein Gleichnis aufzeigen, folgenderweise:

Wenn angenommen z. B. eine erstaunende weltbeherrschende Persönlichkeit aus vierhunderttausend jeweils verschiedenen Völkern und Gruppen eine Armee aufstellte, die Kleidungen der Soldaten jedes Volkes und jeder Gruppe, sowie ihre Waffen, ihr Essen, ihre Anweisungen, ihre Abberufungen und ihre Dienste voneinander gesondert, jeweils unterschiedlich alle jene verschiedenen Ausrüstungen ohne Mängel, Makel, Fehler und Irrtum, zur rechten Zeit, ohne Verspätung, ohne durcheinander zu bringen, vollkommen geordnet und auf äußerst perfekte Weise jener wunderbare Kommandeur gäbe, könnte zweifellos nach jener sehr weitreichenden, verwickelten, sorgfältigen, ausgewogenen, vielfältigen und gerechten Lenkung außer der außergewöhnlichen Macht jenes erstaunenden Kommandeurs keine einzige Ursache die Hand ausstrecken – wenn sie sie ausstreckte, würde sie das Gleichgewicht stören und durcheinander bringen.

Genauso auch sehen wir mit eigenen Augen, dass eine verborgene Hand in jedem Frühling eine aus vierhunderttausend verschiedenen Arten zusammengesetzte prachtvolle Armee hervorbringt und lenkt. Im Herbst, welcher ein Beispiel für den Weltuntergang ist, verabschiedet Er unter jenen vierhunderttausend (Arten) dreihunderttausend Pflanzen- und Tierarten in Form des Sterbens und mit dem Namen des Todes und stellt ihren Dienst ein.

Und im Frühling, welcher ein Beispiel für die Auferstehung und Verteilung ist, schafft Er in wenigen Wochen mit vollkommener Ordnung dreihunderttausend Beispiele der Größten Auferstehung –zeigt uns sogar an einem einzigen Baum vier kleine Auferstehungen, d. h. dem vergangenen Frühling genau entsprechend die Verteilung seiner selbst, seiner Blätter, seiner Blüten und seiner Früchte–, gibt vollkommen geordnet, ohne Irrtum und Fehler, ohne durcheinander zu bringen und keine einzige zu vergessen, von unverhofften Stellen und genau zur rechten Zeit jener sich auf vierhunderttausend Arten belaufenden Armee des Allgepriesenen –jeder Art und jeder Gruppe eigentümlich und entsprechend– ihre jeweils unterschiedlichen Nahrungen, ihre verschiedensten Verteidigungswaffen, ihre jeweils anderen Kleidungen, ihre unterschiedlichen Anweisungen und Abberufungen und all ihre jeweils anderen Ausrüstungen und notwendigen Dinge, beweist somit innerhalb vollkommener Allumsorgung, Herrschaft und Weisheit Seine Einsheit, Allgegenwart, Einzigkeit und Seine grenzenlose Macht und endlose Allbarmherzigkeit, und schreibt so mit dem Stift der Vorbestimmung diesen Erlass der Einheitsbezeigung auf der Erde auf jeder Frühlings-Seite.

Nachdem unser Reisende alleine in einem (einzigen) Frühling eine einzige Seite dieses Erlasses gelesen hat, sagte er zu sich:

Ein Bezwingender Allmächtiger und Allgewaltiger Überwältiger, der solcherweise in jedem Frühling tausende, von der Größten Auferstehung noch erstaunlichere Auferstehungen schafft,.. der Seinen gesamten Propheten tausende Mal versprochen und zugesagt hat, zur Belohnung und Bestrafung die Auferstehung zu schaffen und den Weltuntergang zu bringen –was für Seine Allmacht leichter fällt als ein Frühling–, und der im Kur'ân auf das Stattfinden der Auferstehung tausende Mal hinweist und zudem in tausend Versen von ihm ausdrücklich urteilt, droht und zusagt: für diejenigen, die das Unrecht begehen, die Auferstehung zu leugnen, was bedeutet, Seine so vielen Verheißungen der Lüge zu bezichtigen, sowie Seine Allmacht zu leugnen, ist die Höllenstrafe reine Gerechtigkeit... so hat er geurteilt und auch sein Nefs gesagt: „Wir glauben".

Die von dem Welt-Reisenden auf der dritten Station betrachtete

VIERTE WAHRHEIT, welche die dreiunddreißigste Stufe ist: Es ist die Wahrheit der Erbarmung und der stetigen Ernährung.

Das heißt, es ist die Wahrheit, dass auf dem Antlitz, im Inneren, in der Luft und den Meeren der gesamten Erde alle die materiellen und den Magen betreffenden, sowie geistigen Nahrungen aller Lebewesen, vor allem der Seelenbesitzer, besonders der unfähigen und schwachen, und insbesondere der Junglebewesen, liebevoll die tausenden von Okka Speisen, welche aus trockener und einfacher Erde und aus leblosen und knochentrockenen Holzstücken zubereitet und insbesondere ihre feinste zwischen Blut und Exkrementen hervorgebracht, sowie aus einem einzigen dirhem-kleinen und knochen-gleichen Kern geschaffen werden, (dass diese Nahrungen) genau zur rechten Zeit, auf regelmäßige Weise, ohne irgendeine zu vergessen oder durcheinander zu bringen vor unseren Augen durch eine verborgene Hand gegeben wird.

Ja, so wie der Vers إِنَّ اللّٰهَ هُوَ الرَّزَّاقُ ذُو الْقُوَّةِ الْمَتِينُ [1] die Versorgung und Ernährung dem Allerhabenen Hak zuspricht und auf Ihn begrenzt, so sichert auch der Vers

[2] وَمَا مِنْ دَابَّةٍ فِي الْاَرْضِ اِلَّا عَلَى اللّٰهِ رِزْقُهَا وَيَعْلَمُ مُسْتَقَرَّهَا وَمُسْتَوْدَعَهَا كُلٌّ فِي كِتَابٍ مُبِينٍ

die Nahrung aller Menschen und Tiere zu und bietet die Gewähr des Allumsorgers; und für die Nahrung der unfähigen schwachen Hilflosen ohne Macht, die sich die Nahrung nicht beschaffen können, für ihre Gewähr von unvermuteten Stellen, sogar aus dem Verborgenen, sogar aus dem Nichts –z. B. für die Tierchen in der Tiefe der Meere aus dem Nichts, für alle Junglebewesen von unvermuteten Stellen, und für alle Tiere in jedem Frühling geradezu nur aus dem Verborgenen– bürgt der Vers

[3] وَكَاَيِّنْ مِنْ دَابَّةٍ لَا تَحْمِلُ رِزْقَهَا اللّٰهُ يَرْزُقُهَا وَاِيَّاكُمْ وَهُوَ السَّمِيعُ الْعَلِيمُ

---

[1] Wahrlich, Allah allein ist der Versorger, der Starke, der Feste.

[2] Und es gibt kein Lebewesen auf der Erde, dessen Versorgung nicht Allah obliegt. Und Er kennt seine jeglichen Zustände und Orte. Alles ist im Kitâb-ı Mübîn (verzeichnet).

[3] Und wie viele Lebewesen gibt es, die nicht ihre eigene Versorgung tragen. Allah versorgt sie und euch. Und Er ist der Allhörende, der Allwissende.

mit der Tat, und sie wird ihnen augenscheinlich gegeben, sodass er auch den ursachengesinnten Menschen beweist und kundtut, dass hinter dem Schleier der Ursachen wiederum Er (ihnen die Nahrung) gibt; genauso zeigen auch sehr viele (andere) Kur'ânverse, sowie zahllose Zeugen aus der Schöpfung übereinstimmend auf, dass jedes Lebewesen (nur) durch das Erbarmen eines einzigen Allgewaltigen Stets Ernährenden versorgt wird.

Ja, dass die, eine Art Nahrung verlangenden Bäume, da sie macht- und willenlos sind, gottvertrauend auf ihren Plätzen sitzen und dabei ihre Nahrungen zu ihnen herbeieilen,.. dass die Rationen der unfähigen Junglebewesen aus staunenerregenden Behälterchen in ihr Mund fließt, und dass die Milch versiegt, nachdem jene Junglebewesen etwas Kraft und ein klein wenig freien Willen bekommen,.. und dass insbesondere den kleinen Kindern bei Menschen die Liebe und Güte ihrer Mütter als Helfer mitgegeben wird, beweist offenkundig: die erlaubte Nahrung ist nicht proportional zur Fähigkeit und zum freien Willen, kommt vielmehr je nach der, Gottvertrauen gebenden Schwäche und Unfähigkeit.

Dass die Fähigkeit, der freie Wille und die Klugheit – welche die Habsucht erwecken, was zumeist Schaden verursacht– (z. B.) manche großen Literaten bis hin zu einer Art Bettelei bringt,.. dass das gottvertrauensähnliche Unvermögen vieler unklugen, rauhen und einfachen Menschen sie zum Reichtum führt, und dass

(1) كَمْ عَالِمٍ عَالِمٍ اَعْيَتْ مَذَاهِبُهُ وَجَاهِلٍ جَاهِلٍ تَلْقَاهُ مَرْزُوقًا

---

(1) Wie viele Gebildete gibt es, deren Erwerbsquelle unzureichend ist, und wie viele Ungebildete, denen reichlich Nahrung gegeben wird.

zum Sprichwort geworden ist, beweist: die erlaubte Nahrung wird nicht mit der Kraft der Fähigkeit und des freien Willens erworben und gefunden, wird vielmehr durch eine Allbarmherzigkeit gegeben, die sein Arbeiten und Bestreben annimmt, und von einer Liebe und Güte huldvoll gewährt, die seine Bedürftigkeit bemitleidet.

Doch gibt es der Nahrung zweierlei:

Die eine: Es ist die wahre und anerschaffene Nahrung zum Weiterleben, welche durch den Allumsorger zugesichert ist. Sogar ist sie so ordnungsmäßig, dass die im Körper in Form von Fett und anderem aufgespeicherte anerschaffene Nahrung jedenfalls mehr als zwanzig Tage ohne zu essen weiterleben lässt und ihn am Leben erhält. Also sterben diejenigen, die noch vor diesen zwanzig bis dreißig Tagen – bevor ihre im Körper aufgespeicherte anerschaffene Nahrung aufgebraucht wird– scheinbar aus Hungersnot [(1)] ableben, nicht wegen Nahrungsmangel, sondern wegen einer Krankheit, die von schlechter Angewohnheit und vom Aufhören mit der Gewohnheit herrührt.

Die zweite Art Nahrung: Es ist die uneigentliche und unechte Nahrung, die durch Angewohnheit, Verschwendung und Missbrauch zur Sucht und wie zur Notwendigkeit geworden ist. Diese Art aber ist durch den Allumsorger nicht zugesichert, hängt vielmehr von der Huld ab: manchmal gibt Er sie, manchmal nicht.

Bei dieser zweiten Nahrung ist glücklich derjenige, der die erlaubte Arbeit mit Sparsamkeit und Genügsamkeit, welche

---

[(1)] *(Anm. d. Ü.)*: Sterbefälle durch Hungersnöte, die von Gewalt, Unterdrückungen u. ä. herrühren, sind etwas anderes; die Menschen werden ja in diesem kurzen vergänglichen Leben geprüft und die meisten ihrer größeren Verbrechen –allen voran der Unglaube– im eigentlichen ewigen Leben im Jenseits bestraft.

Glück und Genuss verschaffen, als eine Art Gottesdienst und praktisches Bittgebet für die Nahrung versteht, Dank sagend und empfindend jene Huld annimmt und so sein Leben glücklich verbringt.

Und unglückselig ist derjenige, der durch Verschwendung und Habsucht, welche Übel, Schaden und Kummer verursachen, die erlaubte Arbeit unterlässt, „an alle möglichen Türen klopft" und faul, ungerecht und sich beklagend und beschwerend sein Leben verbringt, sogar totschlägt.

So wie der Magen eine Nahrung verlangt, so verlangen auch die Feinsinne und Sinnesorgane des Menschen wie z. B. das Herz, die Seele, der Verstand, die Augen, die Ohren und der Mund vom Erbarmungsvollen Stets Ernährenden ihre Nahrung und nehmen sie dankend entgegen. Jedem von ihnen wird seine gesonderte, ihm angemessene, ihn erfreuende und vergnügende Nahrung aus dem Schatz der Allbarmherzigkeit huldvoll gewährt. Um ihnen sogar noch weitreichender Nahrungen zu geben, hat der Erbarmungsvolle Stets Ernährende einen jeden jener Feinsinne wie die Augen und Ohren, das Herz, das Vorstellungsvermögen und den Verstand in der Bedeutung jeweils eines Schlüssels des Schatzes Seiner Allbarmherzigkeit erschaffen. So wie z. B. die Augen ein Schlüssel der kostbaren Edelstein-Schätze auf dem Antlitz der Schöpfung sind –wie der Schönheit und des Cemâl's–, so werden auch die anderen –eine jede– zum Schlüssel jeweils einer Welt, und er profitiert durch den Glauben...

Wir kommen wieder zur Sache.

So wie der Allweise Allmächtige Herr, der diese Schöpfung erschaffen hat, aus der Schöpfung das Leben als eine umfassende Essenz erschafft und Seine ganzen Absichten und die Erscheinungen Seiner Namen in ihm konzentriert, so macht Er auch in der Welt des Lebens wiederum die Nahrung zu einem in sich fassenden Mittelpunkt von Handlungen, erschafft bei den Lebewesen die Notwendigkeit zum Appetit und den Nahrungsgenuss und lässt so mit ständiger und umfassender Danksagung, Dankempfindung und Liebe –was eine wichtigste Absicht und Weisheit der Erschaffung der Schöpfung ist– Seinem Allumsorgen und (Sich-)Beliebt-Machen entgegnen.

Zum Beispiel: So wie Er alle Gegenden des sehr weitreichenden Landes des Allumsorgers, insbesondere durch Engel und Seelenwesen die Himmel und durch die Seelen die Welt des Verborgenen aufbelebt, so auch die materielle Welt, insbesondere die Luft und die Erde: mit der Weisheit, jederzeit alle ihre Gegenden durch das Dasein von Seelenbesitzern, insbesondere von (Klassen von) Vögeln und Vögelchen (Insekten) aufzubeleben und zu beseelen, setzt Er die Tiere und Menschen durch Treiben hinter Nahrung in Bewegung – der Nahrungsbedarf und -genuss als ein sehr starker Antrieb (dienend)–, rettet sie so vor Faulheit und Untätigkeit und führt sie umher – was eine Weisheit der Handlungen der Allumsorgung ist. Wenn keine wichtigen Weisheiten wie diese gewesen wären, hätte Er, so wie Er die Nahrungen der Bäume zu ihnen herbeilaufen lässt, auch die festgelegten Rationen der Tiere mühelos zu ihnen ihre anerschaffenen Bedürfnisse herbeilaufen lassen.

Wenn man, um die Cemâl's der Namen Erbarmungsvoller und Stets Ernährender und ihre Bezeugung der Einsheit gänzlich zu sehen, Augen hätte, die das Antlitz der Erde auf einmal zu umfassen und zu betrachten vermögen, würde man sehen, eine wie liebliche Schönheit und wie süße Cemâl sich in der Erscheinung der Liebe und Güte des Erbarmungsvollen Stets Ernährenden befinden, der den Scharen der Tiere, deren Nahrungen am Ende des Winters fast aufgebraucht sind, als eine Hilfe aus dem Verborgenen und ein Geschenk des Allbarmherzigen nur aus dem verborgenen

Schatz der Allbarmherzigkeit sehr wohlschmeckende, äußerst viele und höchst unterschiedliche Speisen und Gaben schickt, welche den Pflanzen „in die Hände gegeben", an die Spitzen der Bäume „gelegt" und an die Brüste der Mütter (aller Lebewesen) „angehängt" werden; und daraus würde man verstehen:

Derjenige, der einen einzigen Apfel schafft und einem Menschen als eine wahre Nahrung beschenkend gibt: es kann nur ein solcher Herr ihn schaffen und geben, der die Jahreszeiten, die Nächte und Tage wechselt, die Erdkugel wie ein Handelsschiff umherführt und die Erträgnisse der Jahreszeiten mit ihr für Seine bedürftigen Gäste auf der Erde herbringt. Denn weil die auf jenem Apfel befindliche Prägung der Erschaffung, Siegel der Weisheit, Namenszug des Samediyet und Stempel der Allbarmherzigkeit (auch) auf allen Äpfeln und übrigen Früchten und auf allen Pflanzen und Tieren vorhanden sind, muss der wahre Besitzer und Künstler jenes einzigen Apfels zweifellos und auf jeden Fall der Allgewaltige Besitzer und Cemîl Schöpfer der gesamten Erdbewohner sein, welche jenes Apfels Entsprechenden, Artgenossen und Mitgeschöpfe sind, sowie der riesigen Erde, welche sein Garten, ebenso seines Baumes, welcher seine Fabrik, und seiner Jahreszeit, welche seine Werkbank, sowie (muss der Besitzer und Schöpfer) des Frühlings und Sommers (sein), welche sein Ausbildungsort ist – anders kann es nicht sein.

Also ist eine jede Frucht ein solcher Stempel der Einheit: sie gibt den Schreiber und Künstler der Erde, welche ihr „Baum", und des Schöpfungs-Buches, welches ihr „Garten" ist, bekannt, zeigt Seine Einheit auf und weist darauf hin, dass der Erlass der Einsheit entsprechend der Anzahl der Früchte gestempelt wurde.

Weil sich in der Risâlet-ün-Nur der Name Erbarmer und der Name Allweiser manifestieren und die Risâlet-ün-Nur viele Glanzlichter und viele Geheimnisse dieser Wahrheit der Erbarmung in vielen Teilen von ihr darlegt und beweist, wurden sie ihnen überlassen und wurde sich aufgrund meines ungünstigen Zustands mit diesem kurzen Hinweis aus diesem sehr großen Schatz begnügt.

Nun also sagt unser Reisende: Elhamdülillâh! Ich habe „dreiunddreißig Wahrheiten” gesehen und zugehört, welche die Wesensnotwendigkeit-der-Existenz und die Einheit meines Schöpfers und Besitzers bezeugen, den ich überall gesucht und bei allen Dingen erfragt habe. Eine jede Wahrheit ist so glanzvoll wie die Sonne, belässt keine Finsternis, ist so mächtig wie ein Berg und wird nicht erschüttert. Und eine jede bezeugt durch ihre Erweisung höchst entschieden Seine Existenz und durch ihr Umfassen äußerst klar Seine Einheit. Und sie beweisen in sich auch stark die übrigen Glaubensgrundpfeiler; und zugleich steigert die Einigkeit und Übereinstimmung der gesamten Wahrheiten unseren Glauben vom Nachgeahmten zum Nachgeforschten, vom Nachgeforschten zur erwiesenen Gewissheit, von der erwiesenen Gewissheit zur erschauten Gewissheit und von der erschauten Gewissheit zur vollerlebten Gewissheit.

اَلْحَمْدُ لِلّٰهِ هٰذَا مِنْ فَضْلِ رَبِّى[1]

اَلْحَمْدُ لِلّٰهِ الَّذٖى هَدٰينَا لِهٰذَا وَمَا كُنَّا لِنَهْتَدِىَ لَوْلَٓا اَنْ هَدٰينَا اللّٰهُ

لَقَدْ جَٓاءَتْ رُسُلُ رَبِّنَا بِالْحَقِّ

[1] Alles Lob und Dank sei Allah; dies ist von der Güte meines Herrn. * Alles Lob und Dank gebührt Allah, Der uns zu diesem geleitet hat! Wir hätten den Weg nicht zu finden vermocht, wenn Al- →

Nun also wurde als ein ganz kurzer Hinweis auf die Glaubenslichter, welche dieser äußerst wissbegierige Reisende von den vier gewaltigen Wahrheiten bekommen hat, die er auf dieser dritten Station betrachtete, *im „zweiten Kapitel" des „ersten Abschnitts" über die Wahrheiten der dritten Station* folgendes gesagt:

لَٓا اِلٰهَ اِلَّا اللّٰهُ الْوَاحِدُ الْاَحَدُ الَّذٖى دَلَّ عَلٰى وَحْدَتِهٖ فٖى وُجُوبِ وُجُودِهٖ مُشَاهَدَةُ عَظَمَةِ
اِحَاطَةِ حَقٖيقَةِ الْفَتَّاحِيَّةِ بِفَتْحِ الصُّوَرِ لِاَرْبَعِ مِأَةِ اَلْفِ نَوْعٍ مِنْ ذَوِى الْحَيَاةِ الْمُكَمَّلَةِ
بِلَا قُصُورٍ بِشَهَادَةِ فَنِّ النَّبَاتِ وَالْحَيْوَانِ .. وَكَذَا مُشَاهَدَةُ عَظَمَةِ اِحَاطَةِ حَقٖيقَةِ
الرَّحْمَانِيَّةِ الْوَاسِعَةِ الْمُنْتَظِمَةِ بِلَا انْتِقَاصٍ بِالْمُشَاهَدَةِ وَالْعِيَانِ .. وَكَذَا مُشَاهَدَةُ عَظَمَةِ
حَقٖيقَةِ الْاِدَارَةِ الْمُحٖيطَةِ لِجَمٖيعِ ذَوِى الْحَيَاةِ وَالْمُنْتَظِمَةِ بِلَا اِخْطَاءٍ وَلَا نُقْصَانٍ .. وَكَذَا
مُشَاهَدَةُ عَظَمَةِ اِحَاطَةِ حَقٖيقَةِ الرَّحٖيمِيَّةِ وَالْاِغَاثَةِ الشَّامِلَةِ لِكُلِّ الْمُرْتَزِقٖينَ الْمُقَنَّنَةِ
فٖى كُلِّ وَقْتِ الْحَاجَةِ بِلَا سَهْوٍ وَلَا نِسْيَانٍ ۞ جَلَّ جَلَالُ رَزَّاقِهَا الرَّحْمٰنِ الرَّحٖيمِ الْحَنَّانِ
الْمَنَّانِ وَعَمَّ نَوَالُهُ وَشَمِلَ اِحْسَانُهُ وَلَا اِلٰهَ اِلَّا هُوَ

[1] سُبْحَانَكَ لَا عِلْمَ لَنَٓا اِلَّا مَا عَلَّمْتَنَٓا اِنَّكَ اَنْتَ الْعَلٖيمُ الْحَكٖيمُ

يَا رَبِّ بِحَقِّ بِسْمِ اللّٰهِ الرَّحْمٰنِ الرَّحٖيمِ يَا اَللّٰهُ يَا رَحْمٰنُ يَا رَحٖيمُ ۞
صَلِّ وَسَلِّمْ عَلٰى سَيِّدِنَا مُحَمَّدٍ وَعَلٰى اٰلِهٖ وَاَصْحَابِهٖ اَجْمَعٖينَ بِعَدَدِ جَمٖيعِ حُرُوفِ رَسَائِلِ
النُّورِ الْمَضْرُوبِ تِلْكَ الْحُرُوفُ فٖى عَاشِرَاتِ دَقَائِقِ جَمٖيعِ عُمْرِنَا فِى الدُّنْيَا وَالْاٰخِرَةِ

---

lah uns nicht geleitet hätte. Die Gesandten unseres Herrn haben in der Tat die Wahrheit gebracht.

[1] Gepriesen seist Du. Wir haben kein Wissen außer dem, was Du uns gelehrt hast; wahrlich, Du bist der Allwissende, der Allweise.

مَعَ ضَرْبِ مَجْمُوعِهَا فِي ذَرَّاتِ وُجُودِي فِي مُدَّةِ حَيَاتِي وَاغْفِرْ لِي وَلِمَنْ يُعِينُنِي فِي
نَشْرِ رَسَائِلِ النُّورِ وَكِتَابَتِهَا بِصَدَاقَةٍ بِكُلِّ صَلَاةٍ مِنْهَا وَلِآبَائِنَا وَلِسَادَاتِنَا وَ
شُيُوخِنَا وَلِأَخَوَاتِنَا وَإِخْوَانِنَا وَلِطَلَبَةِ رِسَالَةِ النُّورِ الصَّادِقِينَ وَبِالْخَاصَّةِ لِمَنْ
يَكْتُبُ وَيَسْتَنْسِخُ هٰذِهِ الرِّسَالَةَ بِرَحْمَتِكَ يَا أَرْحَمَ الرَّاحِمِينَ آمِينَ
(1) وَآخِرُ دَعْوَاهُمْ أَنِ الْحَمْدُ لِلّٰهِ رَبِّ الْعَالَمِينَ

* * *

---

(1) O Herr! Um des Bismillâh'ir-Rahmân'ir-Rahîm (*) willen – o Allah, o Allbarmherziger, o Erbarmer! Schenke unserem Herrn Muhammed und allen seinen Angehörigen und Gefährten Barmherzigkeiten entsprechend (des Ergebnisses) der Anzahl der gesamten Buchstaben der Risale-i Nur, multipliziert mit der Anzahl der Âşire's (**) der Minuten unseres gesamten Lebens im Diesseits und Jenseits, und all das zusammen multipliziert mit der Anzahl der gesamten Atome meines Körpers in meinem gesamten Leben. Vergebe mir und denjenigen, die mir bei der Verbreitung der Risale-i Nur und bei ihrer Schreibung in Treue helfen –um einer jeden dieser Barmherzigkeiten zuliebe–, sowie unseren Vätern, Würdenträgern, hohen Persönlichkeiten, unseren Schwestern und Brüdern, den treuen Risale-i Nur-Schülern, und insbesondere denjenigen, die diese Abhandlung geschrieben, eine Abschrift von ihr angefertigt haben – Deiner Allbarmherzigkeit zuliebe, o Erbarmungsvollster aller Erbarmer, âmîn. * Und der Abschluss ihres Bittgebets ist: Alles Lob und Dank sei Allah, dem Herrn aller Welten.

(*) *(Anm. d. Ü.)*: Im Namen Allahs, des Allbarmherzigen, des Erbarmers.

(**) *(Anm. d. Ü.)*: Innerhalb einer Minute gibt es 60^9 Âşire's.

Aus dem „vierzehnten Wort”

DIE VIERTE (Angelegenheit): Die erhabene Wahrheit, welche Verse wie z. B.

[1] إِنَّمَا أَمْرُهُ إِذَا أَرَادَ شَيْئًا أَنْ يَقُولَ لَهُ كُنْ فَيَكُونُ

وَمَا أَمْرُ السَّاعَةِ إِلَّا كَلَمْحِ الْبَصَرِ ۞ وَنَحْنُ أَقْرَبُ إِلَيْهِ مِنْ حَبْلِ الْوَرِيدِ ۞

تَعْرُجُ الْمَلَائِكَةُ وَالرُّوحُ إِلَيْهِ فِي يَوْمٍ كَانَ مِقْدَارُهُ خَمْسِينَ أَلْفَ سَنَةٍ ۞

zum Ausdruck bringen, nämlich: Der Absolut Allmächtige erschafft die Dinge dermaßen mit Leichtigkeit und Schnelle, ohne Behandlung und Berührung, dass man es so sieht und versteht, als würde Er sie lediglich nur mit einem Befehl hervorbringen.

Außerdem ist jener Allmächtige Künstler grenzenlos nahe zu den Kunstwerken, doch sind die Kunstwerke grenzenlos fern von Ihm.

Außerdem belässt Er trotz Seiner endlosen Größe sogar sehr kleine und unbedeutende Dinge nicht ohne eine wichtige Anordnung und Kunstschönheit.

---

[1] Sein Befehl ist nur, wenn Er etwas will, dass Er diesem sagt: „Sei!“ – und es ist. * Die Verwirklichung der Auferstehung ist nur wie ein Augenzucken. * Und Wir sind ihm näher als seine Halsschlagader. * Die Engel und die Seele (Gabriel) steigen zu Ihm (zum „Thron“) auf in einem Tage, dessen Länge fünfzigtausend Jahre beträgt.

So wie nun für die Existenz dieser kur'anischen Wahrheit die bei den Existierenden sichtbare vollkommenste Ordnung innerhalb absoluter Leichtigkeit Zeugnis ablegt, so wird das Geheimnis ihrer Weisheit auch ebenso aufgezeigt durch das folgende Gleichnis.

Zum Beispiel: وَلِلّٰهِ الْمَثَلُ الْاَعْلٰى[(1)] Die Dienste, welche die Sonne auf den Befehl des Herrn und auf die Unterwerfung durch Gott erfährt –(obwohl:) sie ist (lediglich) wie ein dunkler Spiegel für den Namen „Licht" unter den Schönen Namen des Allgewaltigen Künstlers–, bringen diese Wahrheit dem Verstande näher, folgenderweise:

Die Sonne ist trotz ihrer Höhe allen transparenten und glänzenden Dingen grenzenlos nahe, ist sogar zu ihnen noch näher als sie (zu sich) selber; obwohl sie diese durch ihre Erscheinung, ihr Abbild und durch viele, der Verwaltung ähnelnde Hinsichten beeinflusst, sind diese transparenten Dinge jedoch tausende Jahre (Fußmarsch) von ihr entfernt, können sie in keiner Hinsicht beeinflussen, können keine Nähe behaupten.

Und der Sachverhalt, dass jene Sonne in jedem transparenten Partikel, sogar überall, wo ihr Licht eingedrungen ist, gleichsam gegenwärtig und „sehend" ist, erweist sich dadurch, dass entsprechend der Fähigkeit und Farbe jenes Partikels die Spiegelung der Sonne und eine Art ihres Abbildes zu sehen ist.

Auch wird je nach dem Ausmaß der Gewaltigkeit des Leuchtens der Sonne ihr Umfassen und ihr Einfluss (um so) stärker. Wegen der Gewaltigkeit des Leuchtens ist es, dass (sogar) ganz kleine unbedeutende Dinge sich vor ihr nicht verbergen und nicht entfliehen können. Also ist es nicht,

---

(1) Und Allah gebührt das höchste Gleichnis.

dass die Gewaltigkeit ihrer Größe kleine und unbedeutende Dinge ausschließt, sondern im Gegenteil, aufgrund des Geheimnisses des Leuchtens in den Bereich ihres Umfassens nimmt.

Außerdem, den unmöglichen Fall angenommen, wenn wir uns die Sonne bei den Erscheinungen und Diensten, die sie erfährt, als selbständig Handelnde vorstellen: in so großer Leichtigkeit, Schnelle und Ausdehnung vollbringt sie mit Gottes Erlaubnis von dem Partikel, dem Tropfen, der Meeresoberfläche bis hin zu den Planeten solche Werke, dass man sich vorstellen kann, dass sie diese gewaltigen Handlungen lediglich mit einem bloßen Befehl vollzieht. Partikel wie Planeten sind vor ihrem Befehl gleich. Den Segen, den sie der Meeresoberfläche spendet, gibt sie mit vollkommener Ordnung auch dem Partikel – seiner Fähigkeit entsprechend.

Nun also: Dass diese Sonne, die auf dem Himmels-Meer ein lichtvolles Bläschen und ein dunkler Spiegel für die Erscheinung des Namens „Licht" des Absolut Allmächtigen ist, augenscheinlich die Muster der drei Grundlagen dieser Wahrheit erfährt, sehen wir. Zweifellos glauben wir dann – und muss man glauben– mit einer Glaubensgewissheit im Grade des Augenscheins, dass der Allgewaltige Herr –wobei das Licht und die Wärme der Sonne im Vergleich zu Seiner Allwissenheit und Allmacht gleichsam so dunkel sind wie die Erde(nschicht), und der

نُورُ النُّورِ مُنَوِّرُ النُّورِ مُقَدِّرُ النُّورِ [1] ist– (dass Er) zu allen Dingen mit Seiner Allwissenheit und Allmacht grenzenlos nah, allgegenwärtig und allwissend ist, dass alle Dinge von Ihm unendlich entfernt sind, und –weil Er dermaßen mühelos, ohne

---

[1] Das "Licht" des Lichtes, der Erleuchter des Lichtes, der Bestimmer des Lichtes.

Behandlung und leicht die Handlungen vollzieht– dass man es so versteht, als würde Er lediglich mit der Schnelle und Leichtigkeit eines bloßen Befehls schaffen, dass überhaupt nichts, ob als Teil oder Ganzes, ob klein oder groß, aus dem Bereich Seiner Allmacht herausgeht, und dass Seine Größe (alles) umfasst.

Sechzehntes Wort

بِسْمِ اللّٰهِ الرَّحْمٰنِ الرَّحِيمِ

[1] اِنَّمَٓا اَمْرُهُٓ اِذَٓا اَرَادَ شَيْـًٔا اَنْ يَقُولَ لَهُ كُنْ فَيَكُونُ ۞ فَسُبْحَانَ الَّذ۪ي بِيَدِه۪ مَلَكُوتُ كُلِّ شَيْءٍ وَاِلَيْهِ تُرْجَعُونَ ۞

Geschrieben, um meinem blinden Selbst einen Weitblick zu geben – durch Aufzeigen von „vier Lichtstrahlen" aus dem Licht dieses Verses, welche der inneren Ruhe meines Selbst dienen und die Finsternis zerstreuen werden.

ERSTER LICHTSTRAHL: O mein unwissendes Selbst! Du sagst: „Mit der Allgegenwart des Wesens Gottes zugleich die Universalität Seiner Handlungen, mit der Einheit Seiner Person zugleich die Allgemeingültigkeit Seiner Allumsorgung ohne Helfer, mit Seiner Einzigkeit zugleich das Allumfassen Seiner Verwaltungen ohne Teilhaber, mit Seiner Erhabenheit über den Raum zugleich Seine Allgegenwart, mit Seiner unendlichen Erhabenheit zugleich Seine Nähe zu allen Dingen, und mit Seiner Einheit zugleich die

---

[1] Im Namen Allahs, des Allbarmherzigen, des Erbarmers. * Sein Befehl ist nur, wenn Er etwas will, dass Er diesem sagt: „Sei!" – und es ist. * Also gepriesen sei Der, in dessen Hand das Melekût aller Dinge ruht! Und zu Ihm werdet ihr zurückgebracht.

Tatsache, dass Er alle Dinge persönlich in der Hand hält, gehören den Wahrheiten des Kur'âns zu. Der Kur'ân aber ist allweise; die Allweisheit jedoch lädt dem Verstand Dinge, die er nicht akzeptiert, nicht auf. Doch sieht der Verstand (hier) eine scheinbare Unvereinbarkeit. Ich möchte eine Erklärung, die den Verstand dazu führt, sich zu ergeben."

Antwort: *Wenn es nun so ist und du es für die innere Ruhe willst, sagen wir wiederum, gestützt auf den Segen des Kur'âns: Der Name (Gottes) „Licht" hat viele unsere Schwierigkeiten gelöst, wird inşâallah auch diese lösen. Indem wir den Weg des Gleichnisses wählen, welcher klar für den Verstand und lichtvoll für das Herz ist, sagen wir wie İmam-ı Rabbânî (R.A.):*

[1] نَه شَبَم نَه شَب پَرَستَم مَن ❁ غُلامِ شَمْسَم زِ شَمْس مى گويَم خَبَر

Weil ein Beispiel ein sehr glänzender Spiegel der Unnachahmlichkeit des Kur'âns ist, werden auch wir dieses Geheimnis durch ein Gleichnis betrachten, folgenderweise:

Eine einzige Person kann mittels verschiedener Spiegel eine Vielfältigkeit erlangen; obwohl er ein wahrer Einzelner ist, wird er gleichsam zu einem Vielfältigen, welcher allgemeine Handlungen vollzieht.

Zum Beispiel: Obwohl die Sonne ein konkretes Einzelnes ist, wird sie mittels transparenten Dingen gleichsam zu solch einem Vielfältigen, dass sie die Erdoberfläche mit ihren Abbildern und Reflexen füllt. Sie hat sogar Erscheinungen entsprechend der Anzahl der Tropfen und der glänzenden

---

[1] Ich bin weder die Nacht, noch bin ich der Nacht verbunden. Ich bin ein Diener der Sonne, gebe Kunde von der Sonne.

Partikel. Obwohl die Wärme der Sonne, ihr Licht und ihre siebenfarbigen sieben Eigenschaften in ihrem Licht –eine jede– die ihnen gegenüberliegenden Dinge umfassen, einbeziehen und einschließen, bewahrt ein jedes transparente Ding wiederum in seinem „Augapfel" mit dem Abbild der Sonne zugleich auch die Wärme, ebenso das Licht und die sieben Eigenschaften und macht sein reines „Herz" für sie zum „Thron". So wie die Sonne also aufgrund des „Alleinbesitzens" alle ihr gegenüberliegenden Dinge umfasst, so befindet sich die Sonne auch hinsichtlich der „Allgegenwart" gemeinsam mit vielen ihren Eigenschaften mit einer Art Erscheinung ihrer Person in jedem Ding.

Da wir nun vom Gleichnis zur Thematik der Gestaltannahme übergegangen sind, werden wir unter den vielen Arten der Gestaltannahme auf drei Arten hinweisen, welche diese Angelegenheit erleichtern werden.

Die erste: *Es sind die Reflexe der dichten, materiellen Dinge. Diese Reflexe sind sowohl etwas anderes (als sie selber), und nicht identisch, als auch leblose Dinge, sind tot. Außer ihrer äußerlichen Identität besitzen sie keine besonderen Eigenschaften.*

Zum Beispiel: Wenn du ein Spiegelkabinett betrittst, wird ein Said zu tausenden von Said's. Doch lebenbesitzend bist nur du, die anderen sind unbelebt; die Eigenschaft eines Lebens haben sie nicht.

Die zweite: *Es sind die Reflexe der materiellen Lichtvollen. Dieser Reflex ist nicht identisch, aber auch nicht etwas anderes. Sein Wesen stimmt nicht überein, doch besitzt er die meisten der Eigenschaften jenes Lichtvollen, wird wie dieses als lebendig gezählt.*

Zum Beispiel: Die Sonne scheint auf die Erde, zeigt in jedem Spiegel ihren Reflex. In jedem dieser Reflexe finden sich gleichsam als die Eigenschaften der Sonne das Licht und die sieben Farben im Licht vor. Wenn die Sonne angenommen Bewusstsein besäße –wenn ihre Wärme ihrer Macht gleich, ihr Licht ihrem Wissen gleich und ihre sieben Farben ihre sieben Eigenschaften wären–, dann könnte diese eine einzige und alleinige Sonne im gleichen Augenblick in jedem Spiegel zugegen sein, einen jeden für sich zu einem „Thron" und zu einer Art Telefon machen; sie hätten einander nicht behindert. Sie hätte mit jedem von uns mittels unseres Spiegels gesprochen. Obwohl wir von ihr entfernt sind, wäre sie zu uns näher gewesen als wir (selber zu uns).

Die dritte: *Es sind die Reflexe der lichtvollen Seelen. Dieser Reflex ist sowohl lebend, als auch identisch. Aber weil er je nach der Fähigkeit der Spiegel in Erscheinung tritt, stimmt er mit dem (eigentlichen) Wesen jener Seele nicht völlig überein.*

Zum Beispiel: In einem Moment, in dem Seine Erhabenheit Gabriel Aleyhisselâm in der Gestalt von Dıhye [1] in der Gegenwart des Propheten stand, ging er in der Gegenwart Gottes vor dem „Gewaltigen Thron" [2] mit seinen prächtigen Flügeln zur Secde. Auch befand er sich im selben Moment an zahllosen Orten und verkündete die Anordnungen Gottes. Eine Sache behinderte nicht die andere.

Aus diesem Geheimnis also ist es, dass Seine Erhabenheit der Prophet Aleyhissalâtü Wesselâm, dessen Wesen „Licht" und dessen Identität lichterfüllt ist, auf der Welt die Salawâte seiner ganzen Religionsgemeinschaft zugleich vernimmt und am Jüngsten Tag mit den ganzen Asfiya's zugleich spricht. Sie behindern einander nicht. Sogar werden unter den Got-

---

[1] *(Anm. d. Ü.)*: Name eines Sahâbi (R.A.).

[2] *(Anm. d. Ü.)*: Siehe in der Liste der Fachbegriffe unter „Thron".

tesfreunden manche, die einen hohen „Lichtcharakter" erlangen und „Ebdâl" genannt werden, im gleichen Moment an vielen Orten gesehen; dieselbe Persönlichkeit vollzieht viele unterschiedliche Handlungen (gleichzeitig und an mehreren Orten zugleich).

Ja, so wie für körperliche Dinge Dinge wie Glas und Wasser zum Spiegel werden, so gelten auch für die Seelenwesen wiederum die Luft, der Äther und manche Existierenden der Welt-der-Aufzeichnung als Spiegel und nehmen die Form eines Mittels an für eine Betrachtung und Reise in Blitz- und Gedankenschnelle; und jene Seelenwesen reisen in Gedankenschnelle in jenen reinen Spiegeln und in jenen feinen Orten umher. Sie treten im gleichen Moment in tausende Orte ein.

Da nun unfähige und gefügige Geschöpfe wie die Sonne und an das Materielle gebundene halb-lichthafte Kunstwerke wie die Seelenwesen aufgrund des Lichtcharakters an einem (einzigen) Ort und zugleich an sehr vielen Orten zugegen sein können, ein ortgebundenes Einzelnes sind und dennoch gleichsam ein absolutes Vielfältiges werden und im gleichen Moment mit freiem Willen sehr viele Handlungen vollziehen können,... **bei einem Heiligsten Herrn wohl,** der an das Materielle nicht gebunden und erhaben darüber ist, von der Begrenzung durch Einschränkung und von der Finsternis der Dichtheit rein und frei ist, die gesamten Lichter und alle Seelenwesen ein dunkler Schatten der Lichter Seiner heiligen Namen sind, die gesamte Existenz, das ganze Leben, die Welt der Seelen und die Welt der Aufzeichnung ein halbtransparenter Spiegel Seines Cemâl's sind, und dessen Eigenschaften allumfassend und dessen Handlungen universell sind: welches Ding vermag wohl, sich zu verbergen vor der Hinwendung Seiner Allgegenwart innerhalb der Manifestation Seiner Eigenschaften und der Erscheinung Seiner Handlungen –(und zwar) mit allbeherrschendem Willen, mit absoluter Allmacht und mit allumfassendem Wissen–,.. welche Handlung kann Ihm schwer fallen,.. was kann vor Ihm geheim gehalten werden,.. welches Individuum kann von Ihm fern bleiben,.. welche Persönlichkeit kann sich Ihm nähern, ohne eine Vollständigkeit zu erlangen?

Ja, obwohl die Sonne ja mittels ihres unbegrenzten Lichtes und körperlosen Reflexes dir noch näher ist als deine Pupille, bist du von ihr –weil du begrenzt bist– sehr weit entfernt. Um sich ihr zu nähern, müsste man sich von vielen Einschränkungen befreien, müsste durch viele gewaltigen Stufen gehen. Geradezu müsste man geistig sich so vergrößern wie die Erde, so emporkommen wie der Mond,.. dann (erst) kannst du unmittelbar der eigentlichen Stufe der Sonne dich in gewissem Grade nähern und ohne (Zwischen)-Schleier sprechen. So auch ist der Cemâl-Besitzende Allgewaltige und der Vollkommene Cemîl dir höchst nah. Du bist von Ihm unendlich weit entfernt.

Wenn dein Herz Kraft und dein Verstand Hochsinn besitzt, versuche die Punkte in dem Gleichnis auf die Wahrheit anzuwenden…

DRITTER LICHTSTRAHL: O mein voll einflüsterndes Selbst, das seine Grenzen überschritten hat! Du sagst: „Verse wie

[1] بِيَدِهِ مَلَكُوتُ كُلِّ شَيْءٍ ۞ مَا مِنْ دَآبَّةٍ اِلَّا هُوَ اٰخِذٌ بِنَاصِيَتِهَا
وَنَحْنُ اَقْرَبُ اِلَيْهِ مِنْ حَبْلِ الْوَرِيدِ

---

[1] Der, in dessen Hand das Melekût aller Dinge ruht. * Es gibt kein Lebewesen, dessen Zügel nicht Er hält. * Und Wir sind ihm näher als seine Halsschlagader.

zeigen die grenzenlose Nähe Gottes auf. (Der Vers) وَاِلَيْهِ تُرْجَعُونَ ۞ تَعْرُجُ الْمَلٰٓئِكَةُ وَالرُّوحُ اِلَيْهِ فِي يَوْمٍ كَانَ مِقْدَارُهُ خَمْسِينَ اَلْفَ سَنَةٍ[1] und das im Hadîs eingetroffene: ‚Der Allerhabene Hak ist hinter siebzigtausend ‚Schleiern'' und Wahrheiten wie die Himmelfahrt zeigen unser grenzenloses Entferntsein. Ich möchte eine Erklärung, die dieses schwer verständliche Geheimnis dem Verstande näher bringt!“

Antwort: Wenn es so ist, höre zu:

Zunächst hatten wir zum Schluss des „ersten Lichtstrahls“ gesagt: Obwohl die Sonne ja hinsichtlich ihres unbegrenzten Lichtes und körperlosen Reflexes dir noch näher ist als deine Pupille, welche das Fenster deiner Seele und ihr Spiegel ist, bist du von ihr sehr weit entfernt, weil du begrenzt und innerhalb der Materie gefangen bist. Du kannst lediglich mit manchen ihrer Reflexe und „Schatten“ Verbindung aufnehmen, (nur) ihren quasi Erscheinungen und schwachen Manifestationen begegnen und dich (lediglich) ihren Farben nähern, welche gleichsam eine Klasse ihrer Eigenschaften sind, sowie ihren Strahlen und Erscheinungsorten, welche gleichsam eine Gruppe ihrer Namen sind. Wenn du dich der eigentlichen Stufe der Sonne nähern und direkt unmittelbar dich mit der Person der Sonne treffen willst, müsstest du dich dann von sehr vielen Einschränkungen befreien und durch sehr viele Stufen von Universalitäten gehen. Erst nachdem du geradezu durch geistige Befreiung so groß geworden bist wie die Erdkugel, dich seelisch wie die Luft ausgedehnt hast, so emporgekommen bist wie der Mond und so entgegenstehst wie der Vollmond, kannst du

---

[1] Und zu Ihm werdet ihr zurückgebracht. * Die Engel und die Seele (Gabriel) steigen zu Ihm (zum „Thron“) auf in einem Tage, dessen Länge fünfzigtausend Jahre beträgt.

behaupten, dich persönlich unmittelbar mit ihr getroffen und dich ihr in gewissem Grade genähert zu haben.

So auch: Jener Höchst Vollkommene Allgewaltige, jener Cemîl Ohnegleichen, jener Wesensnotwendig Existierende, jener Erschaffer alles Existierenden, jene „Immerwährende Sonne“, jener Sultan der Überzeitlichkeit und Ewigkeit ist dir noch näher als du (dir selbst). Du bist von Ihm endlos weit entfernt.

Wenn du Kraft hast, übertrage die Feinheiten im Gleichnis…

Zweitens: Zum Beispiel: وَلِلّٰهِ الْمَثَلُ الْاَعْلٰى[1] Unter den vielen Namen eines Padişah’s zeigt sich der Name „Kommandeur“ in vielen ineinander liegenden Bereichen. Er hat ein Auftreten und Erscheinen in weiten wie beschränkten, allgemeinen wie kleinen Bereichen – mit dem allgemeinen Bereich des Verteidigungsministers angefangen, über den Rang des Marschalls und Generalleutnants, bis hin zum Hauptmann und Gefreiten. Nun nimmt ein Soldat bei seinem Militärdienst jenen beschränkten Rang des Kommandeurs als Instanz, welcher bei dem Rang des Gefreiten in Erscheinung tritt; er nimmt mit seinem Oberbefehlshaber durch diese beschränkte Erscheinung seines Namens Verbindung auf und steht zu ihm durch sie in Beziehung. Wenn er mit seinem eigentlichen Namen Verbindung aufnehmen und ihm mit diesem Titel begegnen wollte, müsste er von dem Rang des Gefreiten bis hin auf den großen Rang des Verteidigungsministers aufsteigen. Also steht der Padişah jenem Soldaten, mit seinem Namen, seiner Herrschaft, seinem Gesetz, seinem Wissen, seinem Telefon, seinen Maßnahmen –und wenn jener Padişah von den Ebdâl-Gottesfreunden (und) „lichthaft“

---

[1] Und Allah gebührt das höchste Gleichnis.

ist, unmittelbar mit seiner Gegenwart– sehr nahe. Nichts kann dazwischen treten und zum Hindernis werden. Jedoch steht jener Soldat sehr entfernt; es sind tausende Stufen dazwischen und tausende Schleier trennend. Doch übt (der Padişah) manchmal Milde, lädt entgegen der Gewohnheit einen Soldaten zu sich, lässt ihn seine Huld erfahren...

So auch: Obwohl der Allgewaltige Herr, der den Befehl كُنْ فَيَكُونُ[1] innehat und die Sonnen und Gestirne gleichsam Seine beauftragten Soldaten sind, allen Dingen viel näher ist als alle Dinge (zu sich selber), sind doch alle Dinge von Ihm endlos entfernt. Wenn man vor Seine Gegenwart unmittelbar treten wollte, müsste man durch dunkle wie lichtvolle, d. h. materielle und schöpfungsbedingte, sowie namens- und eigenschaftsbedingte „siebzigtausende" Schleier gehen, auf den tausenden speziellen wie universellen Stufen der Erscheinung jedes Namens hochsteigen, durch die äußerst erhabenen Ebenen Seiner Eigenschaften schreiten und bis hin zu Seinem „Größten Thron" aufsteigen, welcher Seinen Größten Namen erfährt, müsste –wenn keine Heranziehung und Huld erfolgt– tausende Jahre sich bemühen und schreiten... Zum Beispiel: Wenn du dich Ihm mittels des Namens „Schöpfer" nähern willst, musst du mit der Besonderheit als „dein Schöpfer", dann in der Hinsicht als „der Schöpfer aller Menschen", dann mittels des Titels als „der Schöpfer aller Lebewesen", dann durch den Namen „der Schöpfer alles Existierenden" in Verbindung treten. Andernfalls bleibst du im Schatten, findest nur eine kleine Erscheinung.

ZUR BEACHTUNG: Der Padişah in dem Gleichnis hat aus seiner Unfähigkeit auf den Stufen seines Namens „Kommandeur" Mittler eingesetzt wie den Marschall und

---

[1] „Sei!" – und es ist.

Generalleutnant. Aber der Absolut Allmächtige, بِيَدِهِ مَلَكُوتُ كُلِّ شَيْءٍ[1], bedarf Mittler nicht. Die Mittler sind nur äußerlich, sind ein Schleier (zur Bewahrung) der Ehre und Erhabenheit; sie sind mit Dienstbarkeit, Erstaunen, Unfähigkeit und mit Bezeigen der eigenen Bedürftigkeit Ausrufer und Betrachter der Herrschaft Seiner Allumsorgung, sind nicht Seine Helfer, können keine Teilhaber an der Herrschaft der Allumsorgung sein.

---

[1] Der, in dessen Hand das Melekût aller Dinge ruht.

Aus dem „dreizehnten Glanzlicht“ (Lem’a)

DREIZEHNTER HINWEIS: *Es sind „drei Punkte“.*

Erster Punkt: *Eine sehr große Hinterlist des Teufels: Hinsichtlich der Gewaltigkeit der Glaubenswahrheiten verleitet er engherzige, wenigverständige und kleindenkende Menschen und sagt: „Es wird gesagt, dass ein einziger Herr die gesamten Atome, Planeten, Gestirne und die übrigen Existierenden mit all ihren Zuständen unter der Betreuung Seiner Allumsorgung lenkt und verwaltet. Wie kann man an eine so grenzenlos erstaunliche große Angelegenheit glauben? Wie findet sie Platz im Herzen? Wie kann der Gedanke sie akzeptieren?“ So erweckt er angesichts der menschlichen Schwäche ein Gefühl der Leugnung.*

Antwort: Das Geheimnis, das diese Hinterlist des Teufels verstummen lässt, ist „Allahu ekber“, und auch ihre wahre Antwort ist „Allahu ekber“. Ja, die vielfache Wiederholung des „Allahu ekber“ in den Zeichen des Islam ist dafür, um diese Hinterlist zu vereiteln. Denn die unfähige Kraft, das schwache Vermögen und der unzureichende Gedanke des Menschen sieht und bestätigt solche grenzenlos großen Wahrheiten durch das Licht des „Allahu ekber“, trägt jene Wahrheiten mit der Kraft des „Allahu ekber“, platziert sie in den Bereich des „Allahu ekber“ und sagt zu seinem in Einflüsterung geratenen Herzen:

Die höchst ordnungsmäßige Betreuung und Verwaltung dieser Schöpfung ist augenscheinlich zu sehen. Hierbei gibt es zwei Wege:

Der erste Weg: Er ist möglich, jedoch höchst gewaltig und erstaunlich – solch ein außergewöhnliches Werk ist sowieso mit einer außergewöhnlichen Kunst und auf einem sehr erstaunlichen Weg möglich. Und dieser Weg ist es, dass dies mit der Allumsorgung, dem Willen und der Allmacht eines Allgegenwärtigen und Samed Herrn geschieht, für dessen Existenz es Zeugen an der Anzahl der Existierenden, sogar Atome gibt.

Zweiter Weg: Es ist der Weg der Beigesellung und des Unglaubens, für den es keine Hinsicht der Möglichkeit besteht, und der im Grade der Unmöglichkeit schwierig und in keiner Hinsicht verstandesmäßig ist. Denn so wie es in vielen Abhandlungen wie z. B. im „zwanzigsten Brief" und „zweiundzwanzigsten Wort" äußerst sicher bewiesen wurde, müsste sich dann in jedem Existierenden der Schöpfung, sogar in jedem ihrer Atome, eine absolute Göttlichkeit, ein umfassendes Wissen und eine grenzenlose Macht befinden, damit mit der höchsten Ordnung und Regelmäßigkeit und der äußerst genauen Ausgewogenheit und Sonderung, welche bei den Existierenden augenscheinlich zu sehen sind, die perfekten und schmuckvollen Kunst-Zierden entstehen können.

Kurz: Wenn die Allumsorgung in Gewaltigkeit und Größe nicht bestünde, welche vollkommen passend und richtig ist, müsste man dann einen in jeder Hinsicht widersinnigen und unmöglichen Weg verfolgen. Durch Weglaufen vor der passenden und notwendigen Gewaltigkeit die Unmöglichkeit und Undenkbarkeit anzunehmen, kann sogar der Teufel nicht anbieten.

* * *

Aus dem zweiten Kapitel des „zweiunddreißigsten Wortes”

Zweites Vorhaben

Weil der Vertreter der Beigeseller den Weg der Beigesellung in keiner Hinsicht beweisen konnte und die Hoffnung auf dessen Beweis aufgab und deshalb versuchen will, den Weg der Einheitsbekenner durch seine Zweifel und sein Anbringen von Ungewissheiten zu zerstören, **stellt er die folgende zweite Frage, er sagt:**

„O ihr Einheitsbekenner! Ihr sagt:

قُلْ هُوَ اللّٰهُ اَحَدٌ ۝ اَللّٰهُ الصَّمَدُ[1], *Der Erschaffer der Schöpfung ist ein einziger, ist allgegenwärtig, ist Samed. Auch ist Er der Schöpfer aller Dinge. Mit Seiner persönlichen Allgegenwart zugleich ist unmittelbar der Zügel aller Dinge in Seiner Hand, der Schlüssel aller Dinge bei Ihm, hält Er die „Stirnlocke” aller Dinge; eine Sache behindert die andere nicht. Er vermag, die gesamten Dinge mit ihren gesamten Zuständen zugleich zu lenken.’... Wie kann man an einen solchen erstaunlichen Sachverhalt glauben? Kann eine einzige Persönlichkeit als einzelner an grenzenlosen Orten grenzenlose Handlungen mühelos vollziehen?”*

Antwort: Auf diese Frage kann man mit der Darlegung eines höchst tiefen und feinen und höchst erhabenen und

---

[1] Sprich: Er ist Allah, Allgegenwärtig. Allah ist Samed.

umfassenden Geheimnisses der Allgegenwart und des Samediyet antworten. Der menschliche Geist jedoch kann jenes Geheimnis nur durch das Fernrohr eines Beispiels und durch die Beobachtung mittels eines Gleichnisses betrachten. Der Allerhabene Hak hat bei Seinem Wesen und Seinen Eigenschaften nicht Seines gleichen oder ähnlichen. Doch kann man durch ein Gleichnis und ein Beispiel in gewissem Grade Seine Handlungen betrachten. Und so werden wir mit materiellen Beispielen auf jenes Geheimnis hinweisen.

Erstes Beispiel – ist wie folgt: *So wie es im „sechzehnten Wort" bewiesen wird, erlangt eine einzige konkrete Person mittels verschiedener Spiegel eine Vielfältigkeit; obwohl sie ein wahres Einzelnes ist, wird sie gleichsam zu einem Vielfältigen, welches zahlreiche Handlungen vollzieht.*

So wie ja für materielle Dinge Dinge wie Glas und Wasser zum Spiegel werden und ein einziges materielles Ding in jenen Spiegeln eine Vielfältigkeit erlangt, so auch gelten ebenso für lichthafte Dinge und für Seelenwesen die Luft, der Äther und manche Existierenden der Welt der Aufzeichnung gleichsam als Spiegel und nehmen die Form jeweils eines Mittels an für einen Durchzug und Durchreise in Blitz- und Gedankenschnelle, sodass jene Lichthaften und jene Seelenwesen in Gedankenschnelle in jenen reinen Spiegeln und feinen Räumen umherreisen; im gleichen Moment treten sie in tausende Orte ein. Und weil sie lichthaft sind, und ihre Reflexe mit ihnen identisch sind und ihre Eigenschaften besitzen, walten sie in jedem Spiegel –im Gegensatz zu materiellen Dingen– solcherweise, wie dass sie sich an jedem Ort persönlich befinden.

Die Reflexe und Abbilder von dichten materiellen Dingen sind sowohl mit ihnen nicht identisch, als auch besitzen sie nicht ihre Eigenschaften, gelten als leblos.

Zum Beispiel: Obwohl die Sonne ein konkretes Einzelnes ist, wird sie mittels glänzender Dinge gleichsam ein Vielfältiges. Allen glänzenden Dingen auf der Erde, sogar einem jeden Tropfen Wasser und Glaspartikel, gibt sie entsprechend deren Fähigkeit jeweils ein Abbild von ihr – eine abgebildete Sonne. Die Wärme und das Licht der Sonne, ihre sieben Farben in ihrem Licht und eine Art Abbild ihrer Person befinden sich in jedem glänzenden Körper.

Angenommen wenn die Sonne ein Wissen und Bewusstsein besäße, wäre jeder Spiegel gleichsam eine Art Platz, Thron und Ehrensitz von ihr geworden, hätte sie so mit jedem Ding eine persönliche Verbindung gehabt und mit jedem Bewusstseinsbesitzer mittels seines Spiegels –sogar durch seine Pupille, gleichsam als jeweils ein Telefon– kommunizieren können. Eine Sache hätte die andere nicht verhindert. Eine Kommunikation hätte die andere nicht unterbrochen. Sie wäre sowohl an jedem Ort (mit ihren Eigenschaften und „Namen") zugegen gewesen, als auch (mit ihrer Person) an gar keinem Ort.

Wenn wohl die Sonne, die wie ein materieller, beschränkter und lebloser Spiegel alleine des Namens „Licht" unter den tausendundeinen Namen eines Herrn ist, solcherweise trotz ihrer Individualität an vielen Orten viele Taten vollbringt, würde dann jener Allgewaltige Herr mit der Allgegenwart Seines Wesens zugleich grenzenlose Handlungen im gleichen Moment nicht ausführen können?

Zweites Beispiel: *Weil die Schöpfung wie ein Baum ist, kann ein jeder Baum als Beispiel dienen für die Sachverhalte der Schöpfung. So werden auch wir den prächtigen, gewaltigen Ahorn vor unserem Zimmer wie ein verkleinertes Abbild für die Schöpfung nehmen und die Erscheinung der Allgegenwart in der Schöpfung durch ihn aufzeigen; folgenderweise:*

Dieser Baum hat mindestens zehntausend „Früchte". Jede seiner Früchte hat mindestens hunderte geflügelte Kerne. Alle die zehntausend Früchte und eine Million Kerne erfahren im gleichen Moment gemeinsam dieselbe Kunst und Schaffung. Indessen: durch eine kleine, konkrete und „Lebensknoten" genannte Erscheinung des Willens Gottes und Keim des Befehls des Allumsorgers im ursprünglichen Kern, in der Wurzel und im Stamm dieses Baumes befindet sich die Zentralität der Formungsgesetze dieses Baumes an jedem Ast, in jeder Frucht und bei jedem Kern, sodass dieser (Baum), ohne irgendetwas von irgendeinem von ihnen unvollkommen zu lassen und ohne einander zu behindern, durch sie bewirkt wird.

Und jene einzige Willenserscheinung und jenes Befehlsgesetz gelangen nach überall nicht in der Weise, dass sie sich wie Licht, Wärme und Luft verbreiten. Denn, auf den verschiedenen Kunstwerken und weiten Strecken bis hin zu den Stellen, an die sie gelangen, hinterlassen sie gar keine Spuren, man sieht keine Anzeichen von ihnen. Wenn es durch Verteilung erfolgte, wären ihre Spuren und Anzeichen zu sehen gewesen. Vielmehr befinden sie sich direkt bei jedem von ihnen, ohne sich zu teilen und zu verbreiten. Ihrer Allgegenwart und Individualität sind jene umfänglichen Handlungen nicht zuwider. Man kann sogar sagen: Jene Willenserscheinung, jenes Befehlsgesetz, jener Lebensknoten befindet sich bei jedem von ihnen, und doch ist sie nirgends vorhanden. Geradezu hat jenes Befehlsgesetz entsprechend der Anzahl der Früchte und Kerne an diesem prachtvollen Baum jeweils Augen und Ohren. Vielmehr ist ein jeder Teil des Baums wie jeweils ein Zentrum der Empfindungen jenes Befehlsgesetzes und Gesetzes, sodass die langen Mittelglieder (des Baums) nicht einen Schleier und Hindernis bilden, sondern wie Telefondrähte jeweils ein Mittel zum Erleichtern und Nähern werden. Das Weiteste ist wie das Nächste.

Da nun eine einzige kleine Erscheinung einer Eigenschaft des Samed Allgegenwärtigen Herrn wie der Wille augenscheinlich Millionen Handlungen an Millionen Orten bewirkt, muss man zweifellos im Grade des Augenscheins Gewissheit darüber haben, dass der Allgewaltige Herr mit der Manifestation Seiner Allmacht und Seines Willens den Erschaffungs-Baum (d. h. die gesamte Schöpfung) mit seinen gesamten Teilen und Atomen zu verwalten vermag.

So wie es im „sechzehnten Wort" bewiesen und erklärt wird, sagen wir: Da nun unfähige und gefügige Geschöpfe wie die Sonne, an die Materie gebundene halb-lichthafte Kunstwerke wie die Seelenwesen, und Befehlsgesetze und Willenserscheinungen, welche (z. B.) dieses Ahorns Lebensknoten und Verwaltungszentrum sind, welche gleichsam sein geistiges Licht und seine Seele sind, aufgrund des Geheimnisses des Lichtcharakters sich augenscheinlich an sehr vielen Orten und bei sehr vielen Handlungen befinden können, obwohl sie an einem (einzigen) Ort und ein einziges konkretes Einzelnes sind,.. sie bekommen die Bedeutung eines absolut Umfassenden, obwohl sie ein mit der Materie begrenztes Einzelnes sind; und sie vollziehen augenscheinlich im gleichen Moment mit freiem Willen sehr viele verschiedene Handlungen – auch du siehst es und kannst es nicht leugnen...

Bei einem einzigen Heiligsten Herrn wohl, der von der Materie unabhängig und über sie erhaben ist, ebenso rein und frei von der Begrenzung durch Schranken und von der Finsternis der Dichtheit, und bei dem diese gesamten Lichter und lichtvollen Dinge (nur) ein dunkler Fleck und Schatten der heiligen Lichter Seiner Namen sind,.. ebenso die gesamte Existenz, alles Leben, die Welt der Seelen, die Welt des Zwischenreichs und die Welt der Aufzeichnung jeweils ein halb-transparenter Spiegel Seines Cemâl's sind, und Seine Eigenschaften allumfassend und Seine Handlungen universell (sind): welches Ding vermag sich dann zu verbergen vor der Hinwendung Seiner Allgegenwart innerhalb der Manifestation Seiner Eigenschaften und der Erscheinung Seiner Handlungen, welche mit allbeherrschendem Willen, absoluter Allmacht und allumfassendem Wissen offenbar werden? Welche Sache könnte Ihm schwer fallen? Welcher Ort könnte sich vor Ihm verbergen? Welches Individuum könnte von Ihm fernbleiben? Wer könnte sich Ihm nähern, ohne eine Universalität zu erlangen? Könnten sich Dinge überhaupt vor Ihm verstecken? Könnte überhaupt eine Sache die andere behindern? Könnte irgendein Ort von Seiner Gegenwart frei bleiben? Würde Er nicht –wie İbn-i Abbas Radiyallahü Anh es sagte– „jeweils ein geistiges Auge haben, welches jedes Existierende sieht, und jeweils ein geistiges Ohr, welches sie hört"? Würde die Aufeinanderfolge der Dinge nicht wie jeweils ein Draht und eine Ader werden für das schnelle Wirken Seiner Befehle und Gesetze? Könnten Hindernisse und Sperren nicht zu Anlässen und Mitteln für Sein Verwalten werden? Könnten Ursachen und Mittel nicht bloß ein äußerlicher Schleier sein? Würde Er nicht überall gegenwärtig sein, obwohl Er (mit Seiner Person) an keinem Ort ist? Hätte Er es überhaupt nötig, einen Raum und Platz einzunehmen? Könnten überhaupt das Entferntsein, die Kleinheit und die Abstufungen der Existenz-Ebenen Seine Nähe, Seine Verwaltung und Seine Sicht verhindern?

Und Dinge wie Veränderung, Wechsel, Raum-Einnehmen und Sich-Teilen, welche die Eigenschaften von materiellen, „möglichen", dichten, zahlreichen, (ort-)gebundenen und begrenzten Dingen, und die spezifischen und (nur auf sie selbst) begrenzten Erfordernisse der Materie, der „Möglichkeit", der Dichtheit, der Vielheit, der (Ort-)Gebundenheit und der Begrenztheit sind: Könnten sie zu einem Heiligsten Herrn gelangen, der von der Materie unabhängig, Wesensnotwendig Existierend, das „Licht" aller Lichter, Allgegenwärtiger Alleinbesitzer, von Einschränkungen rein, von Begrenzung frei, über Fehler heilig und über Unvollkommenheiten erhaben ist? Würde sich die Unfähigkeit Ihm überhaupt ziemen? Würden sich Fehler überhaupt dem „Saum" Seiner Ehre nähern?...

NACHWORT ZUM ZWEITEN VORHABEN

Als ich einmal über die Allgegenwart nachsann, schaute ich auf die Früchte des Ahorns vor meinem Zimmer: es kam eine Aufeinanderfolge von Nachsinnen in arabischer Form ins Herz. So wie es kam, werde ich sie in Arabisch schreiben und danach eine kurze Bedeutung davon sagen. Nun also:

نعم فالاثمار والبذور معجزات الحكمة خوارق الصنعة هدايا الرحمة
براهين الوحدة بشائر لطفه في دار الآخرة شواهد صادقة بان خلاقها لكل شئ
قدير بكل شئ عليم كل الاثمار والبذور مرايا الوحدة في اطراف الكثرة اشارات
القدر رموزات القدرة بان تلك الكثرة من منبع الوحدة تصدر شاهدة لوحدة
الفاطر في الصنع والتصوير ثم الى الوحدة تنتهي ذاكرة لحكمة القادر في الخلق
والتدبير وكذا هن تلويحات الحكمة بان صانع الكل بكلية النظر الى الجزئي
ينظر ثم الى جزئيه اذ ان كان ثمرا فهو المقصود الاظهر من خلق هذا الشجر فالبشر
ثمر لهذه الكائنات فهو المطلوب الاظهر لخالق الموجودات والقلب كالنواة فهو
المرآة الانور لصانع الكائنات من هذه الحكمة صار الانسان الاصغر في هذه
المخلوقات هو المدار الاظهر للنشر والمحشر في هذه الموجودات والتخريب
والتبديل لهذه الكائنات

Der Ausgangspunkt dieses arabischen Abschnitts war das Folgende:

فَسُبْحَانَ مَنْ جَعَلَ حَدِيقَةَ اَرْضِهِ : مَشْهَرَ صَنْعَتِهِ ؛ مَحْشَرَ حِكْمَتِهِ ؛ مَظْهَرَ قُدْرَتِهِ ؛
مَزْهَرَ رَحْمَتِهِ ؛ مَزْرَعَ جَنَّتِهِ ؛ مَمَرَّ الْمَخْلُوقَاتِ ؛ مَسِيلَ الْمَوْجُودَاتِ ؛ مَكِيلَ
الْمَصْنُوعَاتِ ؛ فَمُزَيَّنُ الْحَيْوَانَاتِ ؛ مُنَقَّشُ الطُّيُورَاتِ ؛ مُثَمَّرُ الشَّجَرَاتِ ؛ مُزَهَّرُ
النَّبَاتَاتِ مُعْجِزَاتُ عِلْمِهِ ، خَوَارِقُ صُنْعِهِ ، هَدَايَاءُ جُودِهِ ، بَشَائِرُ لُطْفِهِ ، تَبَسُّمُ
الْاَزْهَارِ مِنْ زِينَةِ الْاَثْمَارِ ، تَسَجُّعُ الْاَطْيَارِ ، فِى نَسْمَةِ الْاَسْحَارِ ؛ تَهَزُّجُ الْاَمْطَارِ
عَلَى خُدُودِ الْاَزْهَارِ ، تَرَحُّمُ الْوَالِدَاتِ عَلَى الْاَطْفَالِ الصِّغَارِ تَعَرُّفُ وَدُودٍ تَوَدُّدُ رَحْمٰنٍ
تَرَحُّمُ حَنَّانٍ تَحَنُّنُ مَنَّانٍ لِلْجِنِّ وَالْاِنْسَانِ وَالرُّوحِ وَالْحَيْوَانِ وَالْمَلَكِ وَالْجَانِّ

Nun ist also eine kurze Bedeutung dieses arabischen Nachsinnens die folgende:

Alle Früchte und die kleinen Samen in ihnen sind sowohl jeweils ein Wunder der Weisheit des Allumsorgers,.. jeweils ein Außergewöhnliches der Kunst Gottes,.. jeweils ein Geschenk der Allbarmherzigkeit Gottes,.. jeweils ein materieller Beweis der Einheit Gottes,.. jeweils ein Freudenbote der Hulderweise Gottes im Jenseits,.. und jeweils ein wahrhaftiger Zeuge des Umfassens Seiner Allmacht und des Einschließens Seiner Allwissenheit,.. als auch sind sie Einheits-Spiegel in den Gegenden der Welt der Vielheit und überall in der einen, sich ausgebreiteten Art von Welt wie dieser Baum. Sie lassen die Blicke von der Vielheit auf die Einheit wenden. In der Zustandssprache sagt eine jede: „Versinke nicht und schweif nicht ab in diesem riesigen Baum, der Äste und Zweige angesetzt hat – jener ganze Baum ist in uns; seine Vielfalt ist in unserer Einheit mit eingeschlossen." Sogar ist auch ein jeder Kern, welcher gleichsam das Herz von jeder Frucht ist, sowohl jeweils ein materieller Spiegel der Einheit, als auch rezitiert und liest er mit stiller Rezitation im Herzen alle die Namen, welche der riesige Baum in Form einer lauten Rezitation nennt und liest.

Und so wie jene Früchte und Samen Spiegel der Einheit sind, so sind sie auch sichtbare Hinweise der Vorbestimmung und materielle Andeutungen der Allmacht, wobei die Vorbestimmung durch sie hinweist und die Allmacht durch jene „Worte" andeutend sagt:

„So wie ja die zahlreichen Äste und Zweige dieses Baumes aus einem einzigen Kern erwachsen sind und beim Schaffen und Hervorbringen die Einheit des Künstlers dieses Baumes aufzeigen... Nachdem dieser Baum Äste und Zweige angesetzt hat, angewachsen ist und sich entfaltet hat, sammelt er dann seine ganze Wahrheit in einer Frucht, fügt seine ganze Bedeutung in einen Kern ein und zeigt dadurch die Weisheit seines Allgewaltigen Schöpfers bei Seinem Erschaffen und Allbetreuen,..

So auch erhält dieser Baum-der-Schöpfung aus einer Quelle der Einheit die Existenz und wird durch sie allumsorgt. Und so wie der Mensch, der die Frucht jener Schöpfung ist, in dieser Vielheit der Existierenden die Einheit aufzeigt, so sieht sein Herz wiederum mit dem Auge des Glaubens das Geheimnis der Einheit innerhalb der Vielheit."

Auch sind jene Früchte und Samen Anspielungen der Weisheit des Allumsorgers. Die Weisheit erklärt und sagt durch sie wie folgt:

„So wie ja der zu diesem Baum gerichtete umfassende Blick und umfassende Betreuung mit ihrer Vollständigkeit und Gesamtheit allein auf die Frucht achten –denn jene Frucht ist ein verkleinertes Abbild jenes Baumes; auch ist sie das Bezweckte von jenem Baum–.. auch betrachtet jener umfassende Blick und jene allgemeine Betreuung ebenso einen jeden Kern innerhalb einer Frucht; denn der Kern trägt die Bedeutung und Liste des ganzen Baumes... Das bedeutet: die Persönlichkeit, die den Baum betreut, wendet sich mit Seinen ganzen Namen, welche auf jene Betreuung Bezug nehmen, zu einer jeden Frucht hin, welche von der Existenz des Baums bezweckt wird und die Absicht bei seiner Schaffung ist...

Auch wird dieser riesige Baum um jener kleinen Früchte willen manchmal ausgeästet und beschnitten; zwecks des Sich-Erneuerns werden manche seiner Teile zerstört. Damit er dauerhafte Früchte zeitigt, wird er veredelt...

So auch der Mensch, der die Frucht dieses Baumes der Schöpfung ist: Der Bezweckte bei der Existenz und Hervorbringung der Schöpfung ist er, und die Absicht bei der Schaffung der Existierenden ist wiederum er. Und das, den Kern jener Frucht darstellende Herz des Menschen wiederum ist ein meist erleuchteter und umfassendster Spiegel des Künstlers der Schöpfung. Aus dieser Weisheit also ist es, dass dieser ganz kleine Mensch gewaltige Umwälzungen wie die Verteilung und Auferstehung erlebt; er wird Grund für die Zerstörung und Veränderung der Schöpfung. Für seine Vor-Gericht-Stellung wird das Tor des Diesseits geschlossen und das Tor des Jenseits geöffnet."

Da nun die Thematik der Auferstehung angeschnitten wurde, *ergibt sich die Gelegenheit, die Feinheit einer Wahrheit des Unnachahmlichen Kur'âns darzulegen, welche die Schönheit seiner Darlegung und die Kraft seines Ausdrucks bezüglich des Beweises der Auferstehung zeigt, folgenderweise:*

Das Ergebnis dieses Nachsinnens zeigt: Für die Vor-Gericht-Stellung des Menschen und für sein Erlangen einer ewigen Glückseligkeit wird, wenn nötig, die ganze Schöpfung zerstört; und eine Allmacht, die (sie) zu zerstören und zu verändern vermag, ist ersichtlich und existiert. Doch gibt es Abstufungen der Auferstehung. Der Glaube an manche von ihnen ist Pflicht; ihre Kenntnis ist notwendig. Andere erkennt man je nach den Stufen der seelischen und gedanklichen Fortschritte; und es wird (dann) notwendig, sie zu wissen und zu kennen. Um die einfachste und leichteste Stufe absolut und stark zu beweisen, zeigt der Allweise Kur'ân eine Allmacht auf, die es vermag, einen umfassendsten und größten Bereich zu eröffnen.

Nun ist also die Stufe der Auferstehung, an die alle glauben müssen, die folgende: Nachdem die Menschen gestorben sind, gehen ihre Seelen in andere Orte. Ihre Körper verwesen, doch bleibt ein „Acb'üz-Zeneb" bezeichneter kleiner Teil aus dem Körper des Menschen, welcher wie ein Kern und Samen werden wird, bestehen, und der Allerhabene Hak erschafft daraus bei der Auferstehung den menschlichen Körper, schickt zu diesem seine Seele.

Nun also ist diese Stufe dermaßen einfach: man sieht in jedem Frühling Millionen ihrer Beispiele. Um also diese Stufe zu beweisen, zeigen die Kur'ânverse manchmal einen solchen Bereich, wie er die Verwaltungen einer Allmacht aufzeigt, welche es vermag, die gesamten Atome auferstehen zu lassen und zu verteilen. Manchmal wiederum zeigen sie die Werke einer Allmacht und Weisheit auf, die es vermögen, die gesamten Geschöpfe in die Vergänglichkeit zu schicken und von neuem herzubringen. Manchmal zeigen sie die Verwaltungen und Werke einer Allmacht und Weisheit auf, die es vermögen, die Gestirne umherzuwerfen und die Himmel zerfallen zu lassen. Manchmal zeigen sie die Verwaltungen und Erscheinungen einer Allmacht und Weisheit auf, die es vermögen, die gesamten Lebewesen sterben zu lassen und erneut mit einem Mal auf einen lauten Ruf wiederzuerwecken. Manchmal zeigen sie die Erscheinungen einer Allmacht und Weisheit auf, die es vermögen, auf der ganzen Erde die Lebewesen jeweils gesondert auferstehen zu lassen und zu verteilen. Manchmal (wiederum) zeigen sie die Werke einer Allmacht und Weisheit auf, die es vermögen, die Berge umherfliegen zu lassen, die Erdkugel ganz und gar zu zerteilen, zu ebnen und in eine noch schönere Gestalt zu bringen.

Also kann Er außer jener Auferstehung, deren Glaube und Kenntnis jedem vorgeschrieben ist, mit jener Allmacht und Weisheit auch viele (anderen) Stufen von Auferstehungen durchführen. Wenn es die Weisheit des Allumsorgers erfordert hat, wird Er gemeinsam mit der Auferstehung und Verteilung des Menschen gewiss auch sie alle durchführen – oder Er wird manche wichtigen durchführen...

Aus dem dreiunddreißigsten Wort

ZWEITER PUNKT: Er weist auf ein bedeutsames Geheimnis der Allgegenwart hin; folgenderweise:

So wie ja die Seele des Menschen. solch eine Beziehung zu seinem ganzen Körper hat, dass sie alle seine Glieder und Teile einander helfen lässt. Das heißt, während die Seele – die den Erschaffungs-Geboten angehört, welche die Erscheinung des Willens Gottes sind, und ein vom Befehl kommendes Gesetz ist, dem aus jenen Geboten eine „hervorgetretene“ [1] Existenz aufgesetzt wurde, sowie ein Feinsinn (ist), der den Allumsorger wahrnimmt– (während sie) diese (Körperteile) lenkt, ihre geistigen Stimmen wahrnimmt und ihren Bedürfnissen abhilft, hindern sie einander nicht, verwirren nicht die Seele. Für die Seele sind nah und fern gleich. Diese (Körperteile) verbergen einander nicht. Wenn sie will, bringt sie viele von ihnen einem einzigen zu Hilfe. Wenn sie will, kann sie mit jedem Teil des Körpers erkennen, wahrnehmen, leiten und sogar –falls sie viel „Glanz“ erlangt hat– mit jedem Teil sehen und hören.

So auch: وَلِلّٰهِ الْمَثَلُ الْاَعْلٰى[2] Da nun die Seele, die ein Gesetz des Befehls des Allerhabenen Hak ist, in dem, eine kleine Welt darstellenden Körper des Menschen und in seinen Glie-

---

[1] *(Anm. d. Ü.)*: Das heißt, aus der Nichtexistenz, bzw. aus der Existenz im Wissen Gottes hervorgetreten in die Welt der Bezeugung.

[2] Und Allah gebührt das höchste Gleichnis.

dern diesen Zustand erkennen lässt... Dann werden *zweifellos* in der Schöpfung –der größeren Welt– *dem allbeherrschenden Willen und der absoluten Allmacht jenes Herrn der Wesensnotwendigkeit der Existenz* endlose Handlungen, unzählige Laute, unzählige Bittgebete, unzählige Dinge Ihm in keiner Hinsicht schwer fallen, einander nicht hindern, jenen Allgewaltigen Schöpfer nicht in Anspruch nehmen, nicht verwirren. Er (ver)sieht alle gleichzeitig, hört alle Stimmen gleichzeitig. (Für Ihn) sind nah und fern gleich. Wenn Er will, schickt Er alle zusammen einem einzigen zu Hilfe. Durch alle Dinge kann Er alles sehen, kann ihre Stimmen hören. Und durch alle Dinge weiß Er alles, u. dgl. m...

Aus dem „fünfzehnten Lichtstrahl“ (Şuâ)

Das Wort وَتَجَلِّي الْاَحَدِيَّةِ *in der dritten Stufe weist auf eine sehr große, feine, tiefgründige und höchst umfassende Wahrheit hin. Ihre Erklärung und ihren Beweis der Risale-i Nur überlassend, werden wir mit einem äußerst kurzen Beispiel eine einzige Feinheit von ihr darlegen.*

Ja, so wie die Sonne mit ihrem Licht die ganze Erde erhellt und ein Beispiel fürs Alleinbesitzen darstellt, bildet sie ebenso ein Beispiel für die Allgegenwart, indem sie in jedem ihr gegenüberliegenden transparenten Ding, wie z. B. im Spiegel, sich mit ihrem Abbild, Reflex, siebenfarbigen Licht und mit dem Bild ihrer Selbst befindet. Wenn die Sonne Wissen, Macht und freien Willen besäße und die Glasscherben, Tropfen und Bläschen, in denen kleine Sonnen zu sehen sind, eine Fähigkeit hätten, würde sich mit dem Gesetz des Willens Gottes in und bei jedem eine ganze Sonne mit ihrem Abbild und ihren Eigenschaften befinden, würde ihr Zugegensein an übrigen Orten für ihre Handlungen überhaupt keinen Mangel geben, und sie würde mit der Verfügung, Wirkung und Bestimmung der Allmacht des Allumsorgers sehr große Erscheinungen veranlassen und die außergewöhnliche Einfachheit und Leichtigkeit bei der Allgegenwart aufzeigen.

Genauso auch: Der Allgewaltige Künstler ist aufgrund des Alleinbesitzens mit Seinem Wissen, Willen und Seiner Macht –welche alle Dinge umfassen– schauend, gegenwärtig und betrachtend, befindet sich ebenso durch die Hinsicht und

Manifestation der Allgegenwart mit Seinen Namen und Eigenschaften bei allen Dingen –insbesondere bei den Lebewesen–, sodass Er leicht in einem Moment (z. B.) eine Fliege in dem System eines Adlers und einen Menschen in dem System einer kleinen Schöpfung schafft. Und die Lebewesen erschafft Er in solch wundervoller Form, dass wenn alle Ursachen zusammenkämen, sie eine Nachtigall oder Fliege nicht hervorbringen könnten. Und derjenige, der eine Nachtigall erschafft, kann der sein, der alle Vögel erschafft; und derjenige, der einen Menschen schafft, ist nur der Herr, der die Schöpfung entstehen lässt.

Aus dem „zweiten Kapitel des zwanzigsten Briefes“

Sechster Abschnitt: Es ist der Ausdruck حِشْمَتُهُ فِي ذَاكَ الخ usw. *Seine Kurzbedeutung ist die folgende:*

Das heißt, so wie die Majestät der Allumsorgung, die sich in der Gesamtheit der Schöpfung zeigt, die Einsheit Gottes beweist und zeigt, so beweist und zeigt die Güte Gottes wiederum, die den Teilen der Lebewesen ihren regelmäßigen Lebensunterhalt gibt, die Allgegenwart Gottes.

Alleinbesitzen wiederum heißt, dass alle jene Existierenden Einem gehören, von Einem abhängen und die Schaffung von Einem sind. *Allgegenwart* wiederum heißt, dass sich bei jedem Ding die meisten Namen des Schöpfers aller Dinge offenbaren. Zum Beispiel zeigt das Licht der Sonne in Anbetracht dessen, dass es die ganze Erdoberfläche umfasst, das Gleichnis des Alleinbesitzens. Und der Umstand, dass in jedem transparenten Teil und in Wassertropfen sich das Licht der Sonne, ihre Wärme, die sieben Farben in ihrem Licht und eine Art Schatten von ihr befinden, zeigt das Gleichnis der Allgegenwart. Und da sich bei jedem Ding, insbesondere bei den Lebewesen und vor allem bei jedem Menschen, die meisten Namen jenes Künstlers offenbaren, zeigt dies die Allgegenwart.

Also weist dieser Abschnitt auf folgendes hin: Die in der Schöpfung verwaltende Majestät der Allumsorgung macht jene gewaltige Sonne für diese Lebewesen auf der Erde zu einem Diener, einer Lampe und einem Ofen, die gewaltige Erdkugel für sie zu einer Wiege, einer Wohnstätte, einem

Handelsplatz, das Feuer zu einem überall bereiten Koch und Freund, die Wolke zu einem Sieb und einer Amme, die Berge zu einem Vorrat und Speicher, die Luft zum Atem für die Lebewesen und zum Fächer für die Bewohner, und das Wasser zu einer Pflegemutter, die die neu ins Leben Kommenden mit „Milch" stillt, und zu einem Süßtränker, der den Lebewesen Lebenswasser spendet. Eine solche Allumsorgung Gottes zeigt überaus deutlich die Einheit Gottes. Ja, wer außer dem Alleinbesitzenden Schöpfer kann die Sonne zu einem gefügigen Diener für die Erdbewohner machen? Und wer außer jenem Allgegenwärtigen Alleinbesitzer kann die Luft in seiner Hand halten, sie mit vielen Aufgaben beauftragen und zu einem flinken, gewandten Diener auf der Erde machen? Und wem außer jenem Allgegenwärtigen Alleinbesitzer kann es zustehen, das Feuer zum Koch zu machen, einem winzigen Feuer von der Größe eines Streichholzkopfes tausende Batman Sachen vertilgen zu lassen, u. dgl... Ein jedes Ding, ein jedes Element, ein jeder Himmelskörper zeigt angesichts jener Majestät der Allumsorgung den Allgewaltigen Alleinbesitzer auf.

Nun also; so wie angesichts der Allgewalt und Majestät sich das Alleinbesitzen zeigt, so rufen in Anbetracht des Cemâls und der Allbarmherzigkeit wiederum die Güte und Wohltat die Allgegenwart Gottes aus. Denn bei den Lebewesen und insbesondere beim Menschen gibt es innerhalb dermaßen umfassender Kunst Apparate und Ausrüstungen, die die unzähligen Arten von Gaben erkennen, annehmen und erbitten können – sodass sie die Erscheinung all Seiner Namen erfahren, die sich in der gesamten Schöpfung manifestieren. Geradezu wie ein Brennpunkt zeigen sie mit dem Spiegel ihres Wesens alle die Schönen Namen zugleich und rufen damit die Allgegenwart Gottes aus. (...)

Die Erscheinung der Allgegenwart – dritte Quelle: Das heißt, weil der Allgewaltige Künstler kein Körper und nicht materiell ist, können Ihn Zeit und Raum nicht einschränken. Dasein und Raum können in Seine Sicht und in Seine Allgegenwart nicht eingreifen. Ursachen und Sterne können Sein Handeln nicht verschleiern. Bei Seiner Zuwendung gibt es keine Teilung und kein Sich-Teilen. Eine Sache behindert nicht die andere Sache. Grenzenlose Handlungen macht Er wie eine einzige Handlung. Deshalb ist es, dass Er in einen Kern einen großen Baum geistig einfügt, sowie eine Welt in ein einziges Individuum einfügen kann. Die gesamte Schöpfung wird in der Hand Seiner Allmacht so gelenkt wie ein einziges Individuum.

Wie wir dieses Geheimnis auch in anderen Worten erklärt haben, sagen wir: So wie ja das Abbild der Sonne, die aufgrund des Leuchtens in gewissem Grade unbeschränkt ist, in jedem polierten glänzenden Ding Gestalt annimmt. Wenn tausende und Millionen Spiegel ihrem Licht entgegenstünden, würde sich ihre abgebildete Erscheinung selber in jedem von ihnen befinden, ohne sich aufzuteilen – wie (sie sich) in einem einzigen Spiegel auch (befindet). Wenn der Spiegel dafür veranlagt wäre, könnte die Sonne darauf mit ganzer Pracht ihre Werke zeigen. Eine Sache kann die andere Sache nicht behindern. Tausende sind wie eine, und in tausende Stellen tritt sie so leicht ein wie in eine Stelle. Jede Stelle erfährt die Erscheinung jener Sonne so vollständig wie tausende Stellen.

Nun also, وَلِلّٰهِ الْمَثَلُ الْاَعْلٰى[1] der Allgewaltige Künstler dieser Schöpfung hat mit all Seinen Eigenschaften, die „Licht“ sind, und mit all Seinen Namen, die „leuchtend“ sind, wegen dem

---

[1] Und Allah gebührt das höchste Gleichnis.

Geheimnis der Zuwendung der Allgegenwart solch eine Erscheinung, dass Er, obwohl Er sich nirgendwo (persönlich) befindet, überall (mit Seinen Namen und Eigenschaften) gegenwärtig ist und sieht. Bei Seiner Zuwendung gibt es kein Sich-Teilen. Im gleichen Moment macht Er überall, mühelos und ohne gegenseitige Erschwerung jede Sache. (...)

(1) سبحانك لا علم لنا الا ما علمتنا انك انت العليم الحكيم

(1) Gepriesen seist Du. Wir haben kein Wissen außer dem, was Du uns gelehrt hast; wahrlich, Du bist der Allwissende, der Allweise.

ANHANG
(zur Übersetzung)

[1] بِاسْمِهِ سُبْحَانَهُ وَاِنْ مِنْ شَيْءٍ اِلَّا يُسَبِّحُ بِحَمْدِهِ

Ein wichtiges Nachwort

Zuerst sei unserem Erbarmungsvollen Herrn, der sich uns durch Seine Gesandten, Seine heiligen Bücher und durch die gesamten Bestandteile in der Schöpfung, vom Kleinsten bis zum Größten, bekannt und beliebt macht und als die wichtigste Gegenleistung überhaupt Seine Erkenntnis und den Glauben an Ihn verlangt, *unendlicher und unbegrenzter Dank und Preis*, dass Er uns mit Seiner Güte die Übersetzung dieser Abhandlungen aus dem weltweit bekannten und beliebten Gesamtwerk des erhabenen Meisters Bediüzzaman huldvoll gewährt hat...

Und dem Ehrwürdigen Propheten, dessen Aufgaben und Ziele als Gottesgesandter sich vor allem und mit größter Wichtigkeit auf solche Glaubenswahrheiten konzentrieren, ebenso seinen Angehörigen und Gefährten, sowie all den anderen Propheten und allen rechtschaffenen Dienern Gottes seien *endlose, unzählige Barmherzigkeiten und Frieden...*

---

[1] In Seinem Namen; gepriesen sei Er. Und es gibt nichts, was Ihn mit Lob und Dank nicht preist.

Als Nachwort möchten wir kurz folgendes zu der Übersetzung anmerken:

Weil in dem Bereich des Religiösen –wie in anderen Fachsprachen auch– viele Begriffe eine genau definierte Bedeutung haben, waren bei der Übersetzung manche, anfangs vielleicht ungewöhnlich erscheinenden *deutschen Begriffe, sogar die Originalwörter selber* notwendig; diese einerseits, und *andererseits der Versuch, den erhabenen und bedeutungsvollen Stil des großen Meisters wort- und satzgetreu beizubehalten, waren unbedingt erforderlich,* damit „um der Kleidung willen nicht vom Körper", d. h. um des Ausdrucks willen nicht von der Bedeutung geschnitten wurde und somit auch der Kontext und der logische Aufbau darin verständlich blieben. Jedoch stören diese Originalwörter und Fachbegriffe nicht das Verständnis und den Verlauf des Textes, außerdem werden sie *im Anhang des Buches* nach alphabetischer Reihenfolge *erklärt.*

Auch sollte beachtet werden: „Die Risale-i Nur verläuft im Gegensatz zu anderen Büchern anfangs verschleiert, entfaltet sich dann immer mehr". Außerdem nehmen solche Glaubenswahrheiten bei wiederholtem Studium eine gewohnte und vertraute Form an; sie sollten auch oft wiederholt werden –wenigstens in den freien Zeiten, und wenn auch nur fünf bis zehn Minuten–, um nämlich den Glauben immer aufzufrischen, so wie es der Ehrwürdige Prophet (A.S.M.) verfügt, und somit je nach eigenen Bemühungen und Fähigkeiten stetige Fortschritte in den endlosen Stufen des Glaubens zu erzielen, was ja bekanntlich der eigentliche Sinn und Zweck des Lebens ist.

Demzufolge sollte man diese lebenswichtigen Wissenschaften der Gotteserkenntnis „nicht wie eine Zeitung lesen", sondern ihre Bedeutungen eingehend, aufrichtig und nachsinnend durchstudieren. „Außer für den Verstand sind sie auch die Nahrung des Herzens, der Seele und der vielen anderen Feinsinne des Menschen", und als die Exegesen und Beweise der Glaubenswahrheiten gehören sie zu derjenigen zweiten Art von Wissenschaften, die als geistige Nahrung auch bei ständiger Wiederholung keinen Überdruss hervorrufen.

Ein anderer unbedingt zu erklärender Punkt sind: die Kurzbedeutungen, die wir bei der Übersetzung als Fußnoten zu den Kur'ânversen hinzugefügt haben.

Diesbezüglich sei mit großer Wichtigkeit hingewiesen auf die folgenden Blumen aus dem weiten paradiesischen Garten des Risale-i Nur Gesamtwerks:

Zunächst einmal „(...) haben das ‚fünfundzwanzigste Wort' und das Ende des ‚neunzehnten Briefes' –die unter hunderten Zeugnissen der Resâil'in-Nur ein einziges Zeugnis von ihr für den Kur'ân sind– die Tatsache, dass der Kur'ân in vierzig Hinsichten ein (unnachahmliches) Wunder ist, derart bewiesen, dass wer sie gesehen hat, ihre Beweise bewundert, gewürdigt und viel gelobt hat... Den Aspekt der Unnachahmlichkeit des Kur'âns, sowie die Hinsicht, zu beweisen, dass er wahres Gotteswort ist, der Risalet'in-Nur überlassend (...)" (Şuâlar)

„Da der Kur'ân nun das Wort Allahs ist und die ganze Menschheit anspricht und unterrichtet –die aufgereiht ist in jeweils verschiedene Schichten, welche auf und hinter den ganzen Jahrhunderten sitzen–, und ebenso als das Wort des Allgewaltigen Erschaffers dieser Schöpfung von der höchsten Stufe der Allumsorgung kommt und mit diesen Angeredeten in tausenden verschiedenen Schichten spricht und die sämtlichen Fragen und Notwendigkeiten aller beantwortet, sind dann zweifellos seine Bedeutungen umfassend und allgemein; sie sind nicht wie die Rede der Menschen beschränkt auf eine besondere Zeit, auf eine bestimmte Gruppe und auf eine kleine Bedeutung. Einem jeden der –in tausenden verschiedenen Schichten befindlichen– Gedanken, Intelligenzen, Herzen und Seelen aller Cinnen und Menschen geben und verteilen sie die entsprechenden Nahrungen…" (İşârât-ül İ'caz)

„Die erste: Es sind die Wahrheitsgelehrten und die Erforscher. Sie sagen: ‚Der Kur'ân ist ein unerschöpflicher Schatz. Ein jedes Jahrhundert fügt sich seinen klaren Darlegungen und Bestimmungen und akzeptiert sie, nimmt zugleich als Ergänzung seinen Anteil auch an seinen verborgenen Wahrheiten, berührt nicht den verborgen gebliebenen Anteil anderer.' Ja, das bedeutet, je mehr die Zeit fortschreitet, um so mehr entfalten sich die Wahrheiten des Allweisen Kur'âns. Es heißt jedoch keineswegs –Gott behüte– Zweifel anzubringen an den äußeren (offenkundigen) Wahrheiten des Kur'âns, welche die rechtschaffenen Vorderen erklärt haben. Denn, diesen muss man glauben. Diese sind klare Darlegungen, sind definitiv, sind der eigentliche Sinn und das Fundament. Der Kur'ân teilt durch die Verfügung عَرَبِيٌّ مُبِينٌ[1] mit, dass seine Bedeutung klar ist. Vom Anfang bis zum Ende hat die Anrede Gottes jene Bedeutungen zum Gegenstand, bekräftigt sie und bringt sie zum Grade der Klarheit. Jene klaren Bedeutungen nicht zu akzeptieren, würde –Allah bewahre– darauf hinauslaufen, den Hocherhabenen Hak zu leugnen und das Verständnis des Erhabenen Gesandten gering zu schätzen. Die klaren Bedeutungen wurden also aufeinanderfolgend aus der Quelle des Gesandtentums entnommen. İbni Cerîr-i Taberi hat sogar die ganzen Bedeutungen des Kur'âns anhand von sicher überlieferten Zeugnissen aufeinanderfolgend zurückgeführt auf die Quelle des Gesandten-

---

[1] *Eine deutliche arabische Sprache.*

tums und hat auf diese Weise seine bedeutende und große Kur'ânexegese geschrieben." (Mektûbat)

„Weil der Allweise Kur'ân von der Überzeitlichen Rede kommt und alle Menschenschichten in allen Epochen anspricht, gibt es in seiner Bedeutung eine Umfassendheit und eine erstaunliche Allgemeinbezogenheit. Er ist nicht wie der Verstand und die Sprache des Menschen in der Weise beschränkt, in einem Moment nur eine Sache bedenken und nur ein Wort sagen zu können; ähnlich dem Auge, das einen umfassenden Blick besitzt, ist auch die Überzeitliche Rede eine Rede Gottes in einer Umfassendheit, die alle Zeiten und alle Menschengruppen berücksichtigt. Zweifellos ist dann seine Bedeutung nicht wie das Menschenwort beschränkt auf eine kleine Bedeutung und auf eine besondere Absicht. Aus diesem Grund sind die Bedeutungen, welche in allen Exegesen zu sehen sind, und welche die Exegeten mit Ebenen wie „Klarheit, Hinweis, Andeutung, Wink, Anspiegelung" dargelegt haben, (sind jene Bedeutungen) –mit der Bedingung, dass sie den Regeln des Arabischen, den Prinzipien der Satzlehre und den Prinzipien der Religion nicht entgegengesetzt sind– von jenem Wort direkt gemeint und beabsichtigt." (İşârât-ül İ'caz)

„So wie der Unnachahmliche Kur'ân mit seinen Begriffen und mit seiner klaren Bedeutung Wahrheiten zum Ausdruck bringt, drückt er genauso auch mit seinen Stilen und mit seinen verschiedenen Bedeutungen viele hinweisende Sinngehalte aus. Ein jeder Vers hat viele Bedeutungsebenen. Weil der Kur'ân aus umfassendem Wissen kommt, können alle Bedeutungen beabsichtigt sein. Er beschränkt sich nicht auf ein-zwei Bedeutungen wie die Wörter, die mit dem beschränkten Gedanken und eigenen Willen des Menschen entstehen.

Aufgrund dieses Geheimnisses also wurden unzählige Wahrheiten der Verse des Kur'âns von den Exegeten erklärt. Er hat noch viele Wahrheiten, welche die Exegeten nicht erklärt haben. Und insbesondere bei seinen Buchstaben, sowie –abgesehen von seiner klaren Bedeutung– bei seinen Hinweisen gibt es viele wichtige Wissenschaften." (Lem'alar)

„Die Umfassendheit der arabischen Sprache, die eine syntaktische Sprache ist, und die Unnachahmlichkeit der Kur'ânwörter sind solcherart, dass ihre Übersetzung nicht möglich ist. Ich kann sogar sagen 'es ist unmöglich'. Wer Zweifel hat, soll sich an das ‚fünfundzwanzigste Wort' über die Unnachahmlichkeit wenden. Das aber, was man 'Übersetzungen' nennt, sind äußerst kurz gefasste und mangelhafte Bedeutungen. Ist es nicht ein himmelweiter Unterschied zwischen solchen Kurzbedeutungen und den wahren Bedeutungen der Verse, die lebendig sind und sich in vielen Hinsichten verzweigt haben?" (Mektûbat)

„(...) Ist wohl die wahre Übersetzung der Verse, die solcherweise sind, möglich? Zweifellos nicht! Bestenfalls wird es entweder eine kurze, oberflächliche Bedeutung, oder man muss für jeden Satz des Verses eine Erklärung von fünf-sechs Zeilen schreiben.

Zum Beispiel ist 'Elhamdülillâh' ein Satz des Kur'âns. Seine kürzeste Bedeutung –das, was die Regeln der Syntax und der Lehre von Vergleich und Metapher erfordern– ist die Folgende:

كُلُّ فَرْدٍ مِنْ اَفْرَادِ الْحَمْدِ مِنْ اَيِّ حَامِدٍ صَدَرَ وَعَلَى اَيِّ مَحْمُودٍ وَقَعَ مِنَ الْاَزَلِ
اِلَى الْاَبَدِ خَاصٌّ وَمُسْتَحَقٌّ لِلذَّاتِ الْوَاجِبِ الْوُجُودِ الْمُسَمَّى بِاللّٰهِ

Das heißt: 'Wie viel Lob und Dank es gibt, von wem sie kommen und zu wem sie auch gerichtet sein mögen –von Ewigkeit zu Ewigkeit–, sind eigen und würdig jenem Wesensnotwendig Existierenden Herrn, den man Allah nennt'.

Nun also, (die Bedeutung) 'wie viel Lob und Dank es gibt' ergibt sich aus dem 'verallgemeinernden El'. Die Einschränkung 'von wem sie auch kommen' aber: Weil 'Hamd' ein Verbalsubstantiv ist und sein Subjekt ausgelassen wurde, drückt er an solchen Stellen die Allgemeinheit aus. Und weil er, wenn das Objekt ausgelassen wird, an der Stelle der Anrede wieder die Gesamtheit und Allgemeinheit zum Ausdruck bringt, drückt er die Einschränkung aus 'zu wem sie auch gerichtet sind'. Die Einschränkung 'von Ewigkeit zu Ewigkeit' aber: Weil die Regel des Übergangs vom verbalen Satz zum nominalen Satz die Beständigkeit und Fortdauer zeigt, drückt er diese Bedeutung aus. Die Bedeutung 'eigen und würdig' wird durch das 'ziehende Lâm' in 'Lillâh' ausgedrückt. Denn: Jenes 'Lâm' ist für die Zueignung und das Anrecht. Die Einschränkung 'Wesensnotwendig Existierender Herr' aber: Weil die Wesensnotwendigkeit der Existenz das zwangsläufige Erfordernis der Gottheit und eine Bezeichnung zum Nachdenken über den Allgewaltigen Herrn ist, zeigt das Wort 'Allah' –so wie es, in Anbetracht seiner Umfassendheit und dessen, dass es der Größte Name ist, mit der erfordernden Bedeutung auf die übrigen Namen und Eigenschaften hinweist– (zeigt es) mit jener erfordernden Bedeutung auch die Bezeichnung 'Wesensnotwendig Existierender'.

Nun also, wenn eine kürzeste und von den Arabisch-Gelehrten einmütig gebilligte äußere Bedeutung des Satzes 'Elhamdülillâh' solcherweise ist, wie könnte er dann in eine andere Sprache in jener Unnachahmlichkeit und Kraft übersetzt werden? (...)" (Mektûbat)

Die ausführliche Behandlung diesbezüglicher Themen finden Sie im Risale-i Nur Gesamtwerk des erhabenen Meisters. Wir begnügen uns hier mit diesen kurzen Hinweisen und bitten, die genannten Umstände auch bei den von uns hinzugefügten „Kurzbedeutungen" der Kur'ânverse mit zu berücksichtigen – d. h. sie nicht als eine „wahre Überset-

zung" zu betrachten, sondern als eine Hilfe. Vielmehr sollte man, um ihren tiefgründigen Sinn erahnen zu können, den Text selber als ihre Erklärungen und Exegesen sorgfältig durchstudieren. (Zu den Stellen, bei denen der erhabene Meister die Kurzbedeutungen selber anführt, wurde nichts hinzugefügt.)

Zum Abschluss noch folgendes ZUR BEACHTUNG:

– Bei den Prophetennamen haben wir zur Erleichterung zwar die biblischen Namen verwendet, jedoch sind die Propheten-Lehre, sowie die übrigen Glaubensgrundsätze –und auch Fachbegriffe wie z. B. Offenbarung, Glaube, Unglaube, Irrweg, rechter Weg, erlaubt, verboten, Gottesdienst, Gedenken, Frömmigkeit, Gottesfreund, Paradies, Hölle usw.– *immer nach islamischer Definition gemeint!*

– *Bei den Gedichten* haben wir nur auf den Sinn geachtet und nicht versucht, wie im Original zu reimen.

– *Anmerkungen* im Originaltext selber haben wir mit „(Anm.)" abgekürzt und Anmerkungen des Übersetzers wiederum mit „(Anm. d. Ü.)".

Wir danken herzlich all den Brüdern und Schwestern, die uns bei Schreib-, und anderen notwendigen Arbeiten unterstützt haben, sowie denen, die dies künftig durch Fürbitten tun; der Allbarmherzige Herr möge Wohlgefallen an ihnen haben...

Wir wünschen den Lesern viel Freude beim Studium dieser Werke und erbitten vom Allbarmherzigen Erbarmer für sie und uns die Glückseligkeit beider Welten, sowie das ewig beständige vollkommene Wohlgefallen Seiner selbst und Seines Ehrwürdigen Gesandten (Aleyhissalâtü Wesselâm biadedi zerrati'l-enam)...

In Erwartung Ihrer Fürbitten:
Der Übersetzer

ZUR AUSSPRACHE

(der Originalwörter, die bei der Übersetzung belassen wurden)

[Zur größtmöglichen Vereinfachung für die Allgemeinheit haben wir nicht die arabische Umschrift verwendet, sondern die türkische Schreibweise beibehalten, jedoch statt des türkischen „v“ das deutsche „w“ übernommen (außer bei Namen); Fachleute werden die arabischen Schreibweisen sowieso kennen – wir bitten um Verständnis.]

c – wie im engl. „**G**ermany“

ç – wie in „**Tsch**ad”

ğ – wie in „G**r**uß” und z. B. im frz. „me**r**ci”

ı – annähernd wie in „komm**e**n” und „werd**e**n”

j – wie in „Oran**g**e” und „Dra**g**ee”

r – ist kein Gaumen-r, sondern ein Zungen-r

s – wie in „Flu**ss**” und „mu**ss**”

ş – wie in „er**sch**einen” und „**sch**auen”

z – wie in „Ro**s**e” und „**S**eele”

â, î, û – lange Vokale

(Sonst entspricht die Aussprache etwa dem Deutschen.)

LISTE DER FACHBEGRIFFE

[Obwohl die Fachwörter, die wir bei der Übersetzung gebraucht haben, das Verständnis und den Verlauf des Textes nicht stören –außerdem wird man sich leicht an sie gewöhnen können, und muslimische Leser dürften sie sowieso kennen–, haben wir trotzdem versucht, sie etwas näher zu erklären, um das im Nachwort empfohlene eingehende Studium dieser lebenswichtigen Glaubenswahrheiten zu erleichtern.]

Âd: Ein im Kur'ân erwähntes altes Volk bei Jemen, das Götzen anbetete, für seine Tyranneien berühmt wurde, sich gegen Hûd (A.S.), der zu ihnen als Prophet gesandt war, auflehnte und nach einer gewissen Zeit von Gott zugrunde gerichtet wurde.

Ahmed: Einer der Namen des Ehrwürdigen Gesandten (Seiner Erhabenheit Muhammeds) Aleyhissalâtü Wesselâm.

Aleyhissalâtü Wesselâm: Eine Fürbitte für den Gesandten Gottes, etwa „Allahs 'Barmherzigkeit' und 'Frieden' über ihn". Es ist Sunna, dieses Bittgebet zu sprechen, wenn man den Namen des Ehrwürdigen Gesandten, Seiner Erhabenheit Muhammeds hört. Die große Vielzahl und stetige Wiederholung dieser und anderer Barmherzigkeits-Erbetungen (Salawât) für den Propheten (A.S.M.) sind sehr angebracht. Denn obwohl der Ehrwürdige Gesandte in endlosem Maße die Barmherzigkeit erfährt, hat er trotzdem Bedarf an endlosem Salawât geäußert, weil er in den endlosen Umständen und Situationen seiner gesamten Religionsgemeinde in endloser Zukunft bis in die Ewigkeit alle ihre

Sorgen berücksichtigt, sowie Anteil an all ihrem Glück hat. Also bezieht sich die Barmherzigkeit, die über die Persönlichkeit Ahmed's (A.S.M.) kommt, auf die Bedürfnisse der gesamten Religionsgemeinschaft in ewiger Zeit. Dies wird durch das Wort 'Salât' im Sinne von 'Barmherzigkeit' ausgedrückt.

Mit 'Selâm' wiederum –d. h. etwa 'Friede'– sind folgende Bedeutungen gemeint: Heil-Erbitten für den Propheten, Anerkennung seiner Mission, Gehorsam zu den von ihm gebrachten Geboten, Ergebenheit; es ist zugleich eine Auffrischung des Treueids, sowie Segenswunsch für sein Gesandtentum.

Aleyhisselâm /(im Pl.: Aleyhimüsselâm): Etwa „Möge über ihn (im Pl.: über sie) Allahs 'Friede' sein".

Allahüekber: Es wird damit ausgedrückt, dass „Allah in jeder Hinsicht am erhabensten, am größten ist". Allah ist (mit all Seinen Namen und Eigenschaften) in jeder Hinsicht größer und erhabener als alles – z. B. mit Seinem Wissen und Seiner Macht, sodass nichts aus Seinem Wissen herausbleiben und der Verfügung Seiner Macht entgehen kann. Also ist Er z. B. größer als die Auferstehung zu bringen, uns vor der Nichtexistenz zu erretten und uns die ewige Glückseligkeit zu gewähren. Er ist größer als jede erstaunliche und unvorstellbare Sache, sodass beispielsweise die Versammlung und Verteilung des gesamten Menschengeschlechts nach der Auferstehung für diese Allmacht so leicht ist wie die Schaffung eines einzigen Individuums.

Alleinbesitzen[(1)]**:** Die Erscheinung der Einheit Allahs bei allen Existierenden gleichzeitig. Es heißt, „alle Existierenden gehören Einem Einzigen, hängen von Einem Einzigen ab und sind die Schaffung von Einem Einzigen." Als Name Gottes: 'Alleinbesitzer'.

Allgegenwart[(2)]**:** Die Erscheinung der Einheit Allahs bei jedem einzelnen Ding. Das heißt, „dass sich bei jedem Ding die meisten Namen des Schöpfers-aller-Dinge offenbaren. Zum Beispiel zeigt das Licht der Sonne in Anbetracht dessen, dass es die

---

(1) *„Wahidiyet"; als Name: „Wahid".*

(2) *„Ehadiyet"; als Name: „Ehad".*

ganze Erdoberfläche umfasst, das Gleichnis des Alleinbesitzens. Und der Umstand, dass in jedem transparenten Teil und in den Wassertropfen sich das Licht der Sonne, ihre Wärme, die sieben Farben in ihrem Licht und eine Art Schatten von ihr befinden, zeigt das Gleichnis der Allgegenwart. Und da bei jedem Ding, insbesondere bei den Lebewesen und vor allem bei jedem Menschen, sich die meisten Namen jenes Künstlers offenbaren, zeigt dies die Allgegenwart." Als Name Gottes: 'Allgegenwärtiger'.

Allgepriesener[1]**:** Ein Name Allahs; s. „preisen".

Allgewalt[2]**:** Das Sich-Offenbaren Gottes in unendlicher Größe und Erhabenheit, sowie auch in Gewalt und Zorn. Weil der Schöpfer endlos viele Dinge erschafft, die Beweise für Seine Einsheit sind, oder weil Er hoch und erhaben darüber ist, mit den Sinnen wahrgenommen werden zu können, wird Er als „Allgewaltig" bezeichnet. (Vgl. „Cemâl".)

Allumsorgung[3]**:** Die Tatsache, dass Allah zu jeder Zeit, an jedem Ort jedem Geschöpf die von ihm benötigten Dinge gibt, es in jeglicher Hinsicht umsorgt, es vor- und fürsorglich behandelt, ihm den Weg bereitet usw.; es ist der Umstand Seiner Besitzerschaft über sie (im weitesten Sinne). Als Name Gottes: 'Allumsorger', d. h. etwa „Herr, Besitzer".

(A.S.): Abk. für „Aleyhisselâm" (bzw. im Pl.: „Aleyhimüsselâm").

Asfiya: Reine, höchst fromme und vollkommene Persönlichkeiten, die Erben des Propheten (A.S.M.) sind und als Wahrheitsgelehrte sich um die Belebung und Durchführung des Weges und der Ziele des Propheten (A.S.M.) bemühen.

(A.S.M.): Abk. für „Aleyhissalâtü Wesselâm".

Âşire: Eine mathematische bzw. astronomische Einheit: ein Âşire ist $1/60^{10}$ Stunden, bzw. $1/60^{9}$ Minuten.

---

(1) *„Sübhan".*

(2) *„Celâl".*

(3) *„Rububiyet"; als Name: „Rab".*

Äther: Die nicht sichtbare, jedoch von den Wissenschaftlern anerkannte feine, elastische und strömende Himmelsluft, die in der ganzen Schöpfung ausgebreitet ist und die Zwischenräume alles Existierenden durchdringt.

Auferstehung: „Haşr" heißt „Wiedererweckung und Versammlung der Menschen nach dem Weltuntergang (um nach dem darauffolgenden Großen Gericht Gottes am Jüngsten Tag das Urteil zu empfangen)"; wir haben es kurz mit „Auferstehung" übersetzt.

Aufrechterhalter[(1)]**:** Ein Name Gottes, d. h., „Er ist aus sich selbst heraus bestehend, immerwährend und ewig. Alle Dinge sind von Ihm abhängig, durch Ihn nur bestehen sie fort, bleiben im Dasein und erfahren die Ewigkeit. Wenn von der Schöpfung jene Verbindung der 'Aufrechterhaltung' selbst nur für eine Minute unterbrochen würde, würde die Schöpfung zunichte werden."

Bârekallah: Etwa „Allah segne es!"

Batman: Ältere Gewichtseinheit (örtlich verschieden zwischen 2 bis 8 Okka, d. h. etwa zwischen 2,5 kg – 10 kg); am häufigsten etwa 8 kg.

Bediüzzaman: „Bediüzzaman" bedeutet etwa „der Einzigartige der Zeit" und ist ein Beiname, den große islamische Persönlichkeiten dem erhabenen Meister bereits im Alter von etwa 16 Jahren schon aufgrund seines in der Geschichte höchst beispiellosen Wissens und seiner Fähigkeiten –zu Recht erstaunt– gegeben haben. Mit außergewöhnlicher Gottesgabe hat er bereits ab seinem 14. Lebensjahr die Würde eines erhabenen Meisters getragen und hat –ausgestattet mit allen Vorzügen– ständig um sich Wissens-Segen und Weisheits-Licht verbreitet. Er hat trotz außergewöhnlicher Schwierigkeiten, Hindernissen und Unmenschlichkeiten, welche ihm imperialistische, sowie religionsfeindliche geheime Komitees bereitet haben, ihre ideellen wie tätlichen und systematischen Angriffe auf die Religion –um die neuen Generationen der Religion zu entfremden– durch

---

(1) *„Kayyûm".*

seine Gesamtwerke zurückgewiesen und vereitelt, die nämlich entsprechend dem Verständnis und Erfordernis dieser Zeit alle Glaubenswahrheiten des Islam vollständig und ausführlich, mit außergewöhnlichen und noch nie gesehenen Beweisen und Methoden bestätigen und den Glauben der Menschen erretten und vielfach stärken. Somit erwies er dem Islam, dem ganzen Land und der Menschheit bis zum Weltuntergang äußerst erhabene Dienste. (Sein Risale-i Nur Gesamtwerk umfasst 130 kleine wie große Abhandlungen.)

'Beigesellung'[(1)]**:** Allah irgendetwas oder jemanden beizugesellen; bezeichnet den Polytheismus im weitesten Sinne, umfasst z. B. auch die Zuschreibung der Geschehnisse auf die Natur, die Ursachen usw. (einen Teilhaber von Allah anzunehmen ist eine größte Sünde).

Bismillah: Im Namen, mit Erlaubnis und Kraft Allahs, für Allah.

Cemâl: Die Schönheit Allahs und Sein Sich-Offenbaren in Güte und Wohlwollen.

Cemîl: Ein Name Gottes, etwa: „Besitzer und Träger des 'Cemâl's'".

Cinn(~en): Geistige, bewusstseinbesitzende Geschöpfe, die mit äußeren Sinnen normalerweise nicht wahrgenommen werden und verschiedene Gestalten annehmen können. (Die im „29. Wort" erklärten ausführlichen Beweise für die Existenz der Engel und Seelenwesen sind zugleich auch Beweise für die Existenz der Cinnen.)

Dirhem: Ältere Gewichtseinheit von 3,2g. Auch der Name einer alten ar. Silbermünze im Wert von 5 Kuruş, bzw. im Gewicht eines Dirhems.

Ebced: Eine bereits seit vielen Epochen benutzte Wissenschaft, die aus Begriffen durch bestimmte, festgelegte Zahlenwerte, welche den Buchstaben zugeordnet sind, Hinweise auf vergangene und zukünftige Geschehnisse, Daten und Namen schlussfolgert.

---

(1) „Şirk".

Früher haben muslimische Wissenschaftler in der Mathematik und Physik diese Buchstaben anstelle der jeweiligen Zahl gebraucht.

Durch dieses Ebced haben unter den Leuten der Sunna und Gemeinschaft auch viele Verfasser, die ein heiliges Vermögen hatten und große Gottesfreunde und hohe Gelehrte waren, ebenso den Kur'ânversen und Hadîsen Hinweise und Bedeutungen entnommen.

Der hier folgende Bericht beweist die unbezweifelbare Beziehung der Ebced-Rechnung auch mit dem Ehrwürdigen Kur'ân: Einmal haben manche Gelehrten der Israeliten, als sie beim Propheten die einzelnen Buchstaben wie الٓمٓ كٓهيٰعٓصٓ zu Beginn der Suren hörten, entsprechend der Cifir-Rechnung (eine Art der Ebced-Rechnung) gesagt: „O Muhammed (A.S.M.)! Die Zeitspanne Deiner Religionsgemeinschaft ist kurz". Seine Erhabenheit der Ehrenwerte Gesandte (A.S.M.) hat zu ihnen gesagt: „Sie ist nicht kurz!" Er hat ihnen die „Einzelnen" (Buchstaben) zu Beginn der übrigen Suren gelesen und verfügt: „Sie wird noch weiterdauern". Sie wurden (darauf) still.

Einheitsbezeugung(1): Glauben, Verstehen und Wissen, dass überall und bei allen Dingen keine Wirkung und Herrschaft von jemand oder etwas anderem außer Allah besteht und dies wissend zu leben; also „Für-eins-Erklären" (Gottes), d. h. Aussprechen des Wortes „Lâ ilâhe illallah".

Einsheit(2): Etwa „Einheit; Beispiellosigkeit"; eine Eigenschaft Allahs, die Bedeutungen ausdrückt wie dass Er darüber erhaben ist, geringer zu werden, sich zu vermehren, sich zu teilen.

Einziger(3): Name Gottes, etwa: „Einer, Einziger, Alleiniger, ohne ein Entsprechendes, ohne ein Gleiches"; als Eigenschaft: „Einzigkeit".

---

(1) *„Tewhid".*

(2) *„Wahdaniyet".*

(3) *„Ferd"; als Eigenschaft: „Ferdiyet".*

Elhamdülillâh: Seine äußerst kurze Bedeutung: „Alles Lob und Dank, die es gibt, von Ewigkeit zu Ewigkeit und von wem zu wem auch immer, sind alle Allah eigen." (Ein Kur'ânvers, der Glaube, Lob, Dank und Zufriedenheit zum Ausdruck bringt.)

Elif: Der einem kleingeschriebenen Buchstaben „L" ähnelnde erste Buchstabe des arabischen Alphabets.

'Epoche der Glückseligkeit': Bezeichnet die Zeit, in der der Gesandte Gottes, Seine Erhabenheit Muhammed (A.S.M.), als Prophet auf der Welt gewesen ist.

Fatiha: Die erste („eröffnende") Sure des Ehrwürdigen Kur'âns.

Fortgestalter[1]: Ein Name Gottes; etwa „Schöpfer" oder „Schöpfer einzigartiger Dinge; der mit außergewöhnlich überragender Kunst Erschaffende", aber insbesondere in der Bedeutung „der die Erschaffung Fortführende" (z. B. durch Spaltung der Samenkörner und Kerne, durch Zellteilungen usw.).

Furkân: Eine Bezeichnung für den Ehrwürdigen Kur'ân, etwa „Unterscheider zwischen dem Wahren und Falschen, dem Guten und Schlechten".

Gabriel: Einer der vier größten Engel; seine Aufgabe ist es, die Offenbarungen Gottes, Seine Bestimmungen und Gesetze an die Propheten zu überbringen. Sämtliche himmlischen Heiligen Bücher und Schriften (in ihrer ursprünglichen, eigentlichen Form) wurden an die Propheten durch ihn überbracht – so auch als die letzte und vollendende Offenbarung der Heilige Kur'ân an Seine Erhabenheit den Propheten Muhammed (A.S.M.).

Gottesfreund[2]: Große und seltene Persönlichkeiten, die versuchen, nicht ihrem Nefs, sondern stets dem Wohlwollen Gottes zu folgen, die in Gottesdienst, Gehorsam, Frömmigkeit und Askese sehr hohe Stufen und somit eine geistige Nähe zu Gott erreichen und von Ihm um so mehr geliebt werden.

---

(1) *„Fâtır".*

(2) *„Welî"; Pl.: „ewliyâ".*

Hadîs: Wort, Anordnung und Handlungsweise des Propheten (A.S.M.), seine „Sunna".

Hak: Ein Name Gottes: Der Wahrhaftige; die Absolute Wahrheit und Wirklichkeit; Besitzer aller Rechte und Wahrheiten; Quelle aller Wahrheiten.

Die Wahrheit der Schöpfung, die Wahrheiten alles Existierenden, aller Sachen und Dinge, die Eigenschaften und Künste bei allen Dingen, die Wahrheiten aller Wissenschaften, aller menschlicher Vollendungen und aller Schichten der ehrenwerten Großen der Menschen beruhen auf einem oder vielen Namen Gottes. Die eigentlichen Wahrheiten der Dinge sind die Namen Gottes; das (innere) Wesen der Dinge wiederum sind die Schatten jener Wahrheiten...

Hasbünallah: Kur'ânvers etwa in der Kurzbedeutung „Allah ist uns genügend".

„Hervorgetreten": Das heißt, hervorgetreten aus der Existenz im Wissen Gottes in die (materielle) Welt der Bezeugung.

Himmelfahrt(1): Das Wunder Seiner Erhabenheit des Propheten (A.S.M.), mit Seele und Leib über die gesamte Schöpfung und über alles Existierende hochzusteigen, in die Gegenwart Gottes zu treten und mit Ihm ein allgemeines, umfassendes, erhabenes Gespräch zu führen. Es ist eines seiner größten Wunder. (Die ausführlich beweisende Abhandlung darüber ist das „31. Wort").

Hû: Ein Pronomen in der Bedeutung „Er". Es drückt aus, dass es keinen anderen Gott gibt außer „Ihm", einem einzigen Allah.

Huldwunder(2): Eine durch die Huld Gottes gewährte außergewöhnliche Handlung und Tat eines Gottesfreundes, d. h. eines Dieners von Ihm, der sich von gewohnten menschlichen Dingen in gewissem Grade befreien kann und hohe Stufen in der Gottesfreundschaft erreicht.

---

(1) *„Mi'rac".*

(2) *„Keramet".*

İmam: Es hat u. a. Bedeutungen wie „Wegweiser; Müctehid; geistiger Führer; Führer der Religionsgemeinschaft; aber auch: Vorbeter einer Gemeinde beim Ritualgebet."

İnşâallah(~u 'teâlâ'): Etwa „So Allah ('der Höchste') erlaubt und zuteil werden lässt".

İsrâfîl (A.S.): Er ist einer der vier größten Engel und ist damit beauftragt, die „Sûr" genannte „Posaune" zu blasen für den Weltuntergang, sowie für die Wiederauferstehung.

Josephische Schule[1]**:** In Anspielung auf das Verweilen Seiner Erhabenheit des Propheten Joseph (A.S.) im Gefängnis durch Vorwurf und Ungerechtigkeit ist es eine Bezeichnung für den Ort, in dem Personen aufgrund ihres Dienstes für den Glauben und den Kur'ân (durch ungläubige Gewaltherrscher) eingesperrt werden.

Kerremallahu Vechehu: „Möge Allah sein Antlitz ehren lassen". Weil Seine Erhabenheit Ali (R.A.) (vor der Berufung Seiner Erhabenheit Muhammeds A.S.M. als Gesandter Gottes) nie Götzen anbetete, vielmehr seit seiner Kindheit nur an Allah gebetet und nur für ihn Secde verrichtet hat, wird dies ehrerbietig über ihn gesagt.

Kewser: Paradiesgewässer.

Kitab-ı Mübîn[2]**:** „İmam-ı Mübîn" und „Kitab-ı Mübîn" sind „Hefte des Lewh-i Mahfûz". Hierzu ein Abschnitt aus der Risale-i Nur:

„*In dem Allweisen Kur'ân werden ‚İmam-ı Mübîn' und ‚Kitab-ı Mübîn' an mehreren Stellen erwähnt.* Die Exegeten haben gesagt ‚beide sind dasselbe', manche ‚sie sind jeweils verschieden'. Ihre Erklärungen über deren Bedeutung sind unterschiedlich. Kurz: ‚Es sind Bezeichnungen für das Wissen Gottes' haben sie gesagt.

---

[1] *„Medrese-i Yusûfiye".*

[2] *Zur Beachtung: „Kitab-ı Mübîn" ist auch eine Bezeichnung für den Kur'ân als das „Offenkundige Buch".*

Aber *durch den Segen des Kur'âns kam ich zu folgender Überzeugung:* **'İmam-ı Mübîn'** ist eine Bezeichnung für eine der Arten des Wissens und Befehls Gottes und schaut mehr auf die Welt des Verborgenen als auf die Welt der Bezeugung. Das heißt, es betrachtet mehr die Vergangenheit und Zukunft als die gegenwärtige Zeit. Das heißt, es schaut mehr auf die Ursprünge, Nachkommenschaften, sowie Wurzeln und Samen aller Dinge als auf ihre äußerliche Existenz. Es ist ein Heft (Verzeichnis) der Vorbestimmung Gottes. Die Existenz dieses Heftes wurde im sechsundzwanzigsten Wort, sowie in der Anmerkung des zehnten Wortes bewiesen.

Ja, dieses 'İmam-ı Mübîn' ist eine Bezeichnung für eine der Arten des Wissens und Befehls Gottes. Das heißt, da die Anfänge, Wurzeln und Ursprünge der Dinge mit vollkommener Ordnung die Körper der Dinge äußerst kunstvoll hervorbringen, zeigt dies gewiss, dass sie durch ein Heft der Wissens-Normen Gottes angefertigt werden; und weil die Ergebnisse, Nachkommenschaften und Samen der Dinge die Programme und Verzeichnisse der später entstehenden Existierenden enthalten, lassen sie sicher wissen, dass sie (jeweils) eine kleine Zusammenstellung der Gottesbefehle sind. Zum Beispiel: Man kann sagen, ein Kern ist in der Bedeutung von Programmen und Verzeichnissen des ganzen Baumes –die seine Formung regeln werden– und wie eine ganz kleine Verkörperung der Erschaffungsgebote, die jene Verzeichnisse und Programme festlegen.

Kurz: 'İmam-ı Mübîn' ist wie ein Programm und Verzeichnis des Erschaffungs-Baums, der sich weit um die Vergangenheit und Zukunft und um die Welt des Verborgenen verzweigt. 'İmam-ı Mübîn' in diesem Sinn heißt Heft und Normensammlung der Vorbestimmung Gottes. Durch das Diktat und Urteil jener Normen werden die Atome zu ihren Diensten und Bewegungen in den Körpern der Dinge geführt.

'Kitab-ı Mübîn' jedoch schaut mehr auf die Welt der Bezeugung als auf die Welt des Verborgenen. Das heißt, es betrachtet mehr die gegenwärtige Zeit als die Vergangenheit und Zukunft, und es ist mehr ein Titel, Heft und Buch der Allmacht und des Willens Gottes als des Wissens und Befehls. Wenn 'İmam-ı Mübîn' ein Heft der Vorbestimmung ist, ist ‚Kitab-ı Mübîn' ein Heft der Allmacht.

Das heißt, die vollkommenen Künste und Ordnungen bei den Körpern, Wesen, Eigenschaften und Handlungen jeden Dinges zeigen: (Nur) mit den Normen einer vollkommenen Allmacht und mit den Gesetzen eines allbeherrschenden Willens wird Existenz verliehen, werden ihre Gestalten festgelegt und personifiziert, und wird jeweils ein bestimmtes Quantum und jeweils eine besondere Form gegeben. Also haben jene Allmacht und Wille eine umfassende und allgemeine Gesetzessammlung, ein Größtes Heft, sodass die besonderen Körper und spezifischen Gestalten jeden Dinges dementsprechend ‚zugeschnitten, vernäht und aufgesetzt' werden. Die Existenz dieses Heftes also wurde –wie des ‚İmam-ı Mübîn's' auch– bei den Themen ‚Vorbestimmung und kleine Willensfreiheit' bewiesen.

Schau auf die Dummheit der Gottvergessenen, Irregehenden und Philosophen: Sie haben jenes ‚Lewh-i Mahfûz' der Allmacht des Fortgestalters, und an den Dingen die Erscheinung, die Spiegelung und das Abbild jenes sehendlichen Buches von Weisheit und Willen des Allumsorgers erahnt und –Gott bewahre– als ‚Natur' bezeichnet und verdrängt.

Durch das Diktat des ‚İmam-ı Mübîn's' also, d. h. nach Urteil und Norm der Vorbestimmung, schreibt und schafft die Allmacht Gottes die Aufeinanderfolge der Existierenden –deren eine jede bei der Schaffung der Dinge je ein Gotteszeichen ist– auf die aufzeichnende Seite der Zeit –genannt ‚Tafel der Gegenwartsaufzeichnung'– und setzt die Atome in Bewegung... Also sind die Bewegungen der Atome eine –bei jenem Schreiben und Abschreiben– Schwingung und Bewegung während des Übergangs der Existierenden von der Welt des Verborgenen zur Welt der Bezeugung und vom Wissen zur Allmacht.

Die ‚Tafel der Gegenwartsaufzeichnung' jedoch gehört dem feststehenden und bleibenden ‚Lewh-i Mahfûz' zu und ist in der Sphäre der ‚Möglichkeiten' –d. h. bei den Dingen, die ständig Tod und Leben, Anwesenheit und Vorübergehen erfahren– ihr veränderliches Heft, ihre schreibende und wechselnde Tafel, *wobei das die Zeit bedeutet.* Ja, so wie alles eine Bedeutung hat, so ist auch die Bedeutung eines, in der

Schöpfung strömenden gewaltigen Flusses, den wir ‚Zeit' nennen, gleich der Seite und Tinte des Schreibens der Allmacht auf der ‚Tafel der Gegenwartsaufzeichnung'.

„لَا يَعْلَمُ الْغَيْبَ اِلَّا اللّٰهُ"[(1)]

Kün feyekûn: Wenn Allah etwas verfügt: „Sei" („Kün"), dann kommt jene Sache sofort zustande („Feyekûn").

Künstler[(2)]: Name Gottes in der Bedeutung: „Der Kunstvoll Erschaffende".

Lewh-i Mahfûz(-u Âzam): Die Aufzeichnung des Lebens aller Dinge durch den Schöpfer; in gewisser Hinsicht eine Bezeichnung für Sein Allwissen.

Mâşâallah: Ausruf der Bewunderung und des Lobes, wörtlich etwa „wie Allah es gewollt hat"; zugleich ein Bittgebet in der Bedeutung „Allah möge bewahren".

Melekût (Auch: Welt des ~): Nicht die materielle, sondern die geistige innere Hinsicht der Dinge, also ihr wahrer Hintergrund; Geheimnisse der Wirksamkeit und Ausübung der absoluten Herrschaft Gottes. Auch eine Bezeichnung für den Bereich geistiger Geschöpfe und die Welt der Seelen.

„Mim"-lose Zivilisation: Wenn man in der arabischen Schreibweise des Wortes „Medeniyet" (=„Zivilisation") den ersten Buchstaben „Mim" aufhebt, hat das restlich verbleibende Wort „Deniyet" die Bedeutung „Niederträchtigkeit; Gemeinheit".

„Möglichkeit(~en)"[(3)]: Damit ist alles außer Allah selber gemeint. Diese sind nämlich in ihrer Existenz oder Nichtexistenz gleich, also ‘möglich'. Allah hingegen ist in Seiner Existenz ‘wesensnotwendig', d. h. Seine Nichtexistenz ist unmöglich.

Mu'tezile: Eine vom rechten Weg abgekommene Gruppe, die meint, dass die Menschen ihre Taten, die sie mit ihrem freien Willen verursachen, selber schaffen würden; die Einwirkung der

---

(1) *Niemand kennt das Verborgene außer Allah.*

(2) *„Sâni'".*

(3) *„İmkân(~at)".*

göttlichen Bestimmung und ihrer Ausführung (bei diesen Taten) leugnen sie (Vgl. 'Vorbestimmung').

N. d. H.: Abk. für „nach der Hicra", d. h. der Auswanderung Seiner Erhabenheit des Propheten (A.S.M.) im Jahre 622 n. Chr. von Mekka nach Medina; Beginn der islamischen Zeitrechnung.

Nakşî: Angehöriger des mystischen Ordens, den der große Gottesfreund Şeyh Bahâüddin Nakş-bendî gegründet hat, und der sich am meisten auf das stille Gedenken stützt.

Nefs: Sinnliche Empfindung, die die Quelle der fleischlichen Lust, des Zorns, sowie allgemein der gefühlsmäßigen Wünsche des Körpers ist.

Nimrod: Name eines grausamen und despotischen Königs, der mit Hochmut und Ungehorsam gegen Allah Größenwahn gezeigt hat. Er hat in der Zeit des Propheten Abraham Aleyhisselâm gelebt und wollte ihn in einem großen Scheiterhaufen (öffentlich) verbrennen; als Wunder hat Allah ihn nicht verbrennen lassen.

Okka: Ältere Gewichtseinheit, örtlich verschieden; nach dem Şeriatsrecht 40 Dirhem; die meist bekannte ist 400 Dirhem, d. h. 1283g.

Padişah: Großer Herrscher, Sultan; Vertreiber des Übels, Verbesserer.

Para: In der älteren Währung der 40. Teil eines Kuruş (1 Lira machte 4000 Para).

Pharao: Insbesondere der despotische Gewaltherrscher, der zur Zeit des Propheten Seiner Erhabenheit Moses (A.S.) sich gegen Allah auflehnte, eine Göttlichkeit beanspruchte und nicht an den Propheten Moses (A.S.) glaubte. „Pharaonie" bedeutet sinnbildlich: „Im Unglauben sich als Herr seiner selbst glaubend starrsinnig sich gegen Gott aufzulehnen und zu versuchen, die Menschen zum Irrweg, zur Gottlosigkeit zu führen".

Preisen(1)**:** Das heißt etwa: „'Sübhanallah'-Sagen"; siehe 'Sübhanallah'.

---

(1) *„Tesbih".*

(R.A.): Abk. für „Radiyallahü anh" (bzw. für „~anhâ", „~anhüm" oder „~anhümâ").

Radiyallahü anh: „Möge Allah Wohlgefallen an ihm haben!"; eigtl.: „Allah hat Wohlgefallen an ihm" (bzw. „an ihr", „an ihnen" oder „an ihnen beiden").

Sahâbi(~s)[1]**:** Gefährte(~n) Seiner Erhabenheit des Propheten; sie sind große, ehrenwerte Persönlichkeiten (R.A.), die den Propheten (A.S.M.) als Gläubige gesehen und als Gläubige auch verstorben sind. Sie waren dem Propheten (A.S.M.) und seinem Weg getreu, folgten ihm mit größter Verbundenheit und versuchten, ihm in jeder Hinsicht Folge zu leisten. Sie bemühten sich stets, in ständiger Aufrichtigkeit, Rechtschaffenheit, Treue und Tugend zu leben. Für den Islam zeigten sie alle Opferbereitschaft in höchstem Grade. Innerhalb des Menschengeschlechts sind sie nach den Propheten (A.S.) diejenige große Gruppe, welche die berühmteste hinsichtlich der Intelligenz, des Weitblicks, der Begabung und der Vollkommenheit, sowie die geehrteste und frommste ist.

Salawât: Aus Zufriedenheit und Verbundenheit ausgesprochene Segenswünsche, Bittgebete und Fürbitten für den Propheten (A.S.M.) – siehe „Aleyhissalâtü Wesselâm". Bezogen auf die gesamten beseelten Geschöpfe auch in der Bedeutung: „Gebete; sämtliche Bittgebete; von Bedarf herrührendes sämtliches Flehen und Erbitten; Anbetungen und Danksagungen wegen den Gottesgaben" (auch wenn sie dem Allbarmherzigen Schöpfer nur durch Gefühle und andere Anlagen unterbreitet werden).

Samed: Ein Name Allahs, etwa „Besitzer des 'Samediyet's'"; d. h. „der Selber Unabhängige, auf den aber alles und alle angewiesen sind".

Samediyet: Der Umstand, dass auf Allah alles und alle in jedweder Hinsicht angewiesen sind und Seiner bedürfen, Er selbst

---

[1] *Den Plural einiger weniger Wörter haben wir erleichtert –um die Anzahl der Fachbegriffe möglichst gering zu halten– und z. B. wie hier statt des arabischen „Ashâb": „Sahâbi's" verwendet (im Türkischen sind beide Arten gebräuchlich).*

aber nichts und niemanden bedarf, dass Seine Schätze unerschöpflich sind, und dass Seiner Allmacht nichts schwer fällt.

Secde: Als Ausdruck größter Ehrerbietung ist es ein vorgeschriebenes Sich-Niederwerfen vor der geistigen Gegenwart Allahs im Gebet, um Anbetung, Zufriedenheit, Gehorsam und Dank zu äußern (dabei müssen die Stirn, die Handflächen, die Knie und die Zehen den Boden berühren).

Selâm: Etwa: „Friede", siehe unter „Aleyhissalâtü Wesselâm".

Selsebîl: Der Name einer Quelle bzw. eines Flusses im Paradies.

Semûd: Ein mächtiges Volksstamm in Altarabien zwischen Syrien und Hicaz. Sie waren die Erben der Âd. Gott hatte auch ihnen viele Gaben geschenkt; sie hatten fruchtbare Landschaften, erbauten Paläste, behauten Felsen und brachten darin Häuser und Städte hervor. Doch anstatt dankbar zu sein, lebten sie in Ausschweifung, trieben ihr Unwesen, stifteten Unheil, ließen die Menschen von dem Wege Gottes abirren und beteten Götzen an. Gott sandte ihnen den Propheten Salih (A.S.), ließ Seine Zeichen und Gebote verkünden und ließ ihn Wunder wirken. Sie aber blieben ungläubig, widersetzten sich ihm immer wieder und sagten „O Salih, wenn du einer der Gesandten bist, bring uns die Strafe her, vor der du uns warnst" – und sie wurden dann von ihr auch bald erfasst und durch sie vernichtet.

Sıddık(~în): Etwa „die Getreuen"; höchst aufrichtige und immer rechtschaffene Persönlichkeiten, die die Größten in der Treue zu Allah und zu seinem Propheten sind. Menschen, die versuchen, Seiner Erhabenheit Ebu-Bekir (R.A.) nachzufolgen – er ist nämlich der „Größte Getreue"; es ist die allerhöchste Stufe der Gottesfreundschaft.

Sophist[1]**:** Anhänger der Sophistik, d. h. einer altgr. Lehre, die Sein und Wissen leugnet.

Statthalter[2]**:** „Halife" ist einerseits die Bezeichnung für den Führer der Religionsgemeinschaft als Stellvertreter und Nachfolger

---

(1) *„Sofestâî".*

(2) *„Halife", wörtlich etwa „Nachfolger bzw. Stellvertreter".*

des Propheten (A.S.M.) bei der Aus- und Durchführung der religiösen Bestimmungen – in diesem Sinne als „Kalif" bezeichnet, andererseits spricht der Kur'ân davon, dass Allah das Menschengeschlecht zum geistigen Statthalter der Erde gemacht und zur Befähigung dieser Statthalterschaft Adam (A.S.) Seine Namen unterrichtet hat. Das heißt, Er hat den Menschen zum umfassenden Spiegel für all Seine Namen gemacht und ihm Anlagen gegeben, die die Inhalte der Schätze Seiner Allbarmherzigkeit erkennen und einschätzen können, und Ausrüstungen, die die Feinheiten der Erscheinungen und Künste all Seiner Namen ermessen können. Deshalb hat Er ihm eine grenzenlose Bedürftigkeit gegeben und ihn grenzenloser Arten von materiellen und geistigen Nahrungen bedürftig gemacht. Demzufolge ist also der Weg, der den Menschen auf die schönste Vollendung erhebt, Dank und Dienstbarkeit.

So wie ein Offizier die gesamten Dienste aller Soldaten in eigenem Namen dem Padişah unterbreitet, so soll auch der Mensch, der mit Gottes Erlaubnis und Kraft einen Offiziersrang über die Geschöpfe innehat, eine Kommandantur über die Tiere und Pflanzen ausübt, und in seiner persönlichen Welt sich selber als „Stellvertreter" für alle ansieht, z. B. im Gebet mit dem ausgesprochenen „wir" in der Fatiha die Gottesdienste und Hilfebitten der gesamten Geschöpfe, sowie im „Et-Tahiyyâtü" all ihre endlosen 'Tahiyyât's', 'Mübarekât's', 'Salawât'e' und 'Tayyibât's' in eigenem Namen dem Allmächtigen Herrn unterbreiten.

„Ja, der Mensch ist zwar selber und in seinem Äußeren belanglos und bedeutet nichts. Aber im Hinblick auf die Aufgabe und den Rang gilt er als ein Zuschauer dieser prachtvollen Schöpfung, eine sprechende Zunge all dieser Existierenden, ein genauer Untersucher dieses Welten-Buches und ein Aufseher und Werkmeister dieser preisenden und betenden Geschöpfe.

Ja, der Mensch wurde auf diese Welt als Gast gesandt. Und dem Menschen sind wichtige Veranlagungen und entsprechend jenen Veranlagungen wichtige Aufgaben anvertraut.

Auch sollte sich der Mensch –um ein Mensch zu werden– ihm entsprechend in gewissem Grade um dieses Ziel bemühen. Diese Ziele aber sind:

Erstens: In dieser Schöpfung die Herrschaft der Allumsorgung Gottes zu bestätigen und die Schönheiten ihrer Vollkommenheiten zu betrachten.

Zweitens: Die wundervollen Ornamente der heiligen Namen Gottes einander zu zeigen und zu verkünden.

Drittens: Die Edelsteine der Namen des Allumsorgers, welche verborgene Schätze sind, mit der Begreif-Waage abzuwägen und sie wertzuschätzen.

Viertens: Die Briefe des Stiftes der Allmacht eingehend zu studieren und nachzusinnen.

Fünftens: Die Feinheiten und Schmucke der Erschaffung zu betrachten und ein brennendes Verlangen nach der Erkenntnis und dem Schauen des Fortgestalters zu zeigen.

Sechstens: Dafür, dass der Allgewaltige Künstler sich mit den Wundern Seiner Kunst bekannt macht und mitteilt, mit Glaube und Erkenntnis zu begegnen.

Siebtens: Dafür, dass der Allgütige Allbarmherzige mit den Zierden der Früchte Seiner Barmherzigkeit sich innig lieben lässt, auf Ihn die Liebe zu konzentrieren und Ihm durch Anbetung Liebe zu zeigen.

Achtens: Dafür, dass der Wahre Allschenker den Menschen mit Genüssen materieller und geistiger Gaben aufzieht, (dafür) mit Handlung, Zustand und Sprache, wenn möglich sogar mit all seinen Gefühlen und Feinsinnen, jenem Wahren Allschenker zu danken und Ihn zu lobpreisen.

Neuntens: Dafür, dass der Absolut Allgewaltige (möge Seine Allgewalt hocherhaben sein) und der Absolute Cemîl (möge Sein Cemâl hochgeehrt sein) in den Erscheinungsorten der Schöpfung und in den Spiegeln der Existierenden Seine Größe und Vollkommenheit, Seine Allgewalt und Sein Cemâl zeigt, Ihm mit Tekbir und Preisung, mit Dienstbarkeit in Bescheidenheit und mit Secde in Staunen und Liebe zu begegnen.

Zehntens: Dafür, dass jener Allbarmherzige den Grad der Weite Seiner Barmherzigkeit, den Grad der Menge Seines Reichtums und innerhalb einer Makellosigkeit und Regelmäßigkeit Seine absolute Freigebigkeit zeigt, in Lobpreis und Verehrung die eigene Bedürftigkeit zu zeigen und (von Ihm) zu erbitten.

Außerdem; dafür, dass Er auf der ganzen Erde die Feinheiten und Kostbarkeiten Seiner Kunst ausstellt, Ihm mit Lob, Bewunderung und Preis zu begegnen. Und dafür, dass Er in diesem Schloss der Schöpfung mit Seinen unnachahmlichen Prägungen, mit Seinen charakteristischen Siegeln, mit Seinen Ihm eigenen Namenszügen und mit Seinen eigentümlichen Erlassen auf all die Existierenden einen Stempel der Einheit aufsetzt, die Zeichen Seiner Einheitsbezeigung stickt und in allen Gegenden die Flagge Seiner Einsheit bekannt macht, mit Bestätigung, mit Glaube und Einheitsbezeugung, mit Begreifen, Bezeugung und Dienstbarkeit zu begegnen.

Nun also, durch solche Aspekte von Gottesdiensten und Nachsinnen wird der Mensch zum wahren Menschen, zeigt er, dass er in schönster Vollendung ist, und wird er durch den Segen des Glaubens zu einem vertrauenswürdigen Statthalter der Erde, der das Anvertraute innehat."

Sübhanallah: Etwa „gepriesen sei Allah", d. h. „Allah ist heilig und rein (von Teilhabern, Mängeln, von Ungerechtigkeit, Unfähigkeit, Unbarmherzigkeit, Bedürftigkeit, Betrug und von sämtlichen Unvollkommenheiten, die Seiner Vollkommenheit, Allgewalt und Seinem Cemâl entgegengesetzt sind)." Es wird z. B. gesagt, um das Staunen und die Verwunderung zum Ausdruck zu bringen, die man vor den Geschöpfen und Werken Gottes empfindet. Es drückt also aus, dass der Schöpfer in Seiner Person und in Seinen Eigenschaften und Handlungen frei von allen Fehlern und Mängeln und über sie erhaben ist.

Sunna: Weg, Gewohnheit; das maßgebliche Vorbild des Propheten (A.S.M.) bei seinem Tun, Sprechen oder Verhalten. Deren Nachahmung hat sehr viele materielle und geistige Vorzüge und bringt große Jenseitslöhne.

Sure: Kur'ân-Kapitel (es gibt 114 „Suren" im Kur'ân).

Şafiît: Angehörige(-r) der şafiîtischen Rechtsschule im Islam.

Şeyh: Etwa: „der Älteste; das Oberhaupt"; als Titel gebraucht besonders für Ordensführer, aber auch für Gelehrte und für Menschen, die sich –insbesondere in religiösen Diensten– hervortun.

Tahiyyât: Die Preisungen und Gottesdienste der gesamten Lebewesen –und ihre Verkündung der Kunstvollkommenheiten des Allgewaltigen Künstlers–, welche sie verrichten, indem sie die Erschaffungsgebote ausführen und ihren Zweck und die Aufgaben ihres Lebens hervorragend erfüllen Dies sind ihre „Geschenke" und „Tahiyyât's", die sie ihrem Schöpfer unterbreiten.

Tayyibât: Die Erscheinungen der überzeitlichen Schönen Namen, deren Cemâl's in der ganzen Schöpfung zu sehen sind; die Vollkommenheiten und Schönheiten der gesamten Schöpfung und der Geschöpfe; der Glaube der gesamten Gläubigen –allen voran der Propheten, Gottesfreunde und Asfiya's, sowie auch der Cinnen, Engel und der Seelenwesen–, von ihrem Glauben herrührend alle ihre (gottesdienstlichen) schönen Worte, Danksagungen, Einheitsbezeugungen, Lobe, Preisungen, die gesamten endlosen guten Werke, Taten, geistige Erträge und Schönheiten.

Tekbir: Mit den heiligen Worten „Allahüekber" ausdrücken, dass Allah in jeder Hinsicht am erhabensten, am größten ist; d. h. den Schöpfer „für den Größten erklären".

'Thron' ('Gewaltiger ~')[1]: Als sozusagen eine Art erhabenes, wertvolles und ehrwürdiges „Gewölbe" über die gesamte Schöpfung ist es eine Bezeichnung für den umfassendsten gewaltigen Bereich, der über allen Himmeln und über dem Paradies die gesamte Schöpfung und die Welt alles Existierenden einschließt. Manchen Hadîsen bei Buharî und Tirmizî entsprechend befindet sich der Allgewaltige Schöpfer –mit Seiner Person– „über" diesem Bereich, wobei das für uns selbstverständlich in jeder Hinsicht unvorstellbar ist, weil der Schöpfer nicht

---

(1) *„Arş-ı A'zam".*

materiell ist und somit erhaben über Zeiten und Räume –die Er ja selber geschaffen hat– und gemäß dem Kur'ân sowohl in Seiner Person als auch in Seinen Eigenschaften und Handlungen nichts Ähnliches und Entsprechendes hat. Deshalb ist die Form und Beschaffenheit dieser Art „Grenze" zwischen dem Schöpfer und Seinen Geschöpfen für uns unbekannt. Das Wesen und die Person Gottes kann und darf man sich sowieso nicht vorstellen; nur zu Seinen Handlungen und Taten kann man Vergleiche heranziehen.

So wie ja z. B. die Sonne –den unmöglichen Fall angenommen, sie würde mit Gottes Erlaubnis bei ihren Erscheinungen und Aufgaben, die sie versieht, aus freiem Willen wirken– mit ihren unbeschränkten „Eigenschaften" Licht, Wärme und den sieben Farben überall die ganze Erdhalbkugel umfasst und überall „tätig" ist, sogar wegen ihrer immateriellen Spiegelung sozusagen das Abbild ihrer selbst in jedem polierten glänzenden Ding Gestalt annimmt und sie deshalb „allgegenwärtig" ist. Wenn tausende und Millionen Spiegel ihrem Licht entgegenstünden, würde sich ihre abgebildete Erscheinung in jedem von ihnen selber befinden, ohne sich aufzuteilen – wie (sie sich) in einem einzigen Spiegel auch (befindet). Wenn der Spiegel dazu veranlagt wäre, könnte die Sonne darauf mit ganzer Pracht ihre Werke zeigen. Eine Sache kann die andere Sache nicht behindern. Tausende sind wie eine, und in tausende Stellen tritt sie so leicht ein wie in eine Stelle. Jede Stelle erfährt die Erscheinung jener Sonne so vollständig wie tausende Stellen.

Nun also, wenn das „Licht" der Lichtbesitzer wie z. B. dieser leblosen Sonne, des unfähigen Menschen, oder des bewusstlosen Röntgenstrahls –obwohl sie veränderlich, mangelhaft und neu zustande kommend, also nicht wesenseigen sind– alle ihnen gegenüberliegenden Dinge „sehen" und sie durchdringen, dann kann sich zweifellos vor den Eigenschaften und Namen der 'Überzeitlichen Sonne' (d. h. des Schöpfers), welche 'wesensnotwendig', allumfassend, wesenseigen und „Licht" und „leuchtend" sind, gar nichts verstecken und außerhalb von ihnen bleiben. Wegen dem Geheimnis der Zuwendung der Allgegenwart hat der Schöpfer –unendlich erhabener als in diesem Beispiel– solch eine Erscheinung, dass Er, obwohl Er sich (mit

Seiner Person) nirgendwo befindet, überall (mit Seinen Eigenschaften) gegenwärtig und sehend ist. Er ist allen Existierenden näher als diese sich selber. Bei Seiner Zuwendung gibt es kein Sich-Teilen. Im gleichen Moment macht Er überall, mühelos und ohne gegenseitige Erschwerung alles.

Also hat das Sich-Offenbaren der verschiedenen Namen Gottes Erscheinungsformen vom 'Gewaltigen Thron' bis zu den kleinsten Teilchen.

In diesem Sinne bezeichnet man auch alles andere, worauf der Schöpfer Seine Namen offenbart und konzentriert, als 'Thron', d. h. als 'Erscheinungsstelle' – so wie ja auch ein jedes transparente Ding zu einer Art 'Thron' für die Sonne wird. Demzufolge ist alles Existente –seiner Stufe, seinem Grad und Ausmaß entsprechend– jeweils eine Art 'Thron' von Ihm. Insbesondere sind der Mensch –der aufgrund der Umfassendheit seines Wesens wie ein verkleinertes Abbild der Schöpfung ist– und sein Herz jeweils eine wichtige 'Erscheinungsstelle'.

In einem Ehrwürdigen Vers in der Sure „Yunus" steht, dass Allah die Erde und die Himmel in „sechs Tagen"[1] erschaffen und dann Seine (Allumsorgungs-)Herrschaft über den 'Thron' errichtet hat (, sodass Er Seine Verfügung von dort nach überall in die Schöpfung hin gleichzeitig erteilt).

In diesem Fall ist der 'Gewaltige Thron' die erste „Zentrale", in der sich Seine Namen in höchstem Ausmaß offenbaren. Seine Verfügung verbreitet sich von dort aus in die gesamte Schöpfung und durchdringt sie – ähnlich der Sonne, Er wird sozusagen als eine 'Überzeitliche Sonne' bezeichnet. Aber weil die Sonne ja geschaffen, leblos, unfähig und in ihrer Existenz abhängig, der Schöpfer jedoch 'Wesensnotwendig', vom Materiellen rein und erhaben, von Beschränkung und Dichtheit frei ist und sämtliche „Lichter" und alles „Lichtvolle" ein schwacher Schatten der Lichter Seiner heiligen Namen sind und Seine Ei-

---

[1] *Mit „sechs Tagen" sind „Schöpfungs-Tage" gemeint, die nicht unsere bekannten „Tage" bedeuten. Eine ausführliche Erklärung dazu steht in dem „Nachtrag von Barla".*

genschaften allumfassend, alldurchdringend und Er allgegenwärtig ist, geschieht das selbstverständlich auf eine unendlich erhabenere Weise als in diesem Beispiel der Sonne.

Neben hunderten Beweisen, die in der Risale-i Nur ausführlich erklärt werden, wird insbesondere auch durch dieses Beispiel der Sonne folgendes leicht verständlich:

Wenn man die gesamten Existierenden einem einzigen Schöpfer zuschreibt, wird ihre Erschaffung so einfach wie ein einziges Geschöpf; wenn sie aber vielen verschiedenen Ursachen und der Natur zugeschrieben werden, wird das Zustandekommen z. B. eines einzigen kleinen Lebewesens so schwierig wie das Zustandekommen der gesamten Lebewesen.

Denn, z. B.: Von den Planeten angefangen bis hin zu Wassertropfen, Schneeflöckchen und Glasteilchen hat die Sonne Widerspiegelungen und lichtvolle Erscheinungen. Falls alle diese sichtbaren „winzigen Sonnen" nicht als die Erscheinung der Widerspiegelung der Sonne angenommen werden, müsste man diese unzähligen Abbilder der Sonne als winzige aber echte Sonnen bezeichnen, die scheinbar klein sind, aber die Eigenschaften der Sonne besitzen.

Genau wie dieses Beispiel gilt auch: Wenn man alles Existierende und alle Geschöpfe nicht unmittelbar den Erscheinungen der Namen der „Überzeitlichen Sonne" (d. h. des Schöpfers) zuschreibt, müsste man törichterweise allem Existierenden (insbesondere jedem Lebewesen) und jedem seiner Atome umfassende Eigenschaften zuschreiben wie z. B. Macht, Willen, Wissen und Weisheit. Denn: Obwohl die Ursachen und die Elemente in ihnen leblos, blind, taub, ohne Bewusstsein und Wissen, überschreitend, verschieden und gegensätzlich sind – sodass ihr Zusammenkommen um so mehr ein Durcheinander und ein Auseinanderstreben bewirken müsste–, kommen sie zusammen, unterstützen sich gegenseitig und bringen in kurzer Zeit unter unzähligen ziellosen Wegen, die sie eigentlich einschlagen könnten und müssten, ein gezieltes, einheitliches Werk, eine vollkommene Maschinerie zustande, und zwar auf höchst weisheitsvolle, bedeutungsvolle und nutzbringende, ziel- und zweckverfolgende Weise, mit höchst vollkommener Ordnung, mit empfindlicher Ausgewogenheit und Proportionalität, mit feinen Maßen und Gleichgewichten und mit höchst kunstvollen Ornamenten, Verzierungen und Schönheiten – von der absolut erstaunlichen Seele, dem Herzen und den geistigen Feinsinnen ganz abgesehen.

Um all diese Kunstwerke in der Schöpfung machen zu können, müssten sie also geniale, ja geradezu göttliche Eigenschaften besitzen –was ja absurd ist–, oder aber logischerweise Bedienstete eines Allgegenwärtigen Allmächtigen sein, der sie lenkt...

Als Resultat sei hier bezüglich des 'Throns' wie folgt ein Auszug aus „Mesnewî-i Nuriye" gebracht:

„Wisse o lieber Bruder! Das Innere jeder Sache nennt man 'Melekût', ihr Äußeres wiederum das Materielle. Hinsichtlich dessen werden der Mensch und das Herz füreinander sowohl zur Hülle als auch zum Inneren. Denn der Mensch wird in der materiellen Hinsicht zur Hülle für das Herz. In der Hinsicht des Melekût wiederum wird er zum Inneren.

Dieser Grundsatz wird auch auf den 'Thron' und die Schöpfung angewandt. Folgenderweise: Der 'Thron' ist eine Mischung und ein Gemisch der Namen (Gottes) 'das Äußere, der Innere, der Anfang, das Ende'. Hinsichtlich des Namens 'das Äußere', der in dieser Mischung enthalten ist, wird der 'Thron' zum Äußeren, die Schöpfung zum Melekût. Hinsichtlich des Namens 'der Innere' wird der 'Thron' zum Melekût, die Schöpfung zum Äußeren. Wenn auf den 'Thron' also mit dem Blick des Namens 'das Äußere' geschaut wird, wird er selber zur Hülle, die Schöpfung wiederum zum Inneren. Wenn mit dem Auge des Namens 'der Innere' geschaut wird, wird er selbst zum Inneren, die Schöpfung zur Hülle. Und desgleichen; hinsichtlich des Namens 'der Anfang' schließt er den Anfang der Schöpfung ein, auf den der Vers وَكَانَ عَرْشُهُ عَلَى الْمَاءِ[1] hinweist. Und hin-

[1] *(Anm. d. Ü.): Kurzbedeutung: „...als Sein 'Thron' auf 'Wasser' war...". Dazu ein kurzer Abschnitt aus den „Hinweisen auf die Unnachahmlichkeit des Kur'âns":*

⟶

sichtlich des Namens 'das Ende' schließt er das Ende der Schöpfung ein, auf das das segensreiche Hadîs سَقْفُ الْجَنَّةِ عَرْشُ الرَّحْمٰنِ[1] hindeutet.

Also ist der 'Thron' solch eine Mischung, dass er mit den Anteilen, die er von diesen vier Namen bekommt, die rechte, linke, obere und untere Seite der Schöpfung und der Existenz umfasst."

In diesem Zusammenhang seien kurz die genannten Namen (Gottes) 'der Anfang, das Ende, der Innere, das Äußere' angesprochen:

„So wie das Ende und der Schluss irgendeines Dinges ordnungs- und schönheitsmäßig seinem Anfang nicht nachsteht, so sind auch sein Äußeres und seine Gestalt kunst- und weisheitsmäßig nicht noch schöner als sein Inneres. In diesem Fall: Halte die inneren Seiten und die Enden der Dinge nicht für besitzerlos und überlasse sie nicht den Zufällen. Das Kunst- und Weisheitswerk an der Blüte und an der Frucht, die aus der Blüte herauskommt, stehen dem Kunstwerk und Ornament des Kerns und des Sprosses, der aus dem Kern herauskommt, nicht nach. Aufgrund dessen ist der Allgewaltige Künstler sowohl 'der Anfang', als auch 'das Ende', sowohl 'das Äußere', als auch 'der Innere'. وَهُوَ السَّمِيعُ الْعَلِيمُ[2]"

Todesstunde[3]: Der von Allah vorbestimmte Augenblick des Todes, insbesondere der Seelennahme bei Seelenbesitzern, vor al-

---

„...Die Materie des Äthers ist im Vergleich zu den Existierenden eine Materie, die wie fließendes Wasser die Zwischenräume der Existierenden durchdrungen hat. Dieser Vers ist ein Hinweis auf diese Materie des Äthers; der 'Thron' des Allerhabenen Hak befand sich auf dieser Materie des Äthers, die wie 'Wasser' ist. Nachdem die Materie des Äthers erschaffen wurde, wurde sie zum Zentrum für die Erscheinung der ersten anfänglichen Schaffungen des Künstlers."

(1) *Die Decke des Paradieses ist der 'Thron' des Allbarmherzigen.*

(2) *Er ist der Allhörende, der Allsehende.*

(3) *„Ecel".*

lem der Menschen (wenn die gegebene Lebensfrist abgelaufen ist).

Überzeitlich[1]: Eine Eigenschaft Allahs; d. h. Seine Existenz ist „ohne Beginn, ist immer gewesen; ohne Anfang, zeitlos".

'Überzeitliche Sonne'[2]: Vergleichende Bezeichnung für Allah, der absolut und ewig existiert und alles „erhellt, beleuchtet" (siehe 'Thron').

Vorbestimmung: Diese Thematik der 'Vorbestimmung' wird im „26. Wort" ausführlich behandelt und bewiesen; hier sei nur auf folgendes kurz hingewiesen:

Die Vorbestimmung ist eine Art des Wissens Gottes, sie ist überzeitlich, umfasst Vergangenheit und Zukunft gemeinsam, schließt den freien Willen des Menschen nicht aus; d. h. der Mensch wird zu seinen Taten durch die „Vor"-Bestimmung nicht gezwungen; Allah hat ihm die 'kleine Willensfreiheit' gegeben und prüft ihn. Der Mensch ist für seine Taten vollkommen verantwortlich, weil er sie wählt. Aber mit einem Gesetz Gottes, das viele andere Nutzen und Ziele hat, erschafft Allah diese Taten. Neben dieser durch den Menschen verschuldeten geringen Schlechtigkeit gibt es bei der Erschaffung dieser Taten also umfassende zahlreiche Weisheiten und Nutzen. Folglich sind die Bestimmung und Schaffung Gottes hinsichtlich der Verursachung, sowie der Resultate über Schlechtigkeit, Hässlichkeit, Ungerechtigkeit erhaben. (Bitte lesen Sie hierzu das 26. Wort.)

'Waage': Eine Waage der Gerechtigkeit Gottes für das Jüngste Gericht bei der Versammlung nach der Auferstehung, um die guten und schlechten Taten abzuwiegen. Ihre wahre Beschaffenheit wird im Jenseits gekannt werden.

'Welt der Aufzeichnung'[3]: Eine der Arten unter den verborgenen geistigen Welten; unter anderem gibt es dort unzählige Kameras, von denen eine jede zahllose weltliche Geschehnisse

---

(1) *„Ezelî".*

(2) *„Şems-i ezelî".*

(3) *„Âlem-i misâl".*

auf einmal, ohne durcheinander zu bringen aufnimmt, um u. a. z. B. die Resultate des vorübergehenden Lebens der Vergänglichen oder z. B. den Paradiesbewohnern ihre weltlichen Abenteuer auf jenseitigen Leinwänden zu zeigen.

Welt der Bezeugung[(1)]: Unsere diesseitige Welt, in der die Gläubigen die Zeichen Gottes, die Religion und die Wahrheit bezeugen und bestätigen.

Welt des Verborgenen: Verschiedene geistige Welten, die wir mit den äußeren Sinnen nicht wahrnehmen können; z. B. die Welt der Seelen, die Welt der Engel, der Cinnen, aber auch die Vergangenheit und die Zukunft, die für uns „verborgen" sind.

Wesensnotwendig Existierend(~er)[(2)]: Der absolut Existierende (der Schöpfer), dessen Nichtexistenz unmöglich ist. „Das heißt: Seine Existenz ist wesenseigen, überzeitlich und ewig, ihr Fehlen und Aufhören sind unmöglich; sie ist die stabilste, wahrhaftigste, stärkste und vollkommenste der Existenzschichten. Die übrigen Existenzschichten (der 'Möglichkeiten') sind im Vergleich zu Seiner Existenz wie ein äußerst schwacher Schatten; Sein heiliges Wesen ist nicht von ihrer Art". (Vgl. a. 'Möglichkeit(~en)').

Wunder[(3)]: Ein erstaunendes, durch Menschen nicht nachahmbares außergewöhnliches Ereignis –viel höher als „Huldwunder"–, welches der Schöpfer als Bestätigung ihres Gesandtentums nur den Propheten zuteil werden lässt. (Vgl. a. „Huldwunder").

Zwischenreich: Das geistige Leben (und die Lebensdimension) der Verstorbenen zwischen Diesseits und Jenseits.

* * *

---

(1) *„Âlem-i şehadet"*.

(2) *„Wâcib-ül Wücûd"*.

(3) *„Mu'cize"*.

INHALT